上：大皇神社俎据えの神事　神饌の調製　冠をいただき、菊水紋の素袍（すおう）に身を正した若い衆が、二人ずつ向かい合って座を占め、古式にのっとって神饌を調製する。一一人の若い衆には、それぞれ調製の分担役割りがきまっている。

下：大皇神社俎据えの神事　調製された神饌　木地（きじ）盆にのせた神饌一式、カイシキに盛った供物一式五社分が、オイデと呼ばれる五人の裾若い衆によって、神前に運ばれる。

上：両社神社おこぼ神事　拝殿に供えられた神饌　籠のまわりに帯餅を巻き、その上に大きを笠餅をかぶせる。笠餅は神霊のかぶりものである笠をかたどったもの。笠餅の中央に松・竹・梅の枝を立て、それを神霊降臨の依代（よりしろ）とする。そこにさまざまの人形を飾るのも珍しい。

下右：八幡神社オトウ　当屋の床の間に飾られた神饌　ヒトガタ神饌三体。萱の芯をたばねて胴とし、割竹の三本足をつけ、五品を刺した竹串三本ずつを胴に刺した変わった形の神饌で、これをヒトガタという。まず当屋の床に飾り、当屋のつとめが終わってから神殿に献じる。

下左：今宮戎神社十日戎　神饌一式　正月九日・一〇日・一一日の三日間、毎朝五時から神饌所において、二人の神職によって調製される。この神饌は一〇日朝調製されたもので、海の幸を中心としている。串刺しされた味噌煮の鰤（ぶり）に特色がある。

上：賀茂別雷神社御棚会神事御棚神饌　朝廷から賜わった社領六郷から献じられた神饌を御棚に盛って神前に捧げる古儀を伝えるもので、大きくは六種に分けられるが、鳥付木につけられた雉子、竹籠の蛸など他にあまり類を見ない。

下右：高木神社神事　神饌一式　鮒鮨と牛蒡の糟漬、物相（もっそう）飯、大豆、大根、スルメを盛りつけたもの。本社と末社五社に供える。ほかに本殿の屋根にもあげる。

下左：高木神社五百母　神饌一式　鮒鮨・大豆・大根・スルメは神事の神饌と同じであるが、特別に女陰をかたどった団子を調製する。円い団子に小豆をのせ、さらに小さな団子をのせたもので珍しい。

前頁上：老杉神社オコナイ　ヒトガタ御供　柳の枝を胴に、二股の部分に目鼻を描き、赤・青の色紙で貫頭衣を着せた赤人形・青人形を一対とするヒトガタ。赤・黄・白・青の紙幟も美しく、多彩な神饌が献じられる。

下：明喜神社大講内　神饌一式　本殿前に供えられた神饌。その種類がきわめて多い。左右両宮座からそれぞれ同種の神饌が供えられ、左座は向かって左、右座は向かって右に並べられる。

上：住吉神社一夜官女神事　神饌一之膳　七台の桶に納められる神饌は三通りある。一の膳は精進の膳、二・四・六の膳は鮒を入れた膳、三・五・七の膳は鯰を用いた膳。いずれもきれいに盛りつけ、紅白の御花と竜頭で飾った御膳桶は美しい。

下：住吉神社一夜官女神事　官女　一夜官女・一時上﨟とも呼ぶ官女七人が、神饌を盛った夏越桶七台を頭屋から神社に運び、神前に供える。

上：北野神社梅花祭　神饌一式　半円型に盛った大飯・小飯に特色がある。菅原道真にちなんで紅梅・白梅をたくさん盛りつけた神饌は当社にしか見られない。
中：香具波志神社初午大祭　神饌一式　一〇種の神饌を特別の円形曲物（まげもの）御膳櫃に盛り合わせたものを七台調製する。御膳櫃の周囲には注連（しめ）縄を張り、そこに紅白の合わせ幣を七本ずつ差し込んできれいに飾りつける。
下：巽之神社春の大祭　神饌一式　太縄で巻いた大きな物相が男根をかたちづくっているのが特徴で、その形のよい年は豊作であるといい、農耕予祝の年占いの具ともなっている。

次頁上：樹下神社御膳持ち　神社に赴く御膳持ち　浄闇の中、大きな御膳をいただいて神前に赴く一夜官女の行列はおごそかで、神秘の雰囲気を漂わす。イタダキ御膳の代表的なものである。
下右：天皇神社和邇祭り　神饌の一部　青梅とイワナシの実が生で供えられるのが特色で、ほかに青竹の筒の酒器が添えられるのも珍しい。
下左：大神神社鎮花祭　ゆり根と忍冬の神饌　大神神社の摂社狭井神社の狭井は山百合のことで、狭井川のほとりには山百合が咲きほこっていたという故事にちなみ、山百合を中心に忍冬の薬草を添えて、疫病除け神事の神饌とする。

上：賀茂御祖神社葵祭り　神饌一式
神饌の中心である葵桂を上段中央に据え、台盤・下据に配膳された神饌、高坏に盛られた初献・後献、いずれも旧社領よりあがるもので、古儀にのっとって調製・配膳される。

前頁下右：率川神社三枝祭り　ゆりの花の神饌　三枝祭り（ゆり祭り）の名のおこりとなる、神饌の中心。花そのものを神饌として献じるものの代表的なもので、華麗である。

下左：率川神社三枝祭り　折敷に納められた神饌　海・山・野の珍味が配膳されるが、柏などの木の実の献じられることは注目される。この折敷が三台の古式案（つくえ）にのせて供えられる。

上：畝火山口神社デンソソ祭り　吉野川の水取り　祭りにさきだち、吉野川の川辺で宮司が神水を汲み取る。「吉野川の水取り」の古式をいまに伝える行事。

下：倭恩智神社シンカン祭り　調製された神饌　素焼きの土器にのせた里芋に串刺した柿・蜜柑・梨・ナツメ・茗荷・桃・栗。これを七色の御供という。その盛りつけ方が珍しい。

上：北野神社瑞饋祭り　瑞饋神輿　芋茎（ずいき）で神輿の屋根を葺き、各種の野の成物をもってきれいに神輿を飾りつける。この神輿そのものが神饌で、お旅所から本社に献進される。

下：北野神社瑞饋祭り　甲の御供　赤飯をもって甲の鉢型をつくり、白紙で前立をつけ、菊の花を頂に差して飾りつけた珍しい神饌。

河内神社秋祭りの頭　神の膳（杉板御膳）　鉈一丁でつくりあげた折敷に盛りつけた神饌。神の膳のもっとも古い形式である。いまは四〇膳ほどであるが、昔は七五末社に供えるものと、直会用の膳と合わせて一〇〇膳もととのえた。

談山神社嘉吉祭　百味御食一式　特別の古式の仕様で調製された彩色豊かな神饌一式。いまは10月の祭りの時期にととのうだけの種類であるが、昔は100種以上調製・献供された。

談山神社嘉吉祭　百味御食荒稲の白穂・黒穂　白穂の禾（のぎ）のついた籾を一粒一粒貼りつけて円筒形に調製したものが白穂で、珍しい黒穂の稲の籾で形づくったものが黒穂の御食。

前頁上：倭文神社蛇祭り　人身御供　曲物の木輪に麦藁をつめ、それにたくさんの彩色の幣串を刺した神饌の形式は、大安寺八幡神社と同じである。人面を描いてそれにとりつけ、人身御供としているところに特色がある。

下右：御上神社相撲御神事　瑞饋神輿　四柱・屋根組からすべて芋茎だけでつくられた神輿で、その形状も特異である。神輿正面には木彫の猿の相撲人形が飾られる。相撲人形は御上神社ゆかりのものである。

下左：八幡神社秋祭り　神饌一式　矢御供一杯、飾御供七杯、献花幣一四杯、土御供一式。なかでも献花幣は色とりどりの御幣紙とともに、茗荷・栗・柿・柘榴がそれぞれ鳳凰・蟹・魚・海老をかたどってつけられ美しい。

上：八幡神社ミソウ祭り　神饌のへそ団子と大豆　味噌と砂糖、煎胡麻粉でまぶしたへそ団子。へそ団子は真中がへこんで、ちょうど人間の臍のような形をしている。昔は各地の神事に供えられたらしい。

中：天満宮御膳持ち　御膳持ち　二の鉾の頭屋で調製された神饌を、二人の御膳持ちが頭にいただいて神前に運ぶ。御膳持ちは三巾前垂をして北白川の伝統的な服装を今に伝える。

下：白山神社秋祭り　神饌一式　南瓜に稲を中心に一〇〇種の成物を飾りつけた特異な神饌で、百味御供の名にふさわしい。祭り当日の夜明け前に供えられる。

前頁上：石上神宮鎮魂祭　本殿に供える神饌一式　神饌殿で厳重に調製された神饌九台、神饌殿から一台ずつ拝殿に運び献饌される。
前頁下：石上神宮鎮魂祭　摂社献供の神饌一式　摂社天神社・七座社分九台で、神饌の内容は本社分と同じであるが、三方に盛りつけられ、浄闇の屋外で案に並べて供えられる。
左：恩智神社御供所神事　神饌の調製　御供所の社家一三人で、人形御供を調製する。オブト・マガリ・バイシの三種類と小餅を組み合わせれば人形となる。きわめて珍しい神饌である。

右：八坂神社御饗神事　頭屋床飾り　神号軸の前に菰（こも）を敷き、イナナマス・白蒸し・菊花のキョウ・イナズシ・狛犬さんの五種類の神饌を飾り、この前で「出立の膳」の儀式がおこなわれる。
左：八坂神社御饗神事　イナズシのキョウ　イナの腹を開いて臓物を取り去り、その中に白蒸しを詰めた神饌で、鮨の原形の一つである。

春日大社春日若宮おん祭り　大宿所懸鳥の儀　大宿所は名のとおり、祭儀にさきだちお籠りし沐浴したところで、ここに雉子や兎や鮭などの奉献物が竿にかけて並べられ、大宿所祭りが営まれる。昔は大和武士が奉献したものである。

上右：春日大社春日若宮おん祭り　御染御供染分　洗い米を赤・青・黄の三色に染め、縦に四分して寒梅粉で糠の芯に付けたもので、もっともきれいな御染御供。

上左：春日大社春日若宮おん祭り　神饌盛物　黒豆・小豆・大豆・柏の実を、芽の部分を前面にして染分と同様に調製した御供。

下：春日大社春日若宮おん祭り　神饌菓子　餢飳（ぶと）・栗・梨・柿・三梅枝・餅・菊餢飳・蜜柑を盛り合わせたもの。

ものと人間の文化史

140

神饌《しんせん》

神と人との饗宴

岩井宏實
日和祐樹

法政大学出版局

はじめに

カミをまつることは、遠い祖先以来の伝統である。一族やムラ人が集まってカミを迎え、神人ともに一体となって相嘗《あいなめ》をし、カミは人を守護することを保証し、人はまたカミを敬い、祈願し、感謝を捧げる。

そのため、神木・削りかけ・幣・鉾・旗・幟、あるいはオハケやお仮屋を設けて、カミの出現を待つ標識としたり、依代として神霊を迎える。迎えるものは精進・禊・祓をして、身も心も浄め、忌籠をして斎忌に服する。そして、おのおのの里の食物を調理・調製して飾りたて、神饌としてカミに捧げ、カミの恵みを感謝し、神人共食をもって神人一体となる。さらに巫女に託して神言を聞いたり、卜占の術をもって神意を判断したり、相撲・綱引・競馬などの勝負によって神慮をうかがったりする。また、華麗な神輿に、山車や太鼓台が賑やかに加わった神幸を繰り広げ、さまざまの芸能を演じて、神慮を和ましめる。

こうした一連の祭儀のなかで、なんといっても、神霊に神饌を献供して侍座し、神霊を慰め和ましめ、神人和合の実をあげることが中心であり、それが祭りの本義であった。

ところで、祭りの研究は、民俗学研究者や祭り愛好家によって早くからおこなわれ、近年ますます盛んとなり、多くの成果をあげているが、一部をのぞいては、賑やかな祭礼の部分に主眼がおかれたり、祭りの庭で演じられる芸能に視点を据えたものが多かった。だが、それらは祭りの中心的構成要素ではなかった。祭りの中心はあくまでも、一般氏子を混えずに、見物衆を除外した場において、特定の司祭者や集団によって営まれる神事であり、なかでもっとも根幹をなすのが、神人共食の儀礼であり、そのための神饌の調製と献供であった。したがって、この神饌の研究こそが、祭り研究の主題とされてもよいと考えられる。

神饌調進の組織や作法、その慣習の検討によって、カミにたいする人々の心意と、カミと人との具体的なかかわりが明らかになり、ひいては生活共同体の実体と特質の究明にもなる。また、神饌の内容と調製方法などの集成、比較考察によって、日本人の原初の食生活から、さらには日本文化論にまでおよぶことも不可能ではなくなってくると考えられる。

こうした観点から、われわれはここ数年来祭りを見てきたのであるが、諸賢の研究資料のおぎないにもなれば幸いと、ここにその一斑を公にしようとするものである。もとより、その範囲は近畿地方に限られ、また近畿地方といえども網羅したものでなく、精粗もあるが、あるていどの目安にはなろうと、不遜ながら考える次第である。なお今後、欠をおぎなうために調査研究をすすめる所存であるが、大方の御教示と御叱正を切にお願いする。

昭和五六年三月三〇日

岩井宏實

目　次

写真撮影＝山崎義洋

神饌にみる日本人の生活

岩井宏實

祭事と神饌

カミをまつることは、遠い祖先以来の伝統である。ときにまつり、そしてはたらく。この生活のリズム、サイクルのなかに、人々の生きる喜びと楽しみ、また悲しみと苦しみが組みこまれていたのであった。そのまつりの時期は、早春の予祝儀礼、春の豊作祈願、秋の収穫感謝の儀礼をはじめ、夏の除疫祭など、ほぼ定期的にきまってきた。

人々はみなそれぞれの集団でまつりの場を設け、そこにカミの降臨をねがい、神と人とが一体となって饗宴する。その相嘗《あいなめ》を通じて、さらに神と人との親密が加わり、神は人を守り、人は神を敬い、祈願し、あるいは報謝する。この一体感を強め、確認することがまつりの本質であった。すなわち、神饌を献供して神を饗し慰め、そのあと神人共食するのがまつりの本旨であり、もっとも貴重な作法であった。

今日、直会《なおらい》といえば神祭りの付帯行事であるかのように思われるふしもあるが、本来は祭儀の中枢にあった行事で、酒盛りもまた重要な神事の一環であった。ナオライという語も、もとはナムリアヒで、神と人とが共食しあうことを意味したものである。したがって、人が採取あるいは作りうる最高のものを、最上に飾りつけて供えようとすることは当然であった。だが、この作り用いる最高のものというのは、いわゆる山海の珍味ではなかった。古い時代の人々がもっとも食生活に恩恵を与えられた食料であり、飾りつけもたんに美しく見せるということではなく、それを食した時代にもっとも好まれた調製・調理の方法であり、盛りつけであった。

こうした神饌献供を特徴づけ、それが祭りの名称となっているところも少なくない。三河の日間賀島（愛知県知多郡南知多町）では、タコ薬師のタコ祭りといって、かならずタコを供えるし、群馬県の赤城山麓の村では、祭りの前日を「サカナドリ」といって、その日獲った魚を一尾ずつ供える。また、三重県志摩町の小島祭りには「カサネアワビ」といって、海女が海にもぐってアワビ二個をとってきて一重ねとし、濡れ姿のままで神前に供えるし、九州佐賀関（大分県北海部郡）の速吸媛《はやすひめ》大明神の祭りには、昔からいちばん大きな七〇〇匁もあるアワビを神前に捧げる。

また、愛知県宝飯《ほい》郡御津《みと》町のイカ祭り、新潟県六日町の棒鱈祭り、愛媛県西条市の泥鰌祭り、秋田県寒風山麓のツブ祭り、兵庫県篠山市のハモ祭り、長野県上水内《かみみのち》郡豊野町神郷村のカニ焼き祭りなど、それぞれ献供する魚類の名が祭りの名称となっている。有名な福岡県門司（北九州市門司区）の和布刈《めかり》神社の和布刈神事も、和布《わかめ》を神に饗する祭りである。

野菜・根菜の類では、奈良県磯城《しき》郡川西町保田や多の牛蒡喰神事、山口県宇部市吉部の芋煮神事やその他の芋座祭り、新潟県城内村（現・南魚沼市）の里芋祭り、島根県大原郡（現・雲南市）大東町海潮村の茄子神事、新潟県南魚沼郡六日町橘村（現・中魚沼郡川西町）の南瓜祭り、滋賀県大津市の胡瓜祭り、京都府知井村（現・南丹市）の山葵《わさび》祭り、福島県いわき市四倉町の生姜祭りなど、いずれもそれぞれの成物の初物を神に供え、そのあとでないと人々はめったに食べないという。つまり、初物を神に供えて神慮を慰めようとするのである。京都の貴船神社（左京区鞍馬貴船町）のイタドリ祭り、秋田県金足村（現・秋田市）の牛尾菜祭り、長野県諏訪市のウド祭り、東京都府中市のスモモ祭りなどもあり、ほかにヤマイモ、トロロ、ホト、カヤ、クリ、トチなどを供えるところも随所にある。

穀物の類でも、餅ばかりでなく鳥取県八頭《やず》郡若桜《わかさ》町のダンゴ祭り、石川県七尾市の飴祭り、新潟県小合村の香煎《こうせん》宵宮など、穀類を種々に加工した食品を供えるところもきわめて多い。

こうして、神饌の品目が祭りの名称となるほど、それぞれの地方で、その神饌品目が人々の食生活の上できわめて重要視されてきたと考えられるのであるが、祭りの名称とならないまでも、それぞれの地域に応じ、その土地柄を反映した食料が神饌として献供されていて、その種類もきわめて多い。これらの神饌の品目は、そのまま原始・古代人の食料そのものと考えることはできないとしても、日本人固有の古い時代の食生活の一斑を知ることができる。

古い時代の神饌の内容を知る資料として、平安時代初期に成った『延喜式』がある。その神祇部の諸神諸社の記事に、神饌の様相が知られるし、巻第七神祇七に記載される大嘗祭の神饌の品目をあげると、神酒のほかに、鰒《あわび》・烏賊《いか》・熬海鼠《いりこ》・魚腊《いおのきたい》・貽貝《いがい》・堅魚《かつお》・輿理《よ り》・刀魚《とい お》・鮭などの魚類、海菜《もは》・昆布・海松《みる》・紫菜《のり》などの海藻類、梨子・橘子・柿・柚・栗などの果実、未豆子《ふきまめ》・大豆《まめ》・小豆などの豆類、搗き餅・捻り餅・勾《まが》り餅などの餅類、粔籹《おこしこめ》などが見られる。これらは煮堅魚や胎貝鮓・鰒酢というふうに、煮たり鮓にしたりの調理法があったらしい。

さらに『延喜式』の巻第五神祇五にある斎宮の神饌品目を見ると、米・栗・白酒・黒酒のほかに調理用の油、鰒・堅魚・烏賊・螺・年魚《あゆ》・鮒《ふな》などの魚類があり、それには煮た堅魚、塩煮の年魚、醤煮の鮒などの調理があるし、干薑《はじかみ》のような一種の嗜好品ともいえるもの、椎子・菱子・蓮子・干棗・生栗・干柿・

橘子など多彩な果実類も見られる。

これは、古代における神饌の内容の一つの目安であるが、あくまでも宮廷司祭のものであるため、民間における神饌とはいくぶんその趣を異にするであろう。しかし、宮廷司祭の神饌に固定されるには、一般にかなり広くまで重宝して知られていたことが推察される。『延喜式』に見るだけでも、今日の想像にもおよばない多彩な品目であるから、民間においてはトータルすると、もっと多彩であったろう。

芋と神饌

『延喜式』にあげられた神饌を見ただけでも実に多彩で、稲作の所産だけではなく、採集・狩猟・漁撈・畑作の所産が多く含まれている。今日の民間における神社の神饌を概観しても、ほぼ同じ様相がうかがえ、そこには日本文化論にかかわる問題もひそんでいるように思える。

日本が稲作社会となってから、日本人の生活サイクルが、春に耕し秋に収めるという、いわゆる稲作行程により規制されることが多く、神事祭礼もその規範にのっとっておこなわれてきた。要するに、日本人は単一の稲作文化をもつものであると、永らく考えられてきた。そうするならば、その神事はもちろん稲作を軸としたものであり、稲作の豊穣祈願・報謝であった。ならば神饌も米を中心としたもの、すなわち餅や団子・白蒸しなどや、黒酒・白酒などの酒が中心であり、餅と酒だけであっても不思議はないにもかかわらず、多彩な畑作物が献供され、採集食料、魚類も内陸の稲作地帯にありながらずいぶん多い。こうした例は稲作以前の農耕文化、あるいは稲を軸とする価値体系をもつ文化と等価値の稲以外の雑穀や根菜を中心とする価値体系をもつ文化の存在と、相互のかかわりが認められるのである。すなわち、従来稲作文化だけを日本文化の単一要素と考えていたことにたいして、近年多くの異論が呈されているが、神饌からも従来の思考にたいして新しい見解を提示することができそうである。

近年、稲作以前の生活文化として照葉樹林文化が提示されているが、それは雑穀と根菜を主とする畑作農耕文化である。その根栽農耕の中心となるものが、サトイモ、ヤマイモの類である。とくにサトイモは、食料として大きな比重をもっていた。すでに坪井洋文氏は、正月の神仏への供え物や晴《はれ》の膳、贈答などに、餅よりもイモの料理がその主体となっている民俗のあること、暮からのある特定の期間に餅を食べない、餅を搗かない家のあること、それればかりではなく、正月になるとイモを忌詞《いみことば》で呼んだり、正月の期間だけイモを人目につかぬところへ奥深くしまいこむとかの禁忌を堅く守っている習俗のある反面に、イモを栽培せぬ、イモを食べぬなどの禁忌を持つ家、村のあることに触れ、それらが、神祭りにあたってイモを聖なる供え物、晴の食品とした、米や餅の論理とは異なる価値体系を持った民群の存在を示すことを指摘している（坪井洋文『イモと日本人』未来社刊に収められた一連の論考）。

民間では旧暦八月一五日の仲秋の名月を「芋正月」の名で呼ぶ。ことに上方から山陰にかけて顕著である。庭先にススキや萩・茅の穂を立て、平年は一二、閏年は一三個の里芋や団子を芋の葉の上に載せて供える。一般にはススキはイネ科の多年草で秋の七草の一つに数えられ、ススキという語は大和で稲穂のことをいうように、イネの代わりにそれを象徴するもので、常世から子孫の生産の繁栄を見守りに訪れてくれる神の依代《よりしろ》であり、この日はかつて稲の初穂祭りであったというのである。だが、里芋を芋の葉に載せて供えるところに重要な意味があり、稲作儀礼というよりは、むしろ芋の収穫祭としての畑作儀礼としての性格の方が濃厚である。ここにも里芋の食生活上の重要性が見られ、稲作社会になっても、なお芋の収穫祭の伝統が根強く生きていることが認められる。

神饌のなかにも、近畿の一部を概観しただけでも、ずいぶん里芋が多くあらわれる。奈良の談山神社や宇治の白山神社の「百味の御食《おんじき》」（二三〇、二六四頁）のなかにも、和稲・荒稲とならんで里芋や芋茎が出てくる。滋賀県米原市志賀谷の志賀神社の「花の頭《とう》」と呼ばれるオコナイ（八六頁）には、里芋の親頭を一膳に六個盛りつけて、神饌の主要なものとし、奈良県五條市東阿田の秋祭り（二七六頁）には、里芋を台にして、それに竹串を六本刺し、上がひろがったかたちにして、竹串の先端に柿・餅・カキマメ・柚子・栗・茄子の六種をさして、「七ツ御膳」としている。同市西阿田でも「七ツ御膳」として、柿・柚子・栗・大根・人参・餅・里芋の七品を七本の串にさす。また、奈良県天理市海知のシンカン祭り（一九七頁）には、里芋の頭を台にして、それに一尺余の竹串を七本立て、それに柿・蜜柑・梨・棗《なつめ》・茗荷・桃・栗の七種をさして、これを「七色の御供」と称して、七膳調製する。このほか京都市左京区の北白川天満宮（二八四頁）では、里芋を土器に円錐形に積み上げた高盛りの神饌があるし、大阪市福島区海老江の八坂神社の御饗神事の神饌「菊花のキョウ」（三二〇頁）に、里芋がやはり豆腐・大根とともに重要なものとされ、豆腐を中心に、円錐形に切った里芋と大根を交互に串状に並べ、その中央に榊の小枝をのせている。このほか里芋が神饌に加えられ、しかも重要な部分を占めている例は随所に見うけられる。

このなかで、東阿田の「七ツ御膳」、海知の「七色の御供」などは、とくに注目されるところである。里芋のほかの種類のものがいずれも竹串に刺され、里芋を台にして放射状に刺されている点である。里芋がたんに串刺しの台に適当だとするだけの理由ならば、里芋でなく餅であってもよいはずである。神饌のなかには餅を据えてその上に串刺ししたり、盛りつけたりする例はよく見られるところである。わざわざ里芋を台にしているのは、たんなる都合ではなく、里芋を基調とする意識が根底にあるのではないかと想定される。すなわち、里芋がそうした作物のなかでももっとも重要なもので、食生活上基本であったからとも考えられるのである。また、兵庫県たつの市の河内神社の秋祭りの頭（二二〇頁）には、栗と「頭《かしら》の芋」と呼んでいる里芋と、山芋・大根が神饌の中心となっており、これらを杉板御膳に盛るのであるが、そのさい御膳の片方に小餅を一重ねのせ、他方に里芋の煮たものを薄く切って二枚のせ、中央に山芋と牛蒡《ごぼう》・蒟蒻《こんにゃく》の煮たものを二個ずつのせる。稲作の所産である餅と同格に、里芋をおいている姿が見られ、里芋の神饌としての意義が認められるのである。

京都北野神社の瑞饋《ずいき》祭り（二一〇頁）や、滋賀県野洲市の御上神社の秋の御神事（二五四頁）の瑞饋神輿《みこし》も注目される。瑞饋神輿というのは、その年にとれた里芋の茎をもって神輿をつくり、それに初穂や野菜で飾りつけをするものである。この形態は江戸時代初期からのものであるが、古くはこの祭りを「芋茎《ずいき》祭り」としており、社家ごとに曲物《まげもの》に芋茎を盛って供えたのが、のちに三家ずつ合同で調進し、中世末から社人総がかりで神饌をつくり、それが神輿になったのである。したがって、瑞饋神輿といってもこれに神霊を移すのではなく、あくまでも神饌そのものである。祭りの作法がひととおりすむと、神輿に用いられた芋茎や野菜は人々に分け与えられる。それを食することは神饌のおさがりをいただくことで、とりもなおさず神人共食の直会《なおらい》をすることであった。瑞饋神輿とその神事も、やはりその根本は芋の収穫儀礼の一つであったと考えられ、いまは少なくなったが、こうした瑞饋祭りは京都や大阪に、かつてはかなりひろがりをもっていたらしい。また、各地に「芋煮神事」あるいは「芋競べ神事」など、芋祭りの伝承は多く見ることができる。

里芋とならんで、山芋もまた神饌に多くあらわれる。京都上賀茂神社の御棚会神事（六九頁）の「御櫃の神饌」「包みの神饌」、滋賀県東近江市の巽之神社（一四三頁）の神饌、京都の葵祭り（一七四頁）の神饌、奈良大神《おおみわ》神社鎮花祭（一五二頁）の神饌、奈良県五條市東阿田の「七ツ御膳」など随所に見られる。また、兵庫県の河内神社の秋祭りの頭には、栗・里芋とともに山芋が神饌の中心的存在となっている。

さらに、奈良県の談山神社嘉吉祭の「百味の御食」のなかには「零余子《むかご》」がある。零余子は山芋の葉のつけ根にできる肉芽のことで、こうしたものも食料にされたのであった。里芋の茎である芋茎も食料とされたように、本体だけでなく、付随のものも食べられるものは工夫して食料としたらしい。また、神饌として調製されるのであるから、古くは一般的な食物であったことがうかがわれる。

こうした神事習俗が今日あることは、稲作以前の農耕民が、新しい稲作をとり入れ、稲作農耕民に転換しても、以前のイモを軸とする畑作がなお並行しておこなわれ、大きな意味をもっていたことが推察されるのである。

栗・榧の神饌

雑穀・根菜を主とする畑作農耕においては、畑作単一の生業ではなく、野生の木の実の採集もさかんにおこなっていたし、森林内の狩猟もおこなっていたはずである。食料とした木の実の主要なものは、実は照葉樹林帯が西方から日本列島中部にまで拡大してくる以前の、落葉広葉樹林の所産であり、いわゆるナラ林文化の所産ともいえる。それが稲作文化の時代まで生きていたのであった。

こうした木の実が、神饌のなかにも多くあらわれる。栗はさきの東阿田の「七ツ御膳」や海知の「七色の御供」のなかにもはいっているし、京都上賀茂神社の御棚会神事にも、勝栗・生栗と榧《かや》の実が山芋とともに「御櫃の神饌」や「包みの神饌」の主要品目となっていて、葵祭りでも内陣神饌の「包御料」は、勝栗と榧の実である。滋賀県野洲市の御上神社の瑞饋《ずいき》神輿にも、やはり栗の実が欠かせぬものであった。奈良県の談山《たんざん》神社の嘉吉《かきつ》祭の「百味の御食」にも、栗・榧の実が樫の実とともに含まれ、きれいに盛りつけされる。

京都府城陽市のおいで祭り（二〇五頁）は、昔は榧の実が神饌の中心で、近在の榧を採取して供えてきたが、いまは近在に見られなくなったので、奈良県の吉野の山奥まで採取しに行くなどしてなんとか揃え、栗といっしょに供え、昔の神饌のかたちを守り続けているというし、同じく城陽市寺田の水度《みと》神社の寺田祭りも、大規模な栗と榧の神饌を供えてきた。栗・榧を供えることが祭りの中心であったため、その宮座を「栗榧座」と称したほどである。したがって、この神饌の盛りつけも豪華なもので、四貫目ほども用意した小麦藁で円筒形の胴をつくり、それに六尺余の葭《よし》を立て、その先を三つ割りにしてそれぞれに栗を刺し、さらに胴に一一種の竹を刺し、おのおのの先端にもまた栗を刺して、見事に栗の実の繁茂したすがたに造形する。榧もまったく同じ形状に盛りあげるのであるが、いずれも竹串が四二四本というから厖大な量になり、これをつくりあげるのには三〇人ぐらいの人手を要するという。それほど豪華な栗・榧神饌である。

神饌に稲作をめぐる諸種の作物がまったくなく、栗・榧だけの神饌が山城の平野になお伝承されたことは、稲作農耕以前の古い時代に、栗・榧が主要な食料とされていたことが偲ばれるし、稲作文化の時代すなわち米食を主とする時代においても、なお栗・榧が大きな位置を占めたことがうかがえる。それは、今日いうところの御菓子と同じような用いられかたをされ、重宝されたようである。寺田の地方では近代まで、賓客が来るとどの家もかならず栗と榧を出したものだという。

木の実が菓子として重んじられたことは、各社の神饌がよく物語っている。京都の北白川天満宮の神饌には、榧の実が茶菓子として供えられるし、葵祭りの神饌の後献の御菓子に、洲浜《すはま》・粔籹《おこし》・吹上《ふきあげ》など米粉を練ってつくった菓子とならんで勝栗《かちぐり》がある。また、上賀茂神社の歳旦祭の内陣神饌の「包御料」御菓子十色は、榧・勝栗が筆頭である。

縄文時代における植物食を、渡辺誠氏は二八〇遺跡の発掘調査によって確認された植物遺体をもって整理されているが（渡辺誠『縄文時代の植物食』雄山閣刊）、それによると、イチイ科——カヤ・イヌガヤ・ハイイヌガヤ、ヤマモモ科——ヤマモモ・オニグルミ・ヒメグルミ、カバノキ科——ハシバミ、ブナ科——ブナ・クリ・コナラ・ミズナラ・クヌギ・カシワ・アカガシ・アラガシ・イチイガシ・ツブラジイ・スダジイ・マテバシイ、クワ科——カジノキ、ヤマゴボウ科——ヤマゴボウ、スイレン科——ハス、バラ科——シャリンバイ、ミカン科——サンショウ・イヌザンショウ、トウダイグサ科——アカメガシワ、ウルシ科——チャンチンモドキ、トチノキ科——トチノキ、ブドウ科——ノブドウ、マタタビ科——マタタビ、ツバキ科——ツバキ、ヒシ科——ヒシ・アズマビシ、ウリ科——ウリ、イネ科——マコモ・イネ・ササ類、カヤツリグサ科——クログワイ、ユリ科——ノビルの二〇科三九種ある。そしてもっとも出土率の高いのはクルミであり、総数二〇八遺跡中一三六遺跡から検出され、ついでドングリ類が六五遺跡、クリが六一遺跡、トチが二九遺跡と多く、あとカヤ一〇遺跡だという。

これによると、多様な植物食があり、多くの木の実が食されていた。今日近畿の一部の神饌を見るかぎりでは、栗・榧のみ顕著であるが、詳細に全国的な調査がなされるならば、クルミやドングリ・トチなども神饌の中に見られるはずであるし、その神饌としての調製や献供の様相によって、食生活上の木の実の用法が明らかになるであろうと思われる。

唐菓子

神饌に粢《しとぎ》や油で揚げたもののあることも注目される。油は古来胡麻・榧・胡桃などからとっていたが、油いためすることや、油揚げをすることは日本在来の方法ではなく、中国の影響をうけたものらしい。そのため米の粉を練って丸めたり、いろいろに造形したものを唐菓子と呼んだ。これらは油で揚げることが多く、そのなかに「餢飳《ぶと》」「糫餅《まがりもち》」「梅枝《ばいし》」などと呼ばれるものがある。米の粉を丸めて団子にしたものの真ん中を指で押えると、臍の穴のようにへこむ。これを「へそ団子」といい、神戸の生田神社やあちこちの神饌に見られるが、それをいまの餃子の型のように半円形にしたのを餢飳、紐状にして輪にしたのを糫餅といい、細長くしたものを梅枝という。梅枝はもと三本枝が出たように作られたものであったらしい。

奈良の春日大社の歳旦祭の神饌、春日祭り御戸開八種神饌、春日若宮祭り（三三七頁）の神饌に、ともに餢飳・糫餅・梅枝が御菓子として調製されるが、かわった形をしているうえに種類も多い。春日祭り神饌の餢飳は普通の餃子型であるが、糫餅は高糫《たかまがり》といって偏平ではなく厚手の団子になっていて、へそがたくさんある。梅枝は三梅枝といって三つ又になったのと、二梅枝といって棒状のとがあり、二梅枝の方をとくに柘榴《ざくろ》と称している。歳旦祭神饌は春日祭りのとほぼ同じであるが、若宮祭りの場合は餢飳に二種類あって、普通の餢飳と、菊餢飳と称して菊花状になった偏平円状のとがあり、糫餅は高糫で、梅枝は三梅枝だけである。春日菖蒲祭神饌は若宮祭りと同じである。春日七夕節供祭・重陽節供祭には、餢飳と菊餢飳だけが供えられる。

賀茂祭、いわゆる京都の葵祭りの神饌の初献にも餢飳と糫餅が調製される。餢飳は麦粉七、米粉三の割で水で練り、中に大豆粉の練ったものを挟んで二つ折りにし、胡麻油で揚げたものである。糫餅は麦粉を練って紐状にし、輪にして三つ折りにたたみ、胡麻油で揚げたものである。

こうした餢飳《ぶと》・糫餅《まがりもち》という唐菓子神饌については、『和名類聚抄』十六にも見えており、

餢飳　蒋魴切韻云、餢飳（部斗二音、字亦作二䴺䴸一　和名布止、俗云、伏兎）油煎餅名也

糫餅　文選云、膏糫、糫粔籹（糫音還粔粒　見二下文一）揚子漢語抄云、糫餅（形如二藤葛一者也　和名萬加利）

と説明しており、『神道名目類聚抄』三は、

餢飳　糫餅　米ノ粉ニテ認、御菜、クダモノナドト同ジク、御膳ニ附ル

と、餢飳・糫餅の用途を述べている。日本では食物を油で揚げる方法はなく、大陸から伝わったものであるが、『和名類聚抄』のできた平安時代には、すでに神饌として存在したことはたしかであり、神饌として定着しているかぎり、もう少し早くから油揚げの方法がひろまっていたものと推察される。

近世の資料であるが、天明元（一七八一）年の『多賀神社年中行事』では、四月二日に懸魚《かけざかな》や沓形餅《くつがたもち》とともに「ふと」を供えていることを記し、安永七（一七七八）年の『鴨社年中行事』では、一月一五日の御粥神事に白粥・赤粥や各種の魚とともに「マカリ」「ブト」を供え、大晦日にも「マカリ」「ブト」を供えている。『熱田御神祭年中行事』も元旦の「御直会送リ申ス事」として、「ブドウ二ツ小マガリ三マゲ」とし、二月午の日にも同様の記事を載せている。そのほか豊後国一宮の柞原《ゆすはら》八幡宮（大分県大分市八幡）、武蔵国一宮の氷川神社（埼玉県さいたま市高鼻）、遠江国一宮の小国神社（静岡県周智郡森町）、京都の祇園社（京都市東山区祇園町）、京都の貴船社（京都市左京区貴船町）、丹生都比売《にうつひめ》神社（和歌山県伊都郡かつらぎ町）、東照大権現（栃木県日光市山内）などにブトやマガリの神饌の供えられたことが文献記録に見える。

こうした大社や著名神社ばかりでなく、地方の神社にも多くの例を見ることができる。岡山県岡山市牟佐の高蔵神社のトーヤ祭りでは、一〇月一六日の朝、神前に「マカリの餅」四六〇を七五膳に分けて供え

る。これはいま普通の小餅になってはいるが、もとはブト・マガリの本当のすがたであったろうと思われる。大阪府八尾市の恩智《おんち》神社の御供所神事（三〇八頁）には、米の粉を湯でこねて円形に伸ばし、中に煮た大豆を入れて包みこみ、油で揚げたものを「オオブト」といい、丸く細長い形で、両側と上の面に指先で五つずつつくぼみをつけたものを「マガリ」と呼んでいる。恩智神社の場合、これらを組み合わせると人形になるのであるが、餢飳や糫餅はいろいろの形に造形されたのであろう。

滋賀県東近江市黄和田のケイミヤ（三三頁）の神饌は、米の粉を捏ねて茹で、それをいろいろの形にして油で揚げる。ヒヨドリ・ホンヅナ・カメ・イノシシ・サル・シナノイヌ・ブト・ウサギなどいろいろであるが、これもその根本は、春日の菊餢飳などかわった造形があるように、餢飳・糫餅と同じである。こうした造形については、文化一一（一八一四）年の『祇園社年中行事』に大頭神事について、

八月二十七日伏兎団子ナリ餅搗朝飯中飯出ル、出勤ノ銘々伏兎ヲ以テ花類魚ノ類或ハ器ノ類ヲ作ルナリ、

二十八日今暁寅刻ヨリ伏兎ヲ油ニテアクル（中略）、伏兎餅組立三ツ宛串ニサシ六ツ重ネ上ニケント云テ一ツ置ナリ

とあり、祇園社では餢飳を花や魚や器の形にもしたというのである。要するにその土地土地の神にたいする信仰によって、それぞれ特殊なものがつくられ、そこにまた意味があったのである。

百味の御食

『延喜式』に神饌品目が定められるようになると、古代の日本人の食事内容をあらわしてはいるが、そ

れはそのまま食事内容を忠実に示すものとはならず、一定の形式化・象徴化をもたらした。そして、平安時代末期となれば、仏教の側から本地垂迹説が活発に唱えられ、神仏習合思想が強化され、春日大社と興福寺、談山神社と妙楽寺などのように、神社と寺院が一体となって営まれ、また信仰形態が融合したところから、神饌も仏教の影響をうけ、その内容を変化させ、それを今日に伝えるものも少なくない。その典型的なものとして「百味の御食《おんじき》」がある。

「百味の御食」というのは、『仏説無量寿経』巻上に「百味の御食、自然に盈満せり」といい、『平等覚経』や『大阿弥陀経』、『盆網経』などにもこの語が認められ、大法会のさいに仏前に供える種々の供物をさしている。また、明和二（一七六五）年の『真宗故実伝来鈔』の雑聚問答では、「御葬送の砌、御葬場并御中陰所二百具ノ御盛物アリ」とし、これは諸宗通途の格式で一宗の事に非ずとしており、また、別中陰の間に百味等の供物を用いることを記している。ほかに、一般に仏教の盂蘭盆では一夏九旬の夏安居《げあんご》の終わった僧自恣《じし》の日、すなわち無礼講の日に、「百味の御食」をもって衆僧を供養する風があった。奈良の唐招提寺などは、いまも「百味の御食」の名で一〇〇種の食物を供えている。だが、この百味は、もともと一〇〇種の味をいうのではなく、人が神仏に供物を捧げる「ほぐ」がすなわち「百味」であった。この「ほぐ」は「ほかひ」と同じである。したがって、「ほかひ」も神仏にたいする供物で、それを入れる容器が「行器《ほかい》」である。今日民間では、盆に精霊棚にあげる供物をホカヒというところがあるが、このホカヒのことを「百味」と呼ぶ地方もあちこちにある。

要するに「百味の御食」というのは、本来が仏教的色彩の非常に濃厚な供物であり、むしろ仏供であった。それが連綿と伝わり、明治初年の神仏分離ののちもなお、特殊神饌として今日に伝わったのである。

談山神社の嘉吉祭（二三〇頁）は、大職冠御影が中世の戦乱を避けて橘寺に遷座していたのを、嘉吉元

（一四四一）年秋ようやく多武峯の本地に帰座することができたので、それを記念してはじまったという。この御神像を迎えて喜んだ僧侶・村人が、山里である多武峯の秋の収穫物をととのえ供えたのが、「百味の御食」だという。したがって、その時代のその地における食料のすべてということができる。そして談山神社も明治の神仏分離までは妙楽寺であった。そこに永年伝わってきたのが「百味の御食」であったので、当然にその原形は仏供に求められるのである。宇治の白山神社（二六四頁）の「百味の御食」の百味というのは、それぞれの時代によっていくぶん異なるが、その時代の山林田畑でできる食料すべてだという。すなわち、人々の食生活を支えてきたものをすべて、神に供えるのである。

笠の餅

小餅をいくつか盛った上に、大きな平べったい餅を笠をかぶせた恰好にのせた餅を、カサモチあるいはカサノモチという。カサモチの語は、丹後舞鶴あたりから西の方、近畿地方を中心に分布するが、一般にカサモチ、カサノモチといえば「四十九日のカサノモチ」という言葉があって、すぐに四十九日の儀礼を連想するほど、葬送習俗とのかかわりが深くみられてきた。屋代弘賢の『諸国風俗問状』の伊勢国白子領・紀伊国和歌山・淡路国の答にも、四十九日の儀礼にカサモチをつくることを報告しており、現行習俗でも各地に見られる。

だが、カサノモチは決して葬送儀礼だけのものではなく、農耕儀礼や宮座行事にさいしても随所にみうけられる。兵庫県下には春亥の子のカサノモチの事例が多い。亥の神様は作神様・田の神様とひろく考えられている。猪は多産なので穀物の多産豊穣をもたらしてくれるという意識が根底にあったのである。この亥の神が春亥の子に田に降り、農耕の繁業を見守り、秋亥の子に山に帰って行かれるというのである。この春亥の子に平年は一二個、閏年は一三個の餅を枡や重箱に入れ、その上に大きな餅を笠のようにかぶせて、神棚に供えて亥の神をまつるのが普通である。

亥の子以外の事例では、大和で農耕の実際にとりかかる前に、田の神を迎えてまつる「レンゾ」という農家の行事に、カサモチといって、円い餅に笠の形に木の葉をのせた餅をつくる。これは笠の部分が餅ではないが、本質的には兵庫県下の春亥の子のカサノモチと同じである。

また、秋祭りのさい笠餅をつくる事例もある。奈良県宇陀郡御杖村土屋原の秋祭りの撒き御供をカサモチというし、吉野郡大淀町鉾立の秋祭りには、宵宮の前日九月七日に御供搗きをするが、ここでもカサモチをつくる。平らな大きな餅を一つとり、他は丸い小餅で、その上にかぶせるのである。こうした例は吉野郡大淀町のあちこちの宮座にあるというが、滋賀県にもみられる。

大津市下坂本の両社神社の「おこぼ神事」（四六頁）に、直径約五〇センチの薄い円形の笠餅がつくられ、高さ三三センチ・直径三八センチの竹籠に帯餅という餅を巻きつけて、すっぽりとくるみ、その上から笠餅をかぶせるのである。これが三つつくられ、それに松・竹・梅の枝を突き立てて、神霊降臨の依代とされる。こうした笠餅が南酒井・北酒井両町から各々三つずつあげられ、おのおの笠餅の上の依代の飾り方は異なるが、いずれも見事なものである。祭りがおわるとそれぞれ氏子数に切って、各戸に配分される。両社神社と道を隔てて鎮座する酒井神社でも、「おこぼ神事」にやはりよく似た笠餅がつくられる。

このようにみると、カサモチというのは大きな意味をもっている。葬送儀礼の四十九日のカサノモチについていえば、四十九日というのは忌明けの日で、この日まで霊魂は屋根の棟や軒先三寸のところにいて、この日に冥界へ旅立ちするという伝承が一般的で、霊魂を家から送り出す作法も方々にある。下の小餅を四九つくるというのも、忌の期間をあらわすものにほかならない。亥の子のカサノモチも、下の小餅の数は一年間の月数から生じたもので、大きい笠餅は亥の神がこの笠を着て田に出てくるのだという。要するに笠は霊魂・神霊の被りものたる笠で、それは同時に霊魂の依代であり、そこに霊が宿るならば、笠が霊魂を象徴するものとなる。

両社神社の笠餅には、さらに神霊が降臨する依代として松・竹・梅が立てられる。これに依った神霊が依代の立つ笠に宿るのである。したがって神饌たる笠餅は、ここでもはっきりと神霊の象徴となっているのである。カサノモチの神饌はこのように大きな意味をもつものである。なお、各地に笠神と称する神が祀られるが、この笠神についても、カサノモチは一つの示唆を与えるものである。

烏の御供

神に捧げる神饌を烏に食べてもらうという風があちこちに見られる。滋賀県野洲市八夫の高木神社の「神事《じんじ》」(七四頁)には、神事手が兄の膳・弟の膳という神饌をそれぞれ五台調製し、本社・若宮・伊勢・八幡・日吉の五社に供えるが、おのおの神饌の白蒸しの角をつまんで丸め、拝殿の屋根の上に置く。これを「烏の御供」と称し、烏に食べてもらうのだという。烏がこの神饌を食べてくれないと直会がはじまらず、なかなか食べてくれないときは、神事手が水垢離をとってその成就を願ったという。

また、滋賀県の多賀神社には、本殿横に一メートル余の杭の上に板をのせて台にした「先食台《せんじき》」というのがある。別宮の胡宮《このみや》神社にも同じような台がしつらえてある。この台に常日頃神饌を供え、烏が舞い降りてきて神饌を食べてくれるが、四月二二日の大祭のさいは、「先食行事《せんじき》」といって、一六日と一八日に丁重に神饌を供える。この先食行事にもし烏が神饌を食べてくれなければ、大祭に神饌を献供することができない。ということは、大祭そのものが営めなくなるというのである。そうしたことがないようにと、まず末寺の日向神社に神饌を供えてみて、烏が食べてくれるかどうか下見をするという。

奈良県五條市の東阿田（二七六頁）では、祭典がすむと、五組調製した「七ツ御膳」を社殿の覆屋の左右の貫《ぬき》の上にあげ、翌年までそのままにしておく。同市西阿田の方は、祭典終了後「七ツ御膳」を本殿屋根上に二膳、小宮の屋根上に一膳のせて、翌年までおいておくという。いまではっきりと烏に食べてもらうという伝承は聞かれないが、本来は高木神社や多賀神社と同じ意味があったと思われる。

こうした、神饌を烏に捧げる習俗はほかにも多く見られる。安芸の宮島には「お烏喰式《とりばみ》」という行事があり、神官が養父崎《やぶさき》神社の沖合に船で赴き、藁船に粢団子の神饌をのせて流し、それを烏に食べさせる。尾張の熱田神宮摂社御田神社で、二月一一日の田植神事と一一月一一日の田刈神事に、「烏祭り」をおこない、粢《しとぎ》を拝殿の屋根にのせて烏に食べさせるし、同じく尾張の津村神社でも、二月二六日に「烏呼《おこ》神事」がおこなわれ、生米を本殿と八柱社の屋根に撒いて、烏に食べてもらう行事をする。

一般の民間習俗では、正月の初山入りに烏を呼びあつめて、山の神への神饌として携えていった餅や粢を与える行事がある。これを「烏勧請《からすかんじょう》」といい、烏の食べぐあいによって年占いをする。また、秋に柿の実をとるときには、全部とってしまわずに、かならず柿の木一本に実一個はのこしておかねばならない。これは烏が食べるものであるという。

烏占いの習俗もひろくある。烏の御供の食べ方で豊凶を占ったり、烏の鳴き声や飛んでいった方角によって吉凶を占う風があちこちにあるし、烏鳴きが悪いと人が死ぬ前兆と見るのは全国的である。また、四十九日のカサノモチを小さく切って屋根の上にほうり上げ、この餅を烏が食べてくれないといけないと、兵庫県の伊丹地方ではいい伝えられている。

このようにみると、烏は「ミサキ」と考えられたことがあきらかである。多賀神社の先食も「ミサキグイ」である。熊野では烏を神鳥とし、熊野三山の牛玉《ごおう》宝印が烏文字であることもその証左である。烏は霊魂・神霊の先触れ、あるいは霊魂を持ち運びする霊鳥というばかりでなく、神の荒魂《あらみたま》・新魂《あらみたま》とみなされ、烏の出現がほかならぬ神霊の出現であった。したがって烏に神饌をまず食べてもらうことが、ほんとうの神饌献供であった。そうした意識・伝承の一斑が今日の神饌献供の作法のなかに遺っているのである。

なお、大阪市生野区の田島神社には、「烏の餅杵」という杵が三本伝わっている。江戸時代のもので素朴な棒杵であるが、かつて神饌のひとつとしての烏の餅を搗いたものだという。

神饌の容器

神饌調進にあたって、その神饌を盛ったり納めたりする容器は、素焼きの土器皿《かわらけ》・碗・鉢・高坏《たかつき》、あるいは木製の盆・椀・高坏や盤、また折敷《おしき》・三方《さんぼう》・桶・櫃などさまざま見られるが、そのなかで注目されるのは、木製の曲物《まげもの》容器の多いことである。もちろん円型曲物だけでなく、側板の四カ所を曲げて方形・長方形にしたものも含めてである。

そのなかで、もっとも一般的に用いられているのが三方である。方形の折敷を檜の白木で作り、三方に孔のあいた台にのせたもので、古代には食事をする台に用いたのであった。神饌そのものが、人間の生活にもっとも恵みをいただいた食物を、おいしく調理し、きれいに盛りつけて神に捧げるものであるから、そうした食物を食べる台として、重宝した三方を神饌調進の台、容器としたのは当然であった。

この三方については、『神道名目類聚抄』は、「四方　三方　御饌ヲ供ズル御膳ナリ」とし、「コノ穴クリカタ、四方ニアキタルヲ四方ト云フ、三方ニアキタルヲ三方ト云フ」と説明しており、『貞丈雑記』も、

一ついがさねとは、衝重と書く、三方、四方、供饗の総名なり、皆ついがさね也、上の台と下の足とをつきかさねたる物なる故、ついがさねと云なり、三方に穴をあけたるを三方と云、四方に穴をあけたるを四方と云、穴を一ツもあけざるを供饗といふ、此三品は何れも同じ形なり

としている。形としては方形の折敷の下に台のついたものである。これに神饌を盛って神前に据えるとき、上の折敷の方は、側板の綴目のない方を神前に向け、台の方は孔のない方を神前に向ける。したがって、台は側板の綴目のある方が神前に向くことになる。

なお、伊勢神宮では神楽殿において丸三方というのを用いている。それは浅い盆形の曲物に、円筒形の曲物の台をつけたものである。丸三方は角三方とちがって台に孔はない。孔のないところからいえば、『貞丈雑記』にいう供饗と考えてよいのかも知れない。この丸三方は、今日多くは上下接着しているが、それも三方を神前に据えるときと同じように、側板の綴目の位置は、上部の盆の部分と下部の台とは逆の位置についていて、上部が綴目のない方を神前に向けると、下部は綴目のある方が神前に向くようになっている。

ところで、三方の台の部分のもとの機能と同じく、神饌容器の器台として曲物を用いる例もきわめて多い。大阪市福島区海老江の八坂神社の御饗神事《おきょう》（三二〇頁）には、菊花のキョウ・イナナマス・イナズシなど、数々の神饌を素焼きの皿に盛って神前に供されるが、そのさい皿の器台は曲物を用いている。京都市西京区の松尾大社の還幸祭（一六六頁）にも、西寺公園の御旅所にたくさんの種類の神饌が供されるが、これも神饌を盛った素焼きの皿の器台は、大小さまざまの皿の大きさに合わせた曲物である。ほかに、

京都市上京区の北野神社の梅花祭（一三〇頁）、大津市山中町の樹下《じゅげ》神社の御膳持ち神事（一七〇頁）など、みな素焼き土器皿を曲物にのせて神膳に供するし、こうした例は枚挙にいとまない。

神饌の調進に曲物が多く用いられたのには、意味があったのである。大きな神社が、しばしば神饌殿・御供屋などと称して、調理所としての特別の建物をもっているのは、そこで真新しい食物を調理して、もっとも新鮮な神饌を調製するためであった。そのさい、神饌の容器も新しく調えられ、そのときかぎりに用いられたのであった。そのことは、今日も随所に見受けられる。

天理市海知町の倭恩智《やまとおんち》神社のシンカン祭り（一九七頁）の神饌のうち、花御供を「板御供（杉皮御供）」といい、杉の板の上にのせる。長さ一一二センチぐらいの杉の丸太の端を、幅一二センチぐらいに縦に割った、皮のついたままの板に、小さな白餅九つをのせるのである。この板は、祭りの前々日神饌調製のさい、頭屋の手によって作られる。兵庫県たつの市牧の河内神社の秋祭りの頭《とう》（二二〇頁）には、神饌調製のさい杉の木を縦に割って長方形の板を作る。それは鉈だけを用いて作るもので、板に割り上げると鉈で隅切りをし、板の周辺の少し内側に、山の葛の蔓をのせ、その蔓と板とを六カ所細い蔓でとめる。この御供膳は、さきの海知の花御供の板より一段進んだ形で、また、この形がおそらく折敷の最初の姿ではなかったかと思われる。

浜松市の伊場遺跡からは、たくさんの曲物が出土していて、円形曲物はすでに古墳時代の七世紀中葉のものがあるが、方形・長方形・楕円形曲物が奈良時代の八世紀前半と、平安時代の九世紀から一〇世紀にかけて多く出土している。ここで楕円形曲物といっても、まったく楕円形のものと、長方形にちかく、長方形の板の隅を丸く落としたものとがある。後者のものは長方形曲物と同じに考えてよい。この方形・長方形曲物は長辺六五・三センチの大型から、一九・七センチの小型のものまでさまざまあるが、なかに、側板の下端部が四隅と長辺の中間の六カ所、樺皮で固定された状態のものがある。それは長辺四〇・三センチ、短辺二七・九センチ、底板の厚さ〇・九センチの大きさで、側板はごく浅く、高さ二センチで、底板の周縁よりも内側にとりつけられ、なお側板が動かぬように、カキイレゾコ形式にしている。こうした事例を見ると、倭恩智神社の神饌の台板から、河内神社の曲物折敷、伊場遺跡に見られるような形状の曲物折敷への変遷をうかがうことができる。

こうした形態上の変遷からみても、曲物はそのはじめ、荒削り・荒割りの板の上に、ただ曲げた側板をのせただけのものであったろうし、また特別の台板がなくとも、曲げの側板だけでも用をなしたはずである。新潟地方では、「神の膳」と呼び、長辺一〇センチ、短辺五センチ、厚さ一センチぐらいの長方形の板の上に、小さな浅い曲物の側を一つないし二つのせただけのものが、神饌容器として用いられている。京都の賀茂御祖神社（下鴨神社）の御供膳も、板の上に曲物の側板だけのせたものであり、賀茂別雷《わけいかづち》神社（上賀茂神社）で、葵祭り（一七四頁）のさい庭積《にわつみ》神饌を盛る葉盤《ひらで》も同様の形式である。葉盤にはアザミの根、バラの新芽、ヨモギの芽、たくさんの海藻類を盛るが、これは一センチ弱の厚さで、一辺一八・三センチの正方形の板の四隅を隅切りし、その上に内径一五・三センチ、高さ一センチの曲物の側板をのせたものである。これが五、六〇個もあり、それを唐櫃に入れ本殿前の庭に供するのである。唐櫃に入れて積み重ねるときは、一重おくとその上に松の葉をのせ、またその上に葉盤を重ね、順次積み重ねていく。葉盤はいま台板と側板を接着しているが、もとはただ板の上に側板をのせただけであったらしい。

葉盤は、数枚の柏の葉を細い竹釘で刺しとめ、盤のようにしたもので、食器の一つとして用いられた。『日本書紀』巻第三神武紀には、「作葉盤八枚、盛食饗之」と八枚の柏葉に飯を盛って八咫烏《やたがらす》に供えたという。なお「葉盤此云毗羅耐」といっており、久頗《くぼ》氏すなわち窪手に対する名で、浅く平らな形をいっている。のちにはそうした形の土器も葉盤というようになり、枚手とも書いたようである。後世『蒹葭堂《けんかどう》雑録』は「槲御膳《かしはのみけ》又は槲御供《かしはのごくう》とも云」とし、「槲葉にて筥《はこ》の如くに折て、細き竹にて縫製す」と説明している。

上賀茂神社の庭積神饌はこの古風の御供を踏襲しながら、曲物容器をもってしたものであろう。

藤原宮跡出土の折敷のなかに、隅を丸く曲げた長方形にちかい二重の側板がある。これは長辺二七センチ、短辺一八・八センチの側板だけ単独に出土していて、二枚の側板をそれぞれ相互に廻して、短辺の中央で重ね合わせ、樺で綴じたものである。側板は高さ三センチ、厚さ〇・二センチで、樺は残っていないが、長辺で四カ所、短辺で二カ所、側板を三重に廻して樺でとめていた痕跡がある。この痕跡が側板の上下両端にあることからみて、側板を底板に固定したものではなく、ただ板の上に側板をのせただけで、一種の折敷として用いたものと考えられる。

滋賀県東近江市君ケ畑町の大皇《おおきみ》神社の正月のオコナイの神饌は、樽にモッソ（盛相《もっそう》。飯を個別に給する曲物の器）を盛ったものを中心に、その周囲に昆布・イカ・フナズシを小さく切ったのを一〇組置くが、それは各々半紙に包んで、曲物は側板だけで底板はなく、モッソの樽といっしょに大きな盆にのせるだけである。その曲物の側板も、継ぎ目は細かく綴じたものではなく、板を曲げて両端を重ね合わせて、大きく外から縦に蔓でしばっただけで、いたって簡単な仕様である。

これをみても、はじめはただ側板だけあればそれで用が足りたようである。神饌はかりに熟饌であっても、古い調理法は煮る・炊くというよりも、蒸す・搗《つ》く・捏《こ》ねるなどの方法であったので、盛り上げたさい崩れないようにすることと、一種の枠取り・結界の役を果たせばよかったのである。したがって、かならずしも底板と密着した容器でなくてもよかったのである。だが、漸次曲物の側板が摺り動かないように、台板なり底板となるべき板にとめるような工夫が凝らされていった。

埼玉県の江ケ崎館址で発掘された「神の膳」は、いたって小型のもので、厚さ〇・五センチ、径一一センチの平らな板に、口径五、六センチの側板を一つのせたもので、底板に二つ一組の孔が四カ所あり、紐を通して側板を底板に固定したもののようである。こうした「神の膳」の形態と照合できるものとして、伊場遺跡出土の曲物、神奈川県下曾我遺跡出土の曲物がある。伊場遺跡では奈良時代の八世紀初頭からのものが多いが、円形曲物では側板がはずれて出土していて、カキイレゾコ作りの底板と、クレゾコの作りのものとあるが、概してカキイレゾコ作りの方が古い。それらは、円形の底板の周縁内側で、側板の接する部分から外側が薄くなっていて、四カ所孔があいている。それは側板の固定個所である。

下曾我遺跡の曲物は、円形の底板に側板の下縁部だけがごく狭く残っていて、側板の口径は底板の直径よりもずっと小さく、側板と底板の接合は木釘で固定するのではなく、樹皮をもって数カ所綴じつけたものである。

ところで、大阪市西淀川区野里町の氏神、住吉神社の二月二〇日の例祭は、古来「野里の一夜官女」（一二二頁）として著名であるが、この神事はフナ・コイ・ナマズ・御供物・串柿・鏡餅などを調製し、夏越《なごし》桶七つに分納し、氏子中から選ばれた少女（一夜官女・一時上臈）が神に献ずるのである。この夏越桶が曲物で、側板の深さが二二・八センチ、長径五九センチ、短径四一センチの楕円形の曲物桶である。これは元禄一〇（一六九七）年の墨書銘があり、いまも祭具として用いられ、大阪における神事の代表的な祭具の一つとして大切に伝えられてきた。この夏越桶も、底板が側板の中にはめこまれたものでなく、底板の方が側板の口径より大きく、長径六八センチ、短径四七センチの楕円形の板の上にやや小さい口径の楕円形の側が載った形になっている。このとき、底板が側板よりはみ出す部分は、短径側は少なく、長径側は大きくなっている。もちろん底板と側板は六カ所で綴じつけられている。

こうした形状の楕円形曲物は、出土遺物では伊場遺跡や藤原宮跡のものに顕著にみられる。伊場遺跡出土品のなかで楕円形曲物は七点見られるが、大きいものでは最大長八二センチ、内法長六四・一センチあり、小さいものでも最大長六二センチと比較的大きく、野里住吉神社の夏越桶と同じような大きさである。そのうち大きいもの四点は、長径の両端に把手がついている。これらは、当然に底板が側板よりはみ出す部分が、短径側は少なく、長径側は大きくなっているが、把手のないものもまったく同じである。藤原宮跡出土の楕円形曲物も比較的大きなもので、伊場遺跡出土のものと同じ形状である。

東京都港区の芝神明の例祭に神社から授けられる「千木筥《ちぎばこ》」は、表面にきれいな花模様を描いているところから、「絵櫃」とも呼ばれて親しまれている。これも楕円形曲物である。今日のものは底のついた曲物を三段重ね、その間に板を挟んだり、一重の絵櫃に板を載せたりしているが、その仕様からみて、もとは板の上に側板を載せ、また板を挟み、その上にまた側板を積み重ねる姿であったろうことが推察される。『石山寺縁起絵巻』の第三巻第二段、東三条院行啓逢坂を越える場の、見物人を描いたなかに荷を持った商人の姿がある。枴《おうこ》に長方形の曲物をとおした荷をおいて話しているが、この曲物は、下に曲物より大きな板を一枚敷き、その上に曲物を一つ、また板を一枚おいて曲物をおき、さらに上に板をのせて蓋をし、縛っている。ちょうど芝神明の千木筥と同じような組み方をしている。

神事やそれに用いる神具・祭具の類は古風を尊び、できるだけ原初の姿を伝承しようとする風があるゆえ、こうした祭具、ことに神饌の容器と、古代・中世の出土遺物とを関連づけて、曲物の形状、とくに側板と底板の組み合わせを考えてみると、はじめは平らな板の上に側板を載せただけのもの、つぎは底板を側板に沿って、側板の口径より大きく円形あるいは楕円形に切り、随所に孔をあけて紐や樹皮で側板と底板を綴じつけたもの、つぎに底板に側の内径にあたる部分を厚くし、側板の接する部分から外側を薄くし、底板に側板がよく納まるようにした、カキイレゾコに似た仕様のものへとかわり、そこから漸次進歩したものとなる過程をみることができる。

神饌調進に用いる容器で、大きなものは楕円形や長方形のものが多く、それらは底板の大きいのがよく見られる。側の口径が大きくなると、技術的にもまた堅牢性の面からもそうした形状になるのであろう。野里住吉神社の夏越桶のように底板の大きな曲物は、絵巻物のなかにもみることができる。『春日権現験記絵巻』の第一巻第三段、藤原光弘竹林殿を造営する場で、大きな四角の曲物が見えるが、おそらく食事一切をこれに入れて運んできたのであろう。これは上下に幅広の廻しの側板が巻いてあり、底板は側より大きく四方にはみ出ている。第一四巻第六段、京の大火に唯識論を安置した家が火災を免れた場の続きに、家の焼けあとに幕を張り、仮住まいをしているところへ、女が食物を運んできている図がある。魚・飯・壺などを大きな長方形の曲物に入れて頭にいただいている。この曲物は側に三本の廻しの側板を巻いている。それは長方形の曲物としてはわりあいに深いので、廻しの側板を多くしているのだろう。また底板も側よりは大きく周囲にはみ出していて、さきのと同じ形である。おそらく神饌櫃にしても、また一般に使う曲物にしても、大形のものは底板を大きくして、その上に側板をとりつけた形状のものをながく用いたのではないかと思われる。また、それの方が強固であったはずである。

大型の曲物神饌櫃あるいは折敷は今日も各所に見られるが、奈良県桜井市三輪の大神神社の摂社で、奈良市本子守町の率川《いさかわ》神社の、六月一七日におこなわれる三枝《さいぐさ》祭り（一八八頁）の神饌容器は、いろいろの形の曲物が用いられている。そのなかで、神前正面に据える御棚神饌櫃は、長方形の曲物である。いまは四隅を丸く曲げたものであるが、かつては長方形の隅を少し切った形で、八角形になるが、上下に廻しの側板がついており、また底板はやや側よりも大きくなっている。この形状の神饌櫃も各地に見られる。古く『年中行事絵巻』の第三巻第三段、庶民の闘鶏の場で、小祠に供え物をしているところがあるが、供物は壺と三つの曲物に入っている。これも三つとも浅い方形のもので、上の方に廻しの側板がある。第一〇巻第三段、今宮祭りの場の参詣人のなかに、円形曲物をいただいた女、方形曲物を抱えもつ男がいる。いずれも供え物を入れたもののようである。

『絵師草紙』第三段に、女が八脚の上に方形の曲物をのせたのをいただいた姿が描かれている。八脚は供物などを神に供えるときに用いるもので、この曲物は供物を入れたのであろう。上下に廻しの側板があり、上には布をかぶせている。この八脚に供物櫃をのせた情景は、三枝祭りのさいの神饌の献上とまったく同じである。

このように、神饌の容器を概観すると、日本の木製容器の古い姿をうかがうことができる。木製容器としては、その製作方法からみて、刳《くり》物・挽《ひき》物・曲《まげ》物・組《くみ》物があり、それぞれ生活のなかで用いられてきたのであるが、そのなかで曲物が大きな位置を占め、とくに食器としてはもとより、食料その他の容器に、刳物・挽物・組物よりも重宝されていたことがうかがえる。また、神饌容器としての曲物の仕様・形態・製作法の検討によって、生活文化財としての曲物の歴史的変遷も明らかにすることができる。

神饌の運搬

調製された神饌を、神に供進するための運搬方法についても注目しなければならない。それは唐櫃に納めて担う、肩にかつぐ、両手で捧げ持つなど、現在日常でもおこなう一般的な運搬方法のほかに、頭にのせて運ぶ、いわゆる頭上運搬の方法が見られることである。

大津市山中町の樹下神社の「御膳持ち」神事（一七〇頁）には、その年に神事を勤める頭屋六軒のうちから御膳持ちをする娘が一人選ばれ、神事当日の日没になると、縦約一一〇センチ、横約七〇センチの長方形の大きな御膳櫃に、各種の神饌を盛りつけ、振袖姿の御膳持ちがそれを頭にいただき、行列を従えて、提灯のあかりで足元を照らしながら、闇の中を神前に赴く。

京都市左京区北白川の天満宮の秋の大祭（二八四頁）には、昔は一の鉾組、二の鉾組、三の鉾組の三つの座の神饌を、三軒の頭屋によって、口伝で伝えられた方法で、一〇月六日の夜から七日の朝にかけて深夜に調製され、それを七日早朝神前に運んだ。昔は「盛相《もっそう》」を少女、「高盛り」を未婚の女性、「洗米」を既婚の女性が、紋付小袖に赤前垂姿で頭にいただき、行列を整えて神前に向かった。いまは「茶菓子」が加わり四人の女性が運ぶが、やはり神饌を頭にいただいての運搬である。

滋賀県大津市和邇《わに》祭り（一五六頁）は、旧志賀町の北浜・中浜・高城・南浜・和邇中・今宿の六集落の氏神五社の祭りであるが、南浜が神饌調進の役をもっており、毎年三軒ずつ順番に神主役をつとめ、そのうち一軒が頭屋となり、そこで当年の神主、前年の神主、翌年の神主の都合九人が寄って神饌の調製をする。直径二五センチほどの桶の上に饅頭型に盛りつけた神饌を五社分作る。五月八日の祭り当日、それを稚児と称する五人の少女が神前に供するのであるが、稚児に付き添う母親が頭に神饌をいただいて運ぶ。南浜から神社まで、大きな重い桶をいただいての長い道中である。

神饌の献供に頭上運搬の習俗を伝えているところは、全国的にみても随所に認められる。徳島県鳴門市撫養《むや》町の宇佐八幡神社の祭りには、「オゴク」と呼ぶ神饌をハンボウ（半切桶）に入れ、六組の夫婦がそれを頭上にいただいて運ぶし、熊本県阿蘇郡一の宮町の阿蘇神社の御田植祭りにも、ウナリと称する一四人の女が神饌をいただいて行列に加わり、鹿児島県川辺郡坊津町の秋祭りにも、一二歳の少女一二人が賽銭箱を頭にいただいて行列に加わる。

大阪市西淀川区野里の一夜官女神事（一二二頁）には、紅白の紙垂《しで》を垂らしたきれいな御花と、竜の頭で飾った楕円形の大きな曲物桶七台に、それぞれ神饌を入れ、それを神前に供える。いまは七人の官女に二人ずつの御膳持ち人足がついて、この人足が官女にかわって肩に担いで運ぶが、これももとは官女みずからが頭にいただいて神前に運んだものであったかも知れない。

神饌献供ではないが、神事にイタダキの所作をするところは随所に見られる。奈良県磯城郡川西町保田の六県《むつがた》神社の御田植神事は、俗に「子出来おんだ」と呼ばれるが、二月一四日夜、拝殿における農耕の模擬演技が一通りすんだあと、白装束に手拭で姉さんかむりをした若者が、下腹に太鼓を入れて妊婦に扮して現われ、神主と問答の末、腹に入れた太鼓をポーンと放り出し、出産の模擬演技をするのである。これは神に召された巫女が神の子を生むことを表わし、生殖をもって稲の繁殖を祈念したものである。この巫女役が「ヒルマモチ」と呼ばれて、拝殿に現われるとき、桶に米三升を入れて弁当とし、それを頭にいただいて弁当を運ぶ所作をして出てくるのである。古くは田に弁当を運ぶにも、頭上運搬の方法をとったことをうかがわせるものである。

頭に物をのせることを、地方ではカベル・カネル・ササゲル・イタダクなどさまざまの呼称でよんでいるが、イタダクというのが古くからの呼称であったらしく、京都周辺でも昔からイタダクといっており、『源氏物語』『今昔物語』『古今著聞集』『山家集』『沙石集』などでもイタダクと称している。またこの方法は、今は神饌献供を除いては、島嶼や離島あるいは漁村、婦人の行商などの間に見られ、内陸部においては京都八瀬の大原女《おはらめ》ぐらいにしか見られないが、もとは内陸地方をも含めて運搬の古法であった。

すでに古く埴輪にも壺を頭にいただく女人像がある。栃木県真岡市京泉鶏塚古墳、茨木県高萩市高戸、埼玉県行田市埼玉出土のものがその代表的なものであり、いずれも古墳時代後期、七世紀のもので、頭上運搬の古くからあったことがうかがわれる。

また、絵巻物にも頭上運搬の情景がよく描かれている。『扇面古写経』第六巻洗濯の場では、大きな曲物の水桶を頭にいただいて水を運ぼうとしている。『粉河寺縁起絵巻』第三段長者邸の門前の場では、長唐櫃や半唐櫃が邸内に運ばれていくが、それとともに曲物をいただく男が行く。今は頭上運搬は女性だけのものと見られがちであるが、平安時代中期には男性も頭上運搬していたことがうかがわれる。

『年中行事絵巻』第三巻第二段庶民の闘鶏の場では、販婦《ひさぎめ》が煮物の入った大きな曲物をいただいている姿が見られ、第八巻第二段左近馬場の騎射の場でも、通行人のなかに曲物をいただいた女の姿が見え、第一〇巻第二段今宮祭りの場の、参詣人のなかにやはり曲物をいただいた女が描かれている。

『北野天神縁起絵巻』第八巻火事場の情景に、経木の束などを入れた曲物桶を頭にいただいた女が駆ける姿が見え、『鳥獣戯画』甲巻には、狐が酒壺を納めた四角の曲物を頭にのせて運んでいる図がある。

『一遍聖絵』でも第四巻第五段の信州伴野で一遍が念仏唱導している場で、付近の女たちが食物を曲物に入れて運んでくるさまを描いているが、抱えているもの、担っているものとともに、頭にいただく女の姿も見える。第八巻第七段の当麻寺の情景で、男たちが唐櫃に食物を入れて運んでいるのにつづき、女が二人曲物をいただいていて、寺内の曼荼羅堂前にも、食物を入れた曲物をいただく女の姿が見える。

『春日権現験記絵巻』第一四巻第六段の京の大火の場で、家の焼けあとの仮住まいへ女が食物を運んでいる情景があり、魚・飯・壺などを大きな長方形の折敷に入れて頭にいただいている。『絵師草紙』第三段でも、女が八脚の上に折敷をのせたのをいただいた姿が描かれている。『福富草紙』上巻の秀武が街道で放屁の芸を演じる場でも、大きな籠を頭にいただき、魚や大根を売り歩く販婦の姿が見える。

近世においても、たんに海浜・漁村・島嶼だけでなく、内陸部においても見られ、葛飾北斎も『諸国名橋奇覧』の「飛越の堺つりはし」には、物を頭にいただいて吊橋を渡る女の姿を描いているし、安藤広重も『東海道五十三次』で男の頭上運搬を描いていて、やはり近世においても男の頭上運搬のあったことがうかがわれる。今日においても一部神事には見られ、滋賀県高島市今津町北生見のダイジョゴの祭りには、男が供物を頭上運搬している例がある。

だが、一般的には近世中期以降には頭上運搬の習俗もかなり衰退していたようで、寛保元（一七四一）年の『夏山雑談』では「赤間関の魚売る女」と題して、

嘘楽磨西国へ下りし時、長門国赤間関を一見せしに、此所にて魚を売るものは女なり。平なる桶に魚を入れ首にいただき、さかなめされよと云ふなり。其体都の柴売の女のごとし。土人云、往昔此所にて平家亡びし時、貴賤となく平家方の女は、此辺の漁人などに身をよせて魚をうりたるより、今に至りて此風俗なりと云へり

と記しており、当時の旅行者から見ると頭上運搬はもう珍しいものになっていたらしい。

今日ではもう小漁村や男漁女販の仕事分担のおこなわれている純粋漁村、あるいは漁村と関係をもって行商を営む地域、一部山村にわずかに頭上運搬習俗が見られるにすぎなくなっているが、肩に担う運搬、背負う運搬以上に古い運搬法であったと推察される。神事は慣習的に古風を継承踏襲する性格をもっている。すなわちその習俗がすたれていっても、ハレの日だけは本来の姿をとどめるのであった。そうした点からみて、神饌の調進献供は祭りのもっとも中心となる作法で、そこに古風が見られるのも当然のことであり、神饌献供の運搬法も子細に調査検討することによって、日本古来の運搬法を知る手がかりともなる。

日枝神社・山の神講

ひえじんじゃ・やまのかみこう

一月三日　滋賀県東近江市黄和田町

近江国は、琵琶の大湖を擁するとはいえ、すぐ四囲は山垣が重塁とめぐる。その山垣から流れる水は、俗に八百八川といわれるくらいであるが、なかでも愛知《えち》川は大川。この愛知川を鈴鹿の山脈に向かって遡ると、旧神崎郡の永源寺町にいたる。愛知川ダムのあたりから急に瞼しくなる八尾街道を東上し、中畑の集落を右に折れると黄和田《きわだ》の山里。左すると政所《まんどころ》・蛭谷《ひるたに》・君ケ畑のムラに通じる。このあたりは古風な神事を伝承する、民俗の宝庫のひとつである。

その年頭をかざる行事に、黄和田の「ケイミヤ（敬宮）」の神事がある。氏神は日枝神社。ムラの戸数は二五戸。そのなかの「若い衆」が中心になって神事が営まれる。若い衆には一五歳になれば入る。若い衆入りには、若い衆のなかから世話役を一人たのんでその後見・介添で、神事のさい酒五合とスルメなどの肴を出して承認してもらう。昔はこのとき「名換え」をし、幼名から大人名になったのであるが、そのときの名付親も世話役がなったという。若い衆に入るとはじめは「地獄子供」と呼ばれる。他所から養子にきた者も、若い衆に入らねばならない。そのときは、まず一月七日の山の神祭りに、「山の神さん」に参ってこないと若い衆入りができない。若い衆は年長から上七人を「上《かみ》若い衆」といい、最年長者を「年《ねん》頭《とう》」と呼び、昔は絶対的な権限をもっていた。

年頭は一年間社守をして、次の年に神主をつとめる。神主はエビスを祀り、「エビス神主」という。黄和田では、神主をつとめてはじめて一人前だという。これをせねば氏子総代にもなれない。神主は、だいたいにおいて二一歳ぐらいにつとめることになる。

敬宮の神事は一月三日であるが、一月一日から準備がはじまる。一日の午前中に玄米を白く淅《せき》して（水であらい）、笊に入れて乾かしておく。二日の朝に、ムラ中から石臼を五つほど集めてきて、米七升ほどを粉にひく。それを捏ねて「オカマサン（釜）」に入れて茹でる。

茹であがると麻の布でしばって、ひとつひとつ神饌をつくっていく。その種類は、ヒヨドリ・ホシヅナ・カメ・イノシシ・サル・シナノ犬・ブト・ウサギ・ムスビ・ウス・ヒバ・キクザ・オコゼ各二個ずつと、子犬一二〇個で、形ができあがると、イロリに据えた大きな鍋で油を沸かし、それに入れて揚げる。

こうした神饌の調製は、神主の家を宿としておこなうが、もっぱら若い衆と近所の人の手伝いでする。女はいっさいその場には入れず、また男といえども関係者以外は立入りが禁止されている。昔は地獄子供が警護にあたり、神主の家の前で盥《たらい》に水を満たし、柄杓を持って立ち、外来者が近寄ると、柄杓で水をかけて追っ払ったものだという。それくらい神饌の調製は厳格におこなわれた。

神饌が揚がると板の上に並べてととのえ、「カシバコ」に納める。カシバコというのは二尺四方ぐらいの箱で、折敷《おしき》の形式である。檜の板でつくり、釘は一本も使わず、もっぱら藤蔓で綴じて仕上げたものである。神饌は一箱に納め、少しずつ余分に調製したものは、予備としてもう一箱に納める。この予備を「ゴクナ」という。これはもし神前に供えるまでに、欠損・虫害その他事故があった場合、たちどころに補塡して完全なものとするためにつくられるものである。

この日の晩は、若い衆がみな神主の家で「お籠《こも》り」をする。神饌を床の間に据えて、それを一晩お守り

油で揚げた一四種の神饌

するのである。この日の昼は神主によばれることになり、御馳走は定まっているが、お籠りの夜には、施主の心まかせの御馳走がふるまわれる。年頭の挨拶からはじまり神酒をいただき、そのあと宴会となる。

三日当日は、神主が装束をつけて神饌を社務所に持参する。社務所にはすでに氏子総代三名が待機している。そこで年頭が目録をつけて、神饌を氏子総代に渡す。その目録の文面は、

目録

一、ひよどり　二

一、ほしづな　二

一、かめ　二

一、いのしし　二

一、さる　二

一、しなの犬　二

一、ぶと　二

カシバコに納めた神饌一式

一、うさぎ　　　二
一、むすび　　　二
一、うす　　　　二
一、ひば　　　　二
一、きくざ　　　二
一、おこぜ　　　二
一、子犬　百二十
右目録の通り
御納め致します
昭和　年
正月敬宮
日枝神社
氏子総代御中
若衆筆頭

とある。氏子総代は受け取った神饌を神前に運び献じる。そのとき神主は、東西南北の神々の名を呼びあげる。「東は熱田神宮、西は香取、鹿嶋神宮、北は多賀大社、南は皇太神宮、お願いいたします」と。

右：カンジョウ縄の調製
左：神社入口の大木に吊るされたカンジョウ縄

供えるとあとは下げて、氏子総代がムラ中に分配する。そのときサルとオコゼは分配からはずされる。サルは本年の神主と、次年の神主すなわち年頭がいただき、オコゼは山の神に供えるのである。山の神祭りは一月七日なので、それまで神社においておくことになる。

なお、三日は朝から「カンジョウカケ」がおこなわれる。日枝神社の境内入口の老杉の神木に、大きな注連《しめ》縄を吊るすのである。朝八時ごろから、各戸から藁を持ち寄り、社務所前で縄を綯《な》う。神前の舞台を一廻り半するぐらいの長さで、カンジョウ縄の中央に榊を、七・五・三につける。このときも同じ量だけ榊を用意し、それを山の神に供えに行く。このカンジョウカケは、ムラ中全員集まっておこなわれるが、やはり中心になるのは若い衆である。

ところで、山の神祭りは子供が主役で、子供のなかで当番が順番に廻る。その順番は生年月日により、同日に生まれた者があれば、親の年齢の高い方が先になる。当番に当たると朝から水をかぶって禊をし、オコゼにミカンとカキを添えて供えるのである。お供えをすますと、あとは次年の当番の者が、「オハコのみ」といってムラ中に配って廻る。それは、オコゼをこまかく切って、ツルボシとミカンといっしょに半紙に包んだもので、一軒一軒持って行くのである。山の神さんは女で、オコゼがお好きである。そして子供の守り神なので、男の子が参るのだという。

大皇神社・組据えの神事

おおきみじんじゃ・まなすえのしんじ

一月三日　滋賀県東近江市君ケ畑町

鈴鹿の山脈に源を発し、愛知《えち》川に注ぐ御池川流域の君ケ畑のムラは、愛知川谷最奥の集落である。この君ケ畑は同じ川辺の西に位置する蛭谷とともに、木地屋のふるさとである。木地屋というのは、山中に樹を伐り、轆轤《ろくろ》と呼ぶ特殊な工具を用いて、椀・盆などをつくる工人で、わが国の著名な漆器工芸は、その起源をこれら木地屋の技術に求められる。

木地屋は山を生活の舞台とするため、山の神の信仰をもつが、一方ではその職能の始祖としての、小野宮惟喬《これたか》親王を崇拝した。惟喬親王は文徳天皇の第一皇子であったが、第四皇子の惟仁親王が立太子し、後に九歳で清和天皇となった。その背後には、いまわしい策謀が渦巻いていたというのである。あれやこれやですっかり世をはかなんだ惟喬親王は、ついに仏の道を求めて都をあとにし、近江の愛知川をさかのぼり、小椋《おぐら》郷に隠棲した。従う者、太政大臣藤原実秀ら数名。貞観一四（八七二）年親王は出家、素覚法親王と称した。たまたま読経のさい、法華経の経軸から轆轤を思いつき、さっそく付近の山民にその使い方を教え、生業の資とした。それがわが国木地業の初めだというのである。

こうした由緒にもとづいて、惟喬親王を木地屋の職の祖神、轆轤の神として崇めるようになり、小椋谷は木地屋の本拠として、親王を祀る神社や墓、宮寺が建立され、崇敬の中心とされた。これがのちに西の

フナズシの調理

蛭谷、東の君ケ畑と分かれ、蛭谷は筒井公文所と称し筒井八幡宮を祀り、轆轤師鎮守とし、帰雲庵を宮寺として配し、君ケ畑は高松御所と称し大皇大明神を祀り、木地師祖神とし、金竜寺を配した。

この大皇大明神の代表的な神事に「マナスエの神事」がある。俗に「ゴクモリ」と呼ばれ、正月三日と九月九日にあり、正月の神事は「神主の祭り」、九月の神事は「若い衆の祭り」といわれ、四月三日の惣祭とともに、君ケ畑の三大神事となっている。神主の祭りというのは、当番の神主の家で若い衆が手伝って神饌の調製をおこない、若い衆の祭りというのは、若い衆十人頭の家でおこなうからである。だがいまでは、いずれにしても個人の家での調製はたいへんなので、すべて社務所でおこなっている。

神主はいわゆる一年神主で、若い衆をつとめた者が「ヒザウチ（年齢）」順になる。毎年一二月一六日が神主の交代で、「神主渡し」の行事がある。前の神主から装束・祭具・鍵などを引き継ぎ、新神主の親類の者が、神社と神主の家の前に立てる雌雄の門松を採りに

神饌の調製

山へ行く。これを「マツバヤシ」という。このあと新神主の家で祝宴が催される。もし神主を受けてから忌にかかると、前神主が神主の役をすることになっている。神主になると、毎月一・三・七・九・一五・一六・二〇・二四・月末の九回、早朝に禊をし、羽織袴で白足袋・白鼻緒の下駄を履き、扇子を差して神酒と洗米を持ち、神社に供えに行って祝詞をあげねばならない。この九回の朝参りの前夜には、油を持って神社に灯明をあげに行く。こうした神社への途中は、人に会っても口をきいてはいけないという。

若い衆すなわち若連中は、一六歳から三〇歳までで、一二月一日が「若入り」で若連中に加入。昔は大晦日までの一月間に、年長の者から若連中作法十六カ条の戒めを教え込まれたという。それは神社での作法、人前に出たときの礼儀であった。いまは一六歳から二〇歳までを「小若い衆」、二〇歳から三〇歳までを「大若い衆」と呼び、二〇歳の一月一日に元服して、以後三〇歳まで神社の諸行事に直接参加し、宮座の座につくことができ、三一歳の一月一一日の日待ちの翌日に

右上：出立の膳／　右下・左上：神饌社から本殿へと神饌を運ぶ／　下：神饌の受け渡し

若連中を退き、以後三八歳まで予備役となるのである。昔は一六歳を「新役」、一七歳を「古役」、一八歳を「三年役」、一九歳を「小若い衆頭」といい、これまでが小若い衆で、足袋は履けなかった。二〇歳で若い衆となり、下四人が元服して「宮付き」となり、三〇歳で「上若い衆」となって、三一歳から三八歳までを「中老」といった。

こうした若連中をつとめ終えると、順番がくれば神主にもなれるし、また神事において宮の座に坐ることができるのである。この宮座は氏姓によって東西両座に分かれていて、東座は熊谷・辻・城戸・大蔵・藪下・小倉の各氏で、西座は小椋・野瀬・有馬殿・牧谷・山田の各氏で、それぞれ座の中で年齢順に坐り、すでに神主をつとめたことのある者のうち最年長者から五人を「五人衆」と呼び、神主について上座に坐るのである。

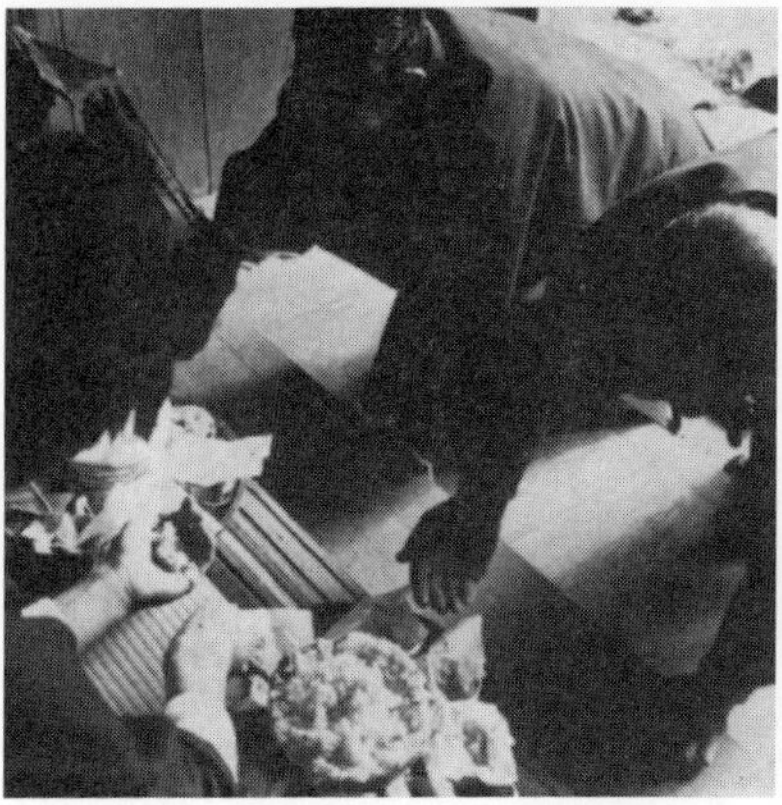

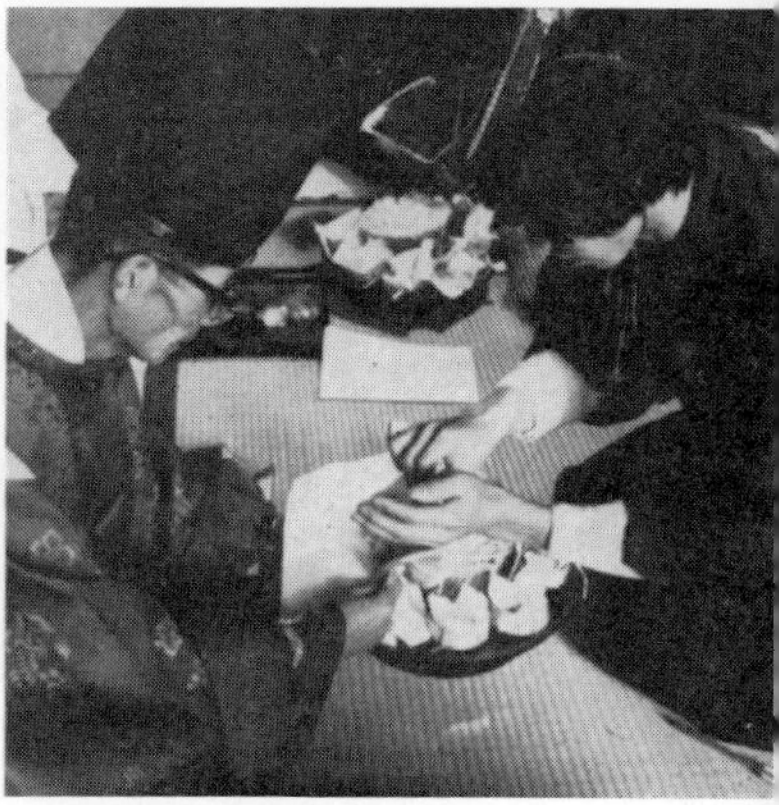

左：直会最中にも参詣者に神饌を分与する／　右：直会・素手で食べる

ところで、マナスエの神事は神饌を調製し神前に献供する神事であるが、マナは真魚で真の肴の意で、その真肴を神前に据えるということであろうと思われる。神事の日は正月三日。神主の家では親類の者が寄り、約三〇センチのフナズシ三尾と牛蒡・大根・昆布・みそ豆（大豆）・スルメ・カマス・鰹節、神酒、蒸した御供をくくる細縄数本、「カイシキ」とよぶへぎでつくった円型の御器、柳の箸八膳、カイシキなどの下に敷く白紙などを準備する。そして早朝から社務所で、神主の親類が御供蒸しをする。御供が蒸しあがると、真中を濡らした一枚の筵《むしろ》の両端を二人で向かい合わせになって持ち、その中に御供を入れ、両方で調子をとりつつ御供を動かしながら練ってゆく。

そのあとは、若い衆によって神饌の調製がおこなわれる。二〇歳で元服をすませた者の年少者から一一人と、後見役の若い衆頭とでするが、一一人の役割は年少者からあげると、

御神酒注ぎ　二人　給仕役
御供くくり　二人　円錐形の御供に藁を巻く
御供詰め　一人　円錐形の御供を調製
まい　一人　俎板を据える

しもまな　　二人　　スルメ・鰹節・カマスなどの調理
かみまな　　二人　　大根・牛蒡・大豆・昆布など調理
ほんまな　　一人　　フナズシ三尾を調理

である。神饌調製の前に、まず一同は社務所で定められた席につく。正面に神主、その左に神職、右に区長、そして右側上席に若い衆頭が座を占め、それにつづいて若い衆が左右に分かれて向かいあって坐る。そしてまず「裾若い衆」二人が給仕人となって一同にお茶を出し、飲み終わると若い衆一同が一度座を立ち、菊水の紋のついた素袍《すおう》を着け、冠をいただき、手を浄めてふたたび席につく。そこで神酒を一献・二献と型通りにいただき、神主の親類代表が無言で若い衆頭に挨拶する。それと同時にいっせいに襷をかけて神饌調理にかかるのである。

フナズシの調理はホンマナという役の者があたるが、「マナバシ」と呼ばれる鉄の箸と刺身包丁を用いて、一尾を三つに切り、その真中の身を三つ切りにし、さらにそれを三つ切りにする。こうして細かく切った身を、こんどはまたもとの魚の形に整える。一方でカミマナの者が二人向かい合って、大根・牛蒡・大豆・昆布などの野菜類を調理し、シモマナの者も二人向かい合って、スルメ・鰹節・カマスなどの魚類を調理する。また御供詰めの者は、蒸しあがった御供を円錐形の木の型に固く押し詰める。それをひっくり返して型をぬくと、円錐状の御供ができるのである。御供ククリの者は、円錐状の御供に藁の細縄を巻いていく。神前に供えられる神饌は五組である。調製中はいっさい無言である。

調製がすむと、三献目の盃事にうつる。そのときは神前に供える五組分のほかに、この盃事用に調製されたものがベタ膳にのせて出される、中央にフナズシ、その周囲にスルメ・鰹節・カマス・大根・牛蒡・昆布などが、賽の目に切られて並べられている。これを肴に三献の盃がすむと、御供盛りの行事がひと通り終わることになる。

午後二時ごろになると、いよいよ祭典がはじまる。まず装束をととのえた神主が神前に進み、神殿の扉を開ける。つづいて午前中に調製された神饌の調進である。高さ六センチ余、口径三五センチあまりの木地盆にのせた神饌一式、カイシキにのせた供物一式五社分が、「オイデ」と呼ばれる五人の裾若い衆によって運ばれ、本殿に三膳、二つの末社にそれぞれ一膳ずつ供えられ、祝詞奏上、玉串奉奠などの祭儀があって撤饌される。

この厳粛な祭儀が古式通りおこなわれたあと、社務所で直会《なおらい》がある。席順は午前の盃事のときと同じであるが、このときはとくに、若い衆の上座に東西両座の長老が座を占める。まず一献が型通りおこなわれ、ついで神饌が木地盆にのせて出され、一同がそれを素手でいただく。素手で食べることはもっとも原初の食事法で、ここではそれが作法となっている。こうした直会の儀がすむと、拝殿の方に集まる参詣者にも、神饌が分与される。なお昔は東座の年長者五人に一膳、西座の年長者五人に一膳分配され、神主は自分の座の五人に混じって神饌をいただいたのであった。また神主をつとめた者の嫁によって年長者一〇人に二膳配られ、残った一膳は神主をつとめた家に贈られ、神主の親類の者がいただき、フナズシはムラ中各戸にひと切れずつ配分されたという。

酒井神社　両社神社・おこぼ神事

さかいじんじゃ　りょうしゃじんじゃ・おこぼしんじ

一月八日　大津市下坂本

比叡山麓の坂本から扇状地平野を湖岸へと下ると、大津市下坂本に出る。ここに酒井神社と両社神社が道を隔てて鎮座する。酒井神社の祭神は、日吉神社東本宮と同じく大山咋命《おおやまぐい》で、北酒井町・南酒井町・梵音堂町・新町が氏子範囲である。これにたいして両社神社は伊弉諾命《いざなぎ》・伊弉冉命《いざなみ》の二柱を祭神とし、氏子は北大道・南大道・堂之前・小唐崎・柳・石川・馬場の各町に及ぶ。この二社はもと同一境内にあって一社を形成し、「両社神社」と称されていたといわれる。現在二社の氏子のおこなう祭りが、同じ日に、同じような神饌を作って供えるのもそのためである。

この祭りを「おこぼ神事」といい、土地の人はもっぱら「おこぼさん」と呼んでいる。「おこぼ」は「御講坊」の字をあてている。

昔から一月七日の夜になると、瀬田の唐橋に棲む竜神が、両社川を遡って人身御供を求めたという伝承があり、後年この人身御供のかわりに餅を供え、人形を一緒に添えて、神事をおこなうようになったのが、この「おこぼさん」のはじまりであると伝える。

だが、酒井神社蔵の正徳三（一七一三）年の『両社酒井大明神之記』に「正月八日備餅祈五穀豊饒　号御講坊」とあり、滋賀県に多く分布する「オコナイ」と同様に、年頭予祝の行事であることは明らかであ

祭り前夜の頭屋でのお籠り

る。

酒井神社の氏子のうちでも、北酒井町と南酒井町の氏子だけが頭屋制のもとに神事を営んでいる。南酒井町は二二戸で、家並順に毎年三戸が頭屋となり、比較的広い家を選んでヤド（宿）として準備がなされる。北酒井町は一二戸で、家並順に毎年二戸ずつ頭屋となり、うち一軒がヤドとして、餅搗きから神饌の準備をし、他の一軒は神事後におこなわれる「夕汁《ゆうじる》」のヤドを引き受ける。この両町より一組ずつの神供が酒井神社に供えられることになる。

これに対して両社神社の行事は、七カ町の代表である宮世話人七人と、氏子総代七人とが社務所に集まって準備をする。床の間に人形・餅・松竹梅の枝を飾り、土間で炭火を焚き、その周囲に筵を敷いて暖をとりながら神事がつとめられる。両社神社の場合も、もとは氏子宅で作られたものであるが、現在は社務所で二組の神饌が調製されるようになった。

行事は一月六日の餅搗きから始まるが、それまでに当番は各戸を廻って、モチ米を五合（もとは一升）ずつ集める。だが、南酒井町の場合は非農家も増えてきたため、今は米屋で一括購入することにしている。また、この日には、行事に必要な用具を神社からヤドに運び込んでおく。餅搗きの臼と、レンゲという七〇から八〇センチの竪杵、餅を飾るときの芯になる籠、餅を延ばすメンダイや人形などである。

一月六日は夕方からヤドの頭屋でモチ米を蒸し、庭に木製の臼と杵を出し、臼の周囲に注連を張っておく。南酒井町ではヤドの床の間に「両社大明神」の神号軸を掛けておく。午後七時頃に前年度と本年度の当番の六人が集まり、神号軸を拝んだ後、一同挨拶をしていったん座に着く。モチ米が蒸しあがるころ、一同は庭におりてレンゲを持ち、音頭取りの「餅搗き歌」に合わせて賑やかに搗きあげる。八升五合を三臼にして搗くが、ある程度まで搗きあがると、いっせいにレンゲの先に餅をつけて頭上高く持ち上げて裏返す。この餅搗きの役は、もとは一五歳から三〇歳までの若衆の役目であったが、いまでは年輩の人も加わって搗く。北酒井町では各家から男子が一人ずつ出て、南酒井町と同じ手順で、六升四合の米を三日で搗く。

搗きあげた餅は所定の大きさに切り、長さ二メートル、幅九〇センチもある「メンダイ」の上に取粉(片栗粉)をまいたところに移す。そこで「帯餅」と「笠餅」とに成形する。帯餅はメンダイの上で丸い棒を用い、長さ約九五センチ、幅約一八センチの長方形に薄く延ばしたもので、笠餅は直径約五〇センチの薄い円形にしたものである。この帯餅・笠餅は南酒井町と北酒井町では各三枚ずつ、両社神社では六枚ずつ作られる。そのほかに小さな鏡餅と、菱餅にするため薄く延ばした小さな餅とが用意される。なお、第二次大戦前はこのほかに「祝い餅」を作って各家に配ったり、小餅を一五歳までの男女の子供の人数分搗いて渡したりしたそうであるが、いまはその風習がすたれてしまった。また南酒井町では昭和四一年まで、餅搗きがすむと一同は座敷の座につき、搗きあがった餅一つと頭屋の家自慢の漬物とをいただき、でき具合を批評していたそうである。これを「試味《こころみ》」とよんでいたが、この風習もいまはない。

一月七日は「飾りつけ」の日である。南酒井町では、午前九時頃に頭屋三人が集まってヤドで飾りつけをする。高さ三三センチ、直径三八センチの目の荒い籠を、脚のついた八角形の台にのせ、その正面に菰《こも》を約半周巻きつける。そこに白紙をあてて帯餅を籠の周囲に巻き、藁縄を白紙で包み込んだ紐で上下に二カ所を巻いて結び、端は挟み込んで恰好よく仕上げる。その上から笠餅をかぶせ、帯餅の上から垂れ下がった状態にする。これも昔は竹籠を用いず、中まで全部餅で作り上げていたという。

酒井神社の拝殿に供えられた神饌

三つの籠に餅を取りつけ終わると、座敷の一方にメンダイを置き、その上に三つの笠餅を並べてのせる。つぎに神号軸に近い方から一メートル前後の松・竹・梅の枝を、笠餅の中心よりややうしろに突き立て、下部は籠の中まで通しておく。これが神の降臨する目印なのである。三つの籠のうち、中央の竹を立てるものはやや小ぶりにできており、これだけは笠餅の上に四〇センチくらいの丸竹の下部を三つに割った「サギッチョ」と呼ばれるものを先に立て、この筒に竹の小枝を刺して立てる。竹の枝には白の紙垂《しで》を取りつけているが、近年までは金銀の紙垂をつけたもので、下のサギッチョにも金・銀・赤・白の紙を貼っていたそうである。この餅の前には高さ三〇センチほどの大将という武者人形をのせる。

その左手、床の間寄りには笠餅の上から松の小枝を一本突き刺し、その前に尉と媼一対の人形をのせる。右手には梅の枝を刺し、その前には「ガッテンさん」と呼ばれる人形と小人形三体をのせる。ガッテンさんは約三〇センチの大きさの嵯峨人形で、振子の原理を応用した首振り人形である。これらの人形を飾り終えると、三基の前部に別に武者人形を飾り、小さな鏡餅を一辺七、八センチに切って菱餅にし、それを三つ重ねにして三方《さんぼう》にのせて前に置く。この人形・餅・松竹梅を飾ったメンダイを「オダイモク」と呼んでおり、ほぼ昼頃までにその作業を終える。

北酒井町では、朝から当番二人が山へ松竹梅の小枝を採りに行き、帰るとまず座敷の一隅で人形の屋形を組み立てる。屋形は四脚の台に四本柱を立て切妻の屋根をのせたものである。総高一七一センチ、台の幅一〇五センチ、奥行一二〇センチ、高さ三二センチである。その四隅から一〇センチ余り内の孔に長さ一一二センチの丸柱を四本立て、これに紅白の布を巻き、その上に切妻の屋根をのせてとめる。屋形ができあがると台の所定の位置に三体の人形を嵌め込んで立てる。この人形は延享四（一七四七）年に京都で製作されたといわれる高さ五八センチの夷《えびす》と、四八センチの布袋《ほてい》、四六センチの大黒人形の三体で、「相撲人形」と称されている。土俵を形どった屋形の中で布袋と大黒が向かって立ち、その横で夷が軍配を持って行司を勤めている。行司の横には台に米俵を三俵積み、四本柱の一本には張りぼての小槌を架け、屋根の下に布を垂らして人形を組み終える。これらの人形は人身御供の伝承があるが、元来は神霊の形代《かたしろ》が飾り人形となって伝わっているものであろう。

飾り人形ができあがると、南酒井町の場合と同様に三つの籠に帯餅を巻き、上から笠餅をかぶせ、笠餅

酒井神社の拝殿に供えられた神饌

の中央から松・竹・梅の枝を一本ずつ突き立てる。これがオダイモクで、相撲人形の横にメンダイを置いてその上にのせるが、南酒井町のように人形を上にのせることはない。

両社神社では、社務所に宮世話人と氏子総代と神職が集まり、酒井神社と同じように人形飾りがおこなわれる。ただし帯餅を巻く芯は籠ではなく、高さ三三センチ、直径三九センチの木の樽を用いている。六個の餅ができあがると座敷の正面に飾り、向かって左二つに松の枝を立て、笠餅の上には武者人形を一体ずつのせる。中央の二つはサギッチョを使って竹を立てる。右側二つには梅枝を立て、笠餅の上に武者人形を一体ずつのせる。このオダイモクの前には、平たい餅を細工して作ったツルベを四個置き、中央の竹を立てた餅の前には両社神社のお使いといわれている兎の張りぼてを二個置く。そのほかに二体の人形を脇に飾りつけてこの日の作業を終わる。

夜になると、南酒井町と北酒井町では、酒井神社の宮司に来てもらって祝詞を上げていただく儀式がある。七時半頃に南酒井町の氏子が着物姿でヤドに集まると主人は丁寧に座敷に迎え入れる。神号軸を拝み、一同に新年の挨拶をして上座から年齢順に坐る。八時になると、神職が正装して手に提灯を持ってヤドに入り、神号軸の前に坐る。神前には灯明があげられ、お鏡餅・神酒・洗米・塩が供えられており、神職はそこで降神の祝詞を奏上する。終わると神酒がまわり、大根だきやヤドの自慢の漬物などが出される。つづいて神職は北酒井町のヤドに行き、同様の神事をおこなう。

神職の祝詞奏上がすむと、両町とも「宿直《とのい》」といって、青年会が夜通し飾り人形のお守りをしたものである。しかし昭和三〇年頃より一二時までの「半通夜」となり、近年ではしばらく雑談した後に各自家に帰り、翌早朝の宮入りに再び集まるようになっている。両社神社の場合は、一同は餅などを食べながら一二時頃まで通夜をしている。

一月八日は「おこぼさん」の当日で、酒井神社の場合は早朝に宮入りがある。現在は午前六時半頃に、南・北酒井町の氏子がそれぞれのヤドに集まり、オダイモクや人形などを持って神社へ「お渡り」をする。

神社では、前日午後から拝殿内に高さ一メートルほどの台をしつらえてあり、この上に、向かって右側に北酒井町のオダイモクと、南酒井町のオダイモクを、本社に近い方から松・竹・梅の順に縦に並べる。さらにその右側には北酒井町の相撲人形の屋形を置く。これらを飾り終えると拝殿に幔幕を張りめぐらし、南酒井町の人は本殿の飾りつけをして鏡餅を供え、「宮入りの儀」を終わる。

両社神社の場合は、お渡りはないが同じ頃に神職が拝殿にオダイモクを飾る。本社に近い方から梅・松・竹の膳に餅飾りを二基ずつ置き、一番前に張りぼての兎を二匹置き、各餅飾りの間四カ所に餅で作ったツルベを置く。

午前一〇時から両神社で祭典があり、つづいて湯立てがおこなわれる。祭典が終わると当番の者がオダイモクや人形をヤドへ持ち帰り、拝殿の跡片付けをすます。北酒井町・南酒井町では臼とメンダイは酒井神社の蔵に預け、餅を巻く竹籠とレンゲ・お膳・飾り人形は木箱に納めて、翌年の頭屋三軒に分配して一年間保管される。神号軸は、自治会長が申し送りで預かる。両社神社の場合はすべて神社に保管される。

神饌の笠餅と帯餅は、両社神社の場合は氏子数に切って、各氏子総代を通じて各戸に分配される。これに対して北・南酒井町ではオダイモク三基のうち一基ずつを、同じ酒井神社の氏子の梵音堂町と新町とに交互に分与し、残る二基の笠餅と帯餅を各町内の戸数に切って分配する。

餅配りが終わると、酒井神社の場合は北酒井町・南酒井町の順に祝詞奏上の儀がある。各家から一人ずつ羽織着用でヤドに集まり、神号軸に礼拝して年齢順に席に着く。すると神職が正装でヤドに来て祝詞を奏上する。「昇神の儀」である。これが終わると引き続いて町内の行事がおこなわれる。初寄り・仲間入り・村役交代・頭屋交代の儀式である。仲間入りは南酒井町にのみ伝わっているが、前年のおこぼ神事以後に長男または長女が生まれた家で、相続人が誕生した祝儀として「シメハリ料」を納めて、仲間として認めてもらう儀式である。また男子で一五歳になった者は「若中入り」といって、この席で挨拶をして一人前として公認してもらい、結婚した者も「婚礼料」を納めて仲間に入れてもらう披露式がおこなわれている。そのあと自治会長・宮世話・頭屋交代の盃が交され、直会の食事となる。

北酒井町では祭典がすむと「夕汁」という直会の式がある。二軒の頭屋のうち神事のヤドをしなかった家がヤドになり、町内の者が集まって祝詞奏上の後、夕汁があり、酒宴となる。戦前までは南酒井町と同様に仲間入りの儀式もおこなわれていた。

八幡神社・オトウ

はちまんじんじゃ・おとう

一月六日（現在一月四日）　兵庫県加東市社町下久米

兵庫県社《やしろ》町下久米には二つの神社のオトウ（お頭）がある。住吉神社と八幡神社の宮座である。住吉神社は下久米の谷に鎮座し、同じ境内に八幡神社と稲荷神社とが祀られている。住吉神社の祭りは一〇月九日で、下久米・上久米の約二四〇戸を氏子として、氏子全体で宮座を構成するいわゆる村宮座の形態をとり、毎年両村それぞれ三人ずつの当人（頭人）を選出し、それが宮掃除や祭礼の準備をする。当屋（頭屋）のほかに当（頭）の責任者として、両村二人ずつの「オヤジ」と呼ばれる役が選ばれていて、祭りのときは若い衆（「ヤトイツケ」あるいは手伝いという）も当人に加勢して世話をする。

一方、八幡神社のオトウは一月六日。同じような組織で下久米一三六戸だけで営んでいる。つまり上久米は住吉神社の宮座のみに関係するが、下久米では当屋は毎回異なり神饌も異なるが、同一組織で両社のオトウを営むことになる。下久米は東条川に沿った農村で、地形的に六つの「モヨリ」に分けられている。上より宮の下・鹿野・裏田中・前田中・岸本・谷で、このモヨリはほぼ小字に相当する組織で、それが二組ずつの隣保を構成している。当人はモヨリの内で年齢のほぼ同じもの三人が組み、オトウをつとめることになっている。そして住吉神社と八幡神社のオトウを区別するために、住吉神社の当を「宮ん当」あるいは「宮座当」と呼び、八幡神社の当を「八幡当」と称している。

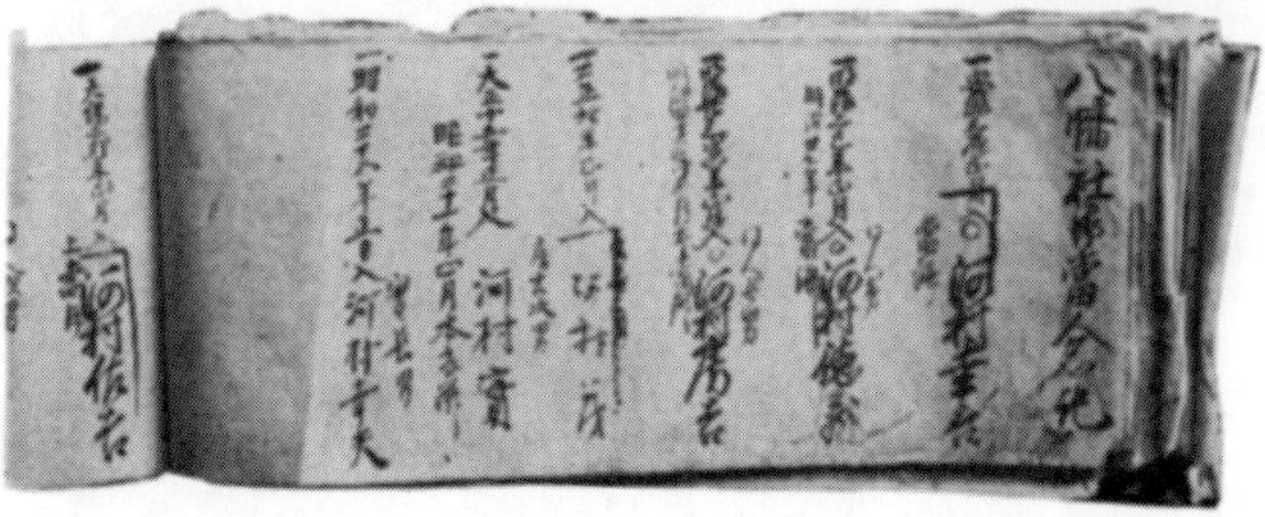

当屋記録『八幡社御当人名帳』

氏子に男の子が生まれると三五日で宮参りをして、毎年一〇月の宮ん当に氏子受付があり、そのとき生年月日と名前を届けて氏子として認めてもらう。一〇月以後に生まれた者は八幡当の一月五日に記帳される。古くは長男だけに認められたものであったが、のちには次男や三男であっても、希望によって加入できるようになった。

住吉神社には一反二畝、八幡神社には一反六畝の宮田があり、氏子として記帳されると、宮田より穫れる米を年間五合ずつもらう権利が生じる。その代わり三〇歳までに八幡当あるいは宮ん当を受ける義務がある。当人は三人ずつであるが、兄と弟が同時に当人を勤めることはできず、三人とも親類筋に当たる場合も認められない。また、近親に不幸があった場合も当を受けられず、すでに決まっている場合は変えることもできないので、最悪の場合は一人でお当をつとめねばならないというほどの、厳格なものである。

当人を受けると宮田を管理・耕作し、一年間宮のお守りをし、祭礼に奉仕する義務がある。したがって、非農家が当を受けると人に頼んで宮田を作ってもらったり、「揚げ当」をする。揚げ当というのは、近所に同じくらいの年齢の者がいなかったり、いろいろの都合で受けずに、三〇歳を過ぎてしまったとき、米五合あるいはそれに相当する費用を三回に分けて納め、行事に関わることを免除してもらうことをいう。この揚げ当をすることによって、いままで米を受けてきたことにたいする返礼になる。こうした慣習は宮ん当も八幡当も同じである。いったん当を勤めると一生涯米を受ける権利を有するが、転出や他所へ婿養子に行った場合は、『住吉社・八幡宮揚当簿』とある台帳に「受止め」と記され、以後両方の米を受け取れない決まりである。

ところで、下久米では、一二の隣保より一人ずつを選び、このうち六人を八幡当の「ヤトイツケ」とする。これを世話人あるいは手伝いといい、当人をすませた三〇歳代の若い衆がつとめる。年限はないが、いったんなると普通三年から五年は続け、八幡当の準備から宮入りの行事にいたるまで、重要な役目を担って当人を助けるのである。また、オトウについて差配する人二人をオヤジといい、トウガシラ（当頭）ともいう。モヨリに関係なく区長の推薦によるが、永年当の世話をしてきた長老格のものが選ばれる。ただし当渡しの時には謡いをうたわねばならないので、謡いができるということが条件になる。

八幡神社のオトウには、まず一月五日の昼から、オヤジ二人・当人三人・ヤトイツケ六人が当人のうちヤド（宿）となる一軒に集まり、神饌調製の準備にとりかかる。神饌は餅と御飯が主であるが、前日の午後からオヤジ役がモチ米八升を搗いておき、二升分は直径約二〇センチほどの鏡餅三個にとり、四升は「割木餅」に用いるため、直径一二センチぐらいの丸餅三六個にとり、残り二升は「丸御供」と「伸餅《のし》」とにする。丸御供は小餅で二〇個余り、他は厚さ一センチくらいに薄くのばした伸餅とする。この日の仕事はまず伸餅をつくることで、定規を用いて幅二センチ、長さ六センチほどに切る。この長方形の餅を二枚ずつ重ねて「御神饌」と朱印を捺した白紙で包み込む。翌六日に各戸に配るもので、一四〇組作る。しかし、この形式になったのは昭和五〇年頃からで、それ以前は「ハナドシ」あるいは「ハナクリ」と呼ばれるものを戸数分作っていたそうである。これは細い栗の木の枝を三〇センチぐらいに切り、下部を尖らせて刺せるようにして、上に樒《しきみ》の枝を縄で縛ったものである。いったん神社に供えたのち、各家に持ち帰

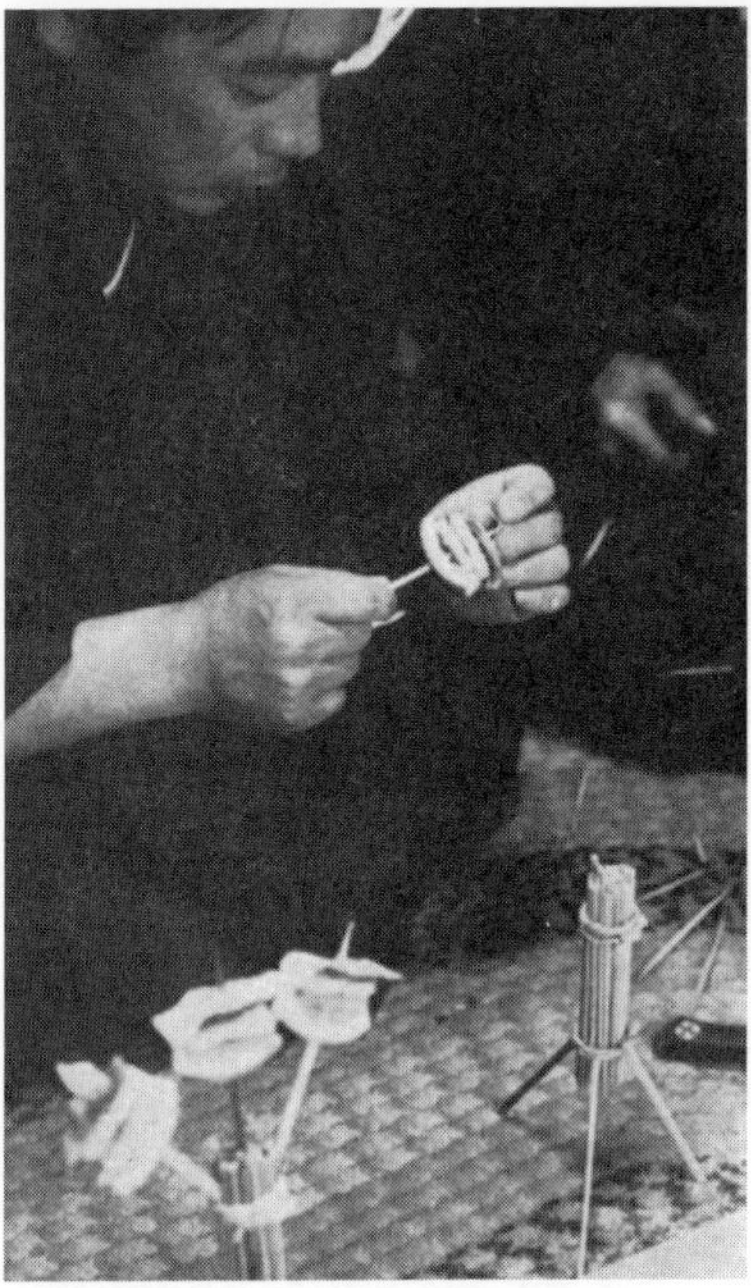

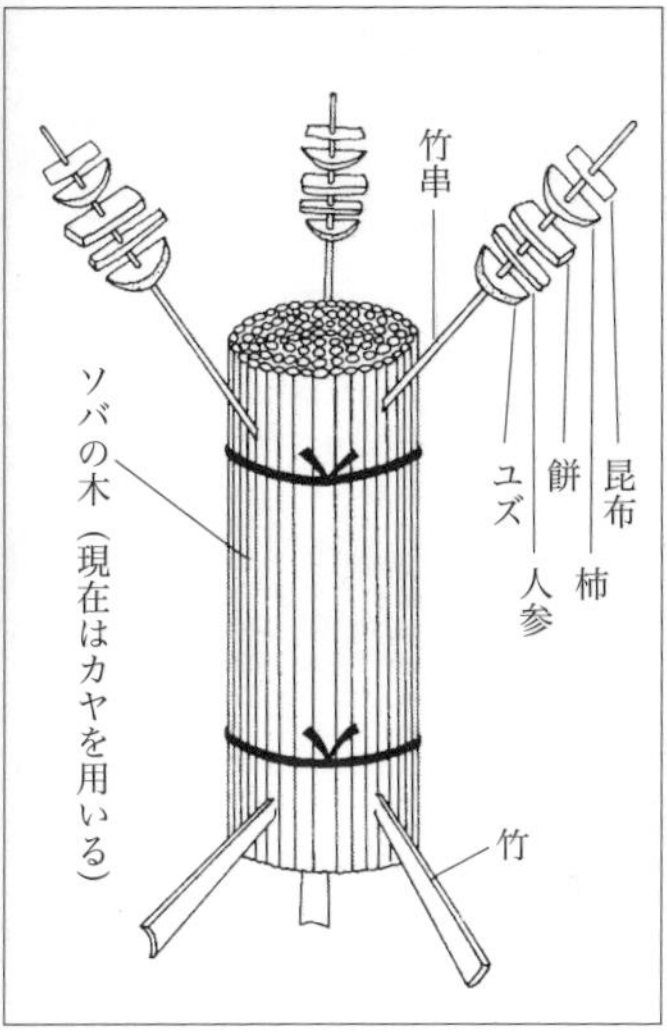

右：人形神饌図
左：人形神饌の調製

って床の間に飾り、のち苗代の水口に立てて豊作を祈ったものである。

つぎに「人形《ひとがた》」を三本作る。ソバの茎（いまはカヤの芯）を一〇センチくらいに切り揃え、一握りずつ上下を左綯《な》いの縄で縛り、これに割竹の三本足をつける。別に一〇センチ弱の竹の串九本に、下からユズ・人参・伸餅・干柿・祝い昆布の五品を、いずれも一センチと二センチぐらいに四角に切ったものを用意し、これを先の胴ガラの上部に、三本ずつ広がった状態にして刺す。この形のものを人形という。この人形は「当渡し」のあとで翌年の当人が一体ずつ受けて帰り、一年間床の間に飾り、当屋をつとめおわると宮の拝殿に納めるのである。

人形や伸餅を作るのはオヤジの役目であるが、当屋の外庭で当人とヤトイツケ六人が、他の神饌の準備にかかる。女竹を一尺の長さに六本、一尺二寸に六本切り、皮を節の所から五センチ残した状態で切り落とし、上部に割れめを入れる。これは翌日神職に切ってもらった御幣を挟む幣串となる。また、栗の木をきれいに削って、直径四センチ、長さ二五センチほどの男根型を作り上げる。「インノコ」と呼ばれるもので、この日は当屋の床の間に飾られる。

つぎに「割木餅」の準備をする。まず直径約八センチ、長さ約一メートルに切った栗の木を三本用意し、皮をえぐりとって鉈で二つに割る。その一対を重ねて一方を左綯いの縄で縛り、前日に作った一二センチぐらいの丸餅を一二個ずつ、斜めに重ね合わせた状態で割木の間に並べ、押さえつけて割木の他方も縄で縛る。これが割木餅で三組作る。それぞれ相当の重さになる。

鏡餅は榊の大枝に取りつけた状態にし、「大榊餅」と呼ぶが、一般に「掛餅」といわれるものにあたる。三・五メートルほどもある榊の大枝三本を用意し、下半分は枝を落とし、幹の部分と枝二本とで鏡餅を一枚ずつ挟み、上を縄で縛ったものである。

こうした神饌ができ上がるのは夕方五時半頃で、鏡餅は座敷の庇に立てかけ、伸餅・人形・割木餅などは床の間に飾り、一同は夕食をとり休憩となる。

夜一〇時半より一同は御飯の御供作りにかかる。まず粳米《うるち》七升を洗い、当屋の庭に据えた竃《かまど》に大きな釜をかけ、それを一度に炊く。御供にするためややかたいめに水を調節する。点火されるとすぐ、当人三人にヤトイツケが二、三人付き添って、下久米から一キロほど離れた「シオツボさん」という所まで行く。そこは冷泉の湧く深さ一・五メートルほどの井戸で、一間半に二間の建物を建てて、うしろに小宮がまつられている。ヤトイツケは小宮に蠟燭を一本灯し、酒一升を供え、当人三人は順に拍手を打って村内安全と五穀豊穣を祈る。これが終わると前の道で火を焚き、一同は焚火を囲み、持参の蒲鉾や牛蒡煮などを肴として酒を酌み交す。酒を飲み干すと一升瓶にシオツボさんの霊水を汲んで帰る。当人はまた帰途笹を数本取って持ち帰る。

当人たちが当屋へ帰る頃には七升の御飯が炊けており、残った人は竃を囲んで酒宴を開いている。このときに他の肴と一緒に、砂糖と唐芥子を加えた甘辛い鯛味噌が出されることになっている。ヤトイツケの一人はさきの霊水を丼に移し、余った分は松の木の根元にふりかける。その丼と笹とを持って、神饌を飾る床と炊事場とに水を振りかけて浄めの所作をする。つづいて外庭に出て炊きあがった御飯の蓋を取って浄め、当人三人も浄める。

御飯が炊きあがると櫃《ひつ》に移し、夜中一二時頃より「ケイホウ」という御供の調製にかかる。オヤジ役の

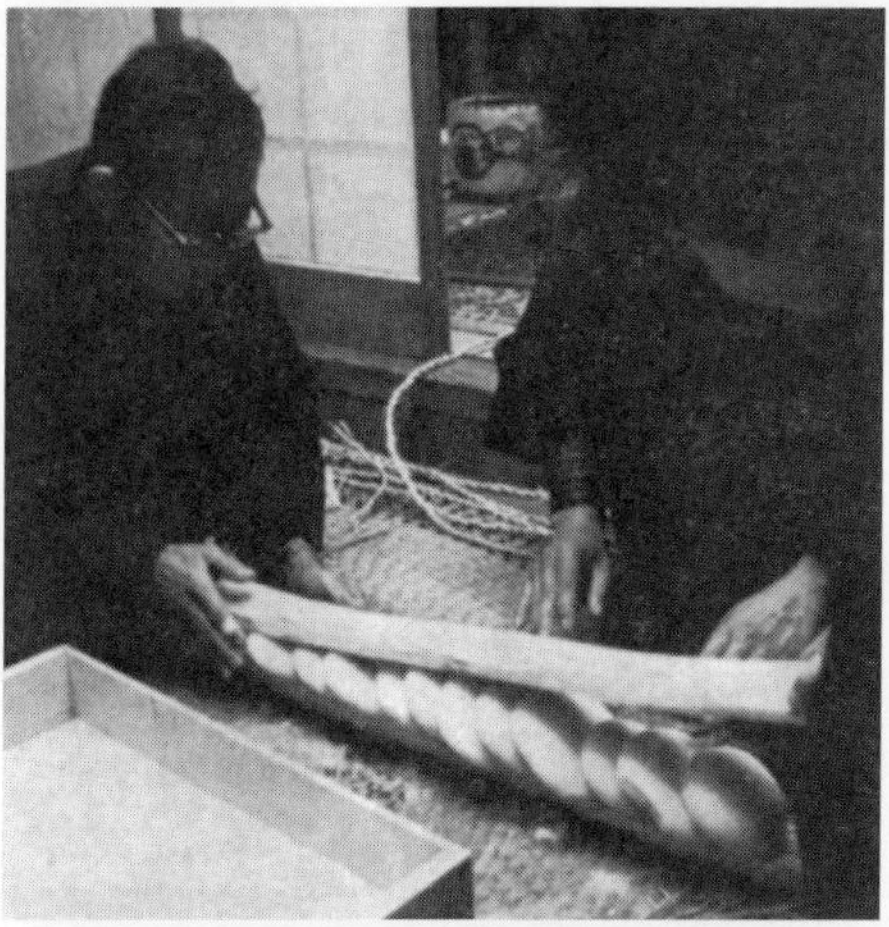

上：割木餅の調製
下：大榊餅の調製

左：当屋での深夜のお祓い／　右：乳をかたどった御供をつくる

二人が手拭で口覆いをして息のかかるのを防ぎ、半《はん》切《ぎり》桶の中に一升枡の底のない形の枠を置き、その枠に御飯を押し詰めて上から蓋をあてて押し出し、四角の御供を作る。これを「御供さん」といい、二個作って半切桶に並べる。つづいて両手で一合余りの御飯を握り、宝珠形のものを二個作り、さきの四角の御供の上に一個ずつのせる。これが「ケイホウ」と呼ばれる御供で、乳の形をしていて、妊娠中の人がこれを食べると安産するという。

　こうした神饌を作り終えるのが一二時半頃になり、人形三体・伸餅・ケイホウを当屋の神前に飾り、割木餅三個の間に男根を形どったインノコを挟んだ状態にしておく。それから一同はケイホウを作った残りの御飯で夜食をとり、オヤジ役とヤトイツケとは当屋に泊まって神饌のお守りをする。

　一月六日は、早朝六時から八時頃までに手分けして下久米全戸に米を配る。宮座入りを届けてある男子一人につき五合の米と、五日に作った「御神饌」と判を捺した伸餅一組を各家に配る。伸餅は祭典の

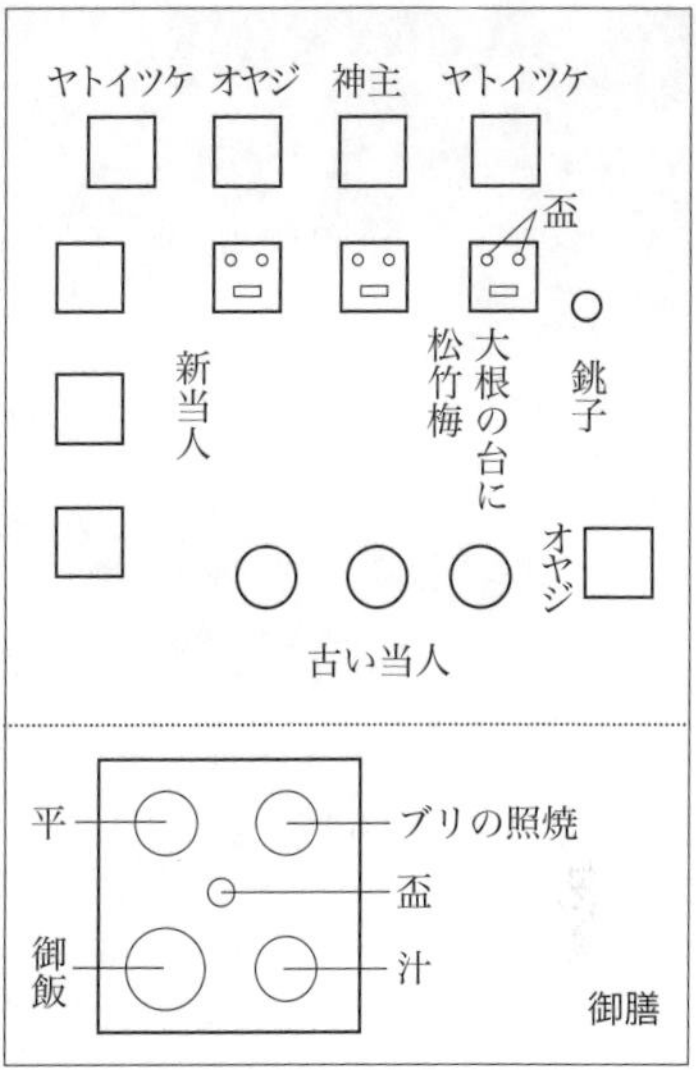

当渡し席順と御膳

際にまた各自持参して祈禱してもらうことになっている。米配りが終わると、当渡しの準備をする。

午前一一時、神職を迎えて「当渡しの儀」がおこなわれる。これには旧当人の式と新当人の式とがある。まず当屋の座敷に会席膳が配置される。床の間を背にして四人分と、その横脇に三人分のお膳が出される。膳には御飯・汁・平とブリの照焼に盃を添えてある。この上席には神職とオヤジ役のなかの一人と、その両脇にヤトイツケのうち二人が着き、横の席は式がすむまで空席になっている。上席と向かい合って旧当人三人とオヤジの一人が坐る。するとヤトイツケ三人が、会席膳に盃と、生大根を四角に切った台に松竹梅の小枝を刺したものを添えて持参し、勧盃役となって式を進める。さきに上席の神職・オヤジ・ヤトイツケのうち一人に酒を注ぎ、つづいて旧当人三人に酒を注ぐ。このときに上席のオヤジ役が謡いを出す。これがすむと盃は上席の三人に返され、ヤトイツケが酒を勧めると下にいるオヤジ役が謡いをする。

謡いがすむと旧当人は別室に下がり、かわって新当人三人が出席して上席と向かい合った席に坐り、盃を取り替えてさきと同じ盃事がある。オヤジ役の謡いも披露され、下に坐るオヤジ役が当人渡しが無事すんだことを告げると、新当人三人は横の空席になっていたお膳に着き、一同は酒を飲みながら昼食となる。ヤトイツケは、給仕をしながら順次下の席で昼食をとる。

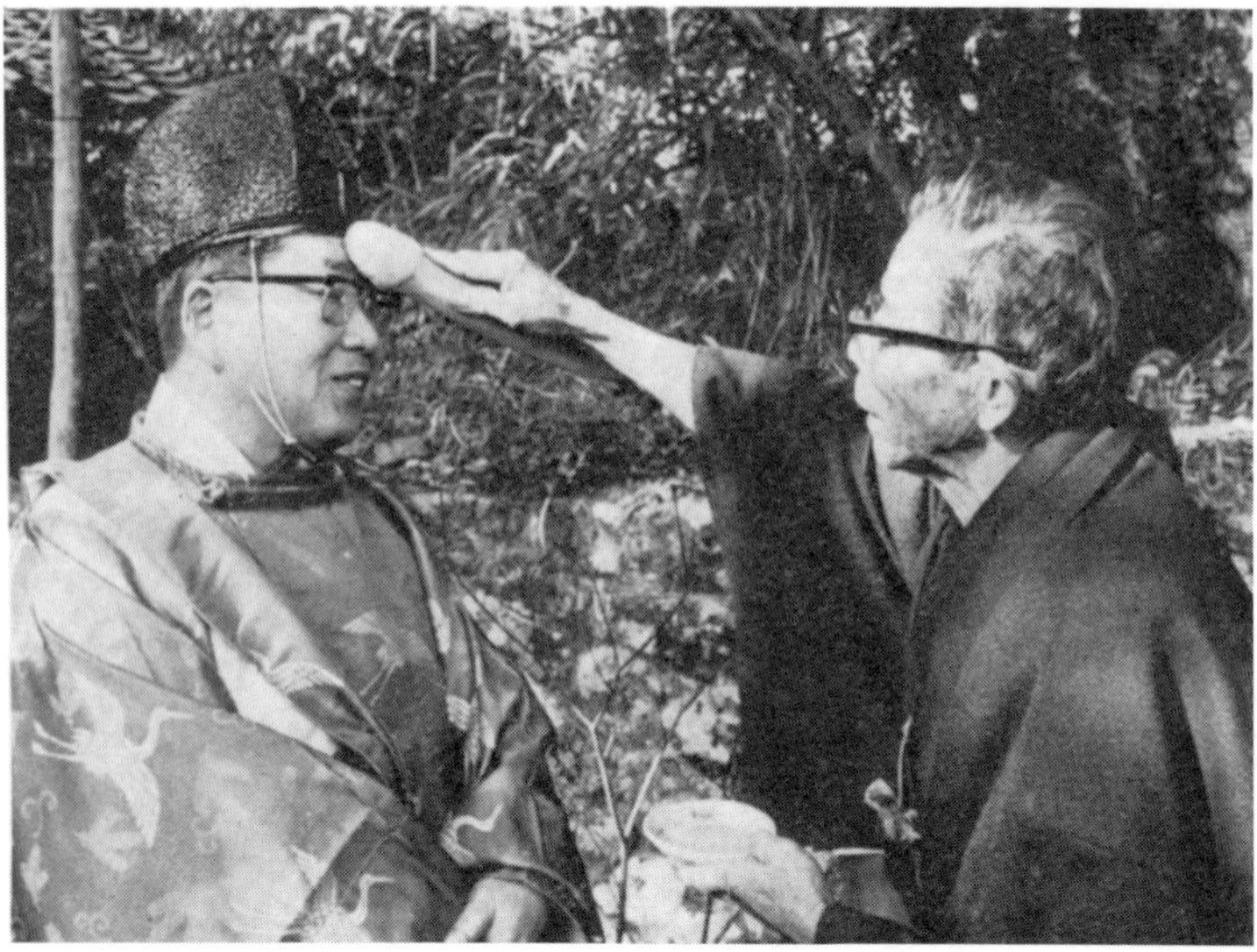
木でつくった男根でお祓い

一二時四五分に神饌物を玄関口まで運んでお渡りの準備をするが、ケイホウだけはオヤジから一旦女手に渡してから、ヤトイツケが受け取ることになっている。お渡りには各人決まったものを持参するが、その順序は、神職・オヤジ一人・旧当人三人（大きな榊につけた鏡餅を持つ）・新当人三人（割木餅を担ぎ人形を持つ）・ヤトイツケ六人（御幣・インノコ・ケイホウ・神酒・「オブクサマ」ともいう丸御供などを持つ）・オヤジ一人の順である。これを「ドウマイリ（堂参り）」といい、一時頃に宮へ着く。

八幡神社へ着くとまず持参の神饌を供える。割木餅は本殿に立てかけ、その奥に人形三体を置き、覆屋の奥に榊につけた鏡餅を立てかけ、本殿の手前右にはケイホウを、左には御幣とインノコを入れた折箱を置く。拝殿には中央にオヤジ役二人、左右には旧当人と新当人が着席して、祭典が作法通りとりおこなわれる。その間ヤトイツケは境内に焚火をして待っている。式典が終わるとオヤジ役は土器《かわらけ》に境内の赤土を入れて酒を注ぎ、インノコでもって練る。そして宮司をはじめ宮に参りに来た者の額に、インノコの先端に赤土をつけておす。無病息災などのききめがあるといわれる。これは各地の修正会で牛玉宝印を額に捺すことと同じ意味で、魔除けになるとされているものである。これが終わると神酒を皆で飲み、オブクサマを参詣者に一個ずつ配る。

オトウがすむと大榊餅は神職と新当人が分け、割木餅は旧当人が持ち帰ってヤトイツケに配る。人形は新当人が自宅で一年間お祀りをし、翌年のオトウがすんだとき神社に納める。インノコは神社に納めておき、ケイホウは親類等に妊婦のいる人が、安産に効きめがあるとして分けて持ち帰る。

今宮戎神社・十日戎　いまみやえびすじんじゃ・とうかえびす

一月一〇日　大阪市浪速区恵美須西

大阪の新年は、今宮戎神社の正月一〇日の祭り、「十日戎」の商売繁昌の祈願にはじまる。この十日戎は、夏の天神祭りとともに大阪の二大祭りにあげられている。大阪市内でも別に天満の堀川戎・西野田玉川町の恵美須をはじめ戎社は各地にあるが、今宮の十日戎は摂津・河内・和泉からの参詣者がどっと押し寄せ、近年はその数、百万人を超すという賑わいである。

本来、戎神は漁業の神であったが、室町時代に七福神の一つとして福の神とされて各地に広まった。江戸時代以降は大阪商人の商売繁昌の神として親しまれて今日に及ぶ。

戎神を祀る今宮の地は、大阪市の南に位置し、古くはこの辺り一帯が漁村で、中世には御厨《みくり》所が設けられていた。今宮村の供御人は天皇の贄《にえ》とされる鮮魚を毎日宮中へ献上奉仕してきた歴史がある。これを「朝役」という。その発端は不明であるが、一六世紀末の元亀・天正の戦乱には中絶していたという。それ以降は、古例にならい、毎年正月に鮮鯛二尾を奉献する儀が明治維新まで続けられてきた。また「神役」といい、毎年六月京都の祇園会に、「駕籠輿丁の役」を奉仕する役目も担っていたという土地柄である。

いまの十日戎の祭礼は、まず福娘を選ぶことから始まる。一月七日には「おかがみ講」の講員が拝殿前でおこなう餅搗き神事があり、八日夜一一時頃には「お千度神事」がある。お千度神事は、宮司が本殿で

広重画「今宮十日戎」

大祓詞を奏上し、、その間、神官が本殿の周囲を数回まわり、続いて宮司を先頭に広田神社まで往復し、十日戎斎行祈願をする行事である。この広田神社は赤鱏《えい》を禁食し、赤鱏の絵馬をあげて痔の平癒を祈る民間信仰で知られているが、今宮戎神社の北東、今宮への参詣道に沿って鎮座し、その氏神と伝えられている神社である。今日両社の関係は十日戎の神事を通してのみ認められる。九日が宵宮祭で、一〇日は人出も最高頂に達するなかを南花街より芸妓の宝《ほ》恵《え》籠《かご》の行列が出る。この両日はもちろんのこと、一一日も「残り福」を求める人々が早朝より夜半まで境内狭しと押しかける。その際参詣者は裏門から入り、社殿の背後の羽目板をたたいてから正面にまわって賽銭をしないと福がこないという。その伝承は江戸時代から有名で、帰りには吉兆・小宝を買って福徳を願うもので、商都大阪の一面を物語る祭りといえよう。

　十日戎の神饌には「本膳」と「普通膳」との二種類があり、一〇日の大祭当日に供えられるのが本膳で、九日と一一日に供えられるのが普通膳である。普通膳の方は両日の早朝五時前から、神職が神社の神饌所で調える。朱塗の高坏膳七台と、白木の高坏膳三台との都合一〇台、同じ種類のものが用意される。神饌の内容は椀の真中に普通の白米の御飯を盛ったものを入れ、御飯を中心としてその手前に神酒徳利一つを置き、右の方には関西地方の正月料理に欠かせないゴマメ三尾を土器《かわらけ》に盛り、右側には大根の輪切りを二切、やはり土器に盛って供える。向こう側には中央に塩鯛を一尾、その右側にはブリを生のまま五センチ角ほどに切ったものを一切、左側には大根と人参のナマス一つかみを、いずれも土器に盛って膳に入れる。以上の七種が高坏膳に盛られ、手前に箸を添えたものが普通膳である。

一方、本膳は大祭のみに供えられる神饌で、やはり当日五時前から神官が調製する。火鑽具《ひきりぐ》を用いて点火された竈で、普通膳と同様に一〇膳分同一のものが調製される。一膳分の種類と調理法は、

○赤飯　二盛

竈に小型の三段の蒸籠をかけ、中にモチ米を七、八合入れて上に小豆をのせて蒸し、赤飯を作る。蒸し上がると櫃に取って椀に少量ずつ盛る。

○生の小鯛　一尾

○塩をした小鯛　一尾

○生の鮑　一個

○生の蛤　一個

○大根と人参のナマス　一皿

○神酒

○サワラ　二串

塩サワラを三センチ角ぐらいに切ったもの三切を一〇センチ大の竹の串に刺し、その上端にサワラのヒレの部分を刺す。この竹串の下部が少し太くなっており、底部四センチ、高さが一センチ

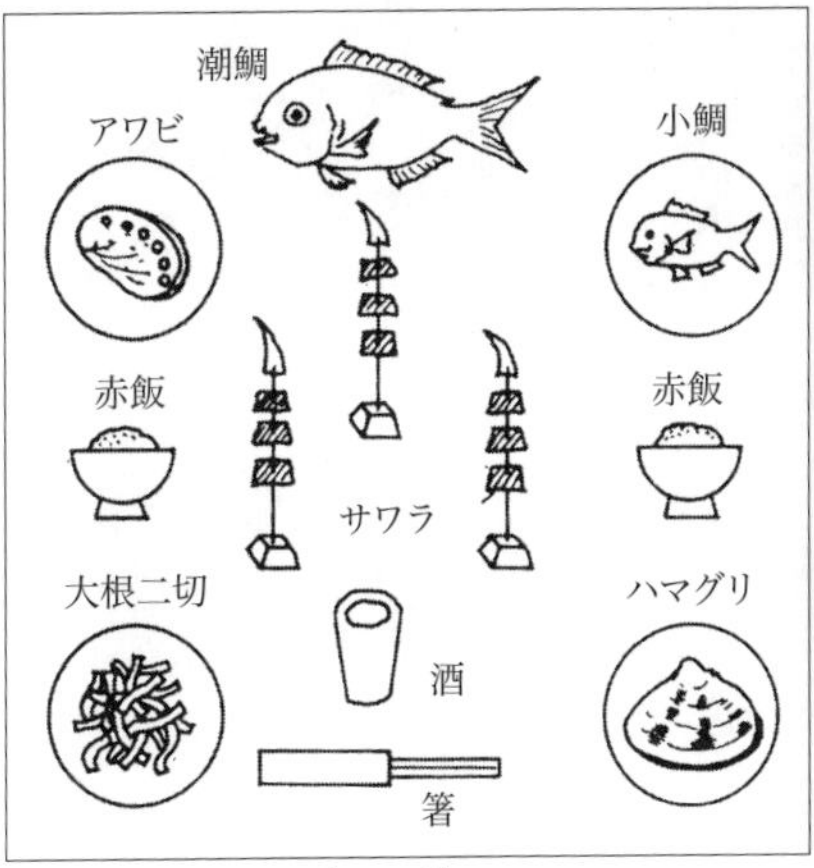

本　膳

普通膳

真剣な表情での神饌の調製

の木の台の中央に立てる。このサワラの串刺しには銀箔を適当な大きさにして付ける。

○ブリの味噌蒸し　一串

サワラと同様に、ブリを三センチ角ぐらいに切ったもの三個を串刺しにし、上端にブリのヒレを付けてやはり木の台に立てる。赤飯を蒸した釜の湯に白味噌を一握り入れ、その上に笊を置いて串刺しのブリをのせ、味噌の泡が沸きあがった状態でブリを蒸す。

このとき、味噌滓がブリ全体に白くふりかかる状態になると出来がよいとされる。蒸し上がるとブリの場合は表面に金箔を付ける。

こうした神饌は、戎神の性格と今宮の地域的な性格からして、魚類が多く用いられているのが特色といえる。なかでもサワラの串刺しと、ブリの串刺しを味噌蒸しにしたものに金箔・銀箔を付けた神饌は、他にみられない特異なものである。なお、このほかに生饌として鯉・海老・サワラ・鯛・海藻を用いた神饌が、祭典の御供として供えられている。

これら普通膳・本膳がそれぞれ朝方に調えられると、神饌を作った神官が口覆いを付けたまま七時頃に社殿へ供える。本社へ五台と境内末社の稲荷社一台。氏神である広田神社一台は朱塗りの膳であり、白木の膳は境内末社の大黒社一台と広田社の境内末社である赤土稲荷社一台と、宮司津江家の祖霊社へ一台とが供えられる。

賀茂別雷神社・御棚会神事

かもわけいかづちじんじゃ・みたなえしんじ

一月一四日　京都市上京区上賀茂

京都市の北部一帯を洛北という。賀茂川と高野川と松ケ崎の丘陵にはさまれた、ほぼ三角形の地域を下鴨とよび、ここの糺《ただす》の森の中に賀茂御祖《みおや》神社（下鴨神社）が鎮座し、ここから賀茂川の左岸を上流に遡っていくと上賀茂に至る。そこには賀茂別雷神社、すなわち上賀茂神社が鎮座する。広々とした緑の芝生に映える丹塗の楼門は美しく、神域は壮大で、社のまわりには古い社家の土塀や門構えが連なってたたずみ、荘厳な世界を形作っている。

この賀茂別雷神社で毎年一月一四日におこなわれる祭りは、御棚に入れた各種の神饌が献上されるところから、「御棚会神事」と呼ばれている。参拝客もまばらなときにおこなわれ、賑やかな祭りでもないため、一般にはあまり知られていない。

この神事は、寛仁二（一〇一八）年一一月二五日の太政官符をもって、賀茂上下両社に山城国愛宕郡八カ郷が寄進され、このうち上賀茂の分が賀茂・小野・錦部・大野の四カ郷であったが、のち河上・岡本・小野・中村・小山・大宮の六郷に分割された。それで各郷より御棚一台ずつの神饌が奉られ、これを御棚会神事と呼ぶことになった。『賀茂注進雑記』年中御神事次第の正月一四日の項に、

御棚曾戌刻也兼日以二六郷御結鎮銭一沙二汰之一至二今日一同　御棚六脚魚鳥種菓種菜等調二進之一社司布衣

於二神庭一奉幣

とあり、六郷よりあがる費用で神饌の魚鳥などを調え、各郷一脚の御棚を調進してきたことを伝えている。以来毎年一月一四日に勤められてきたが、各郷からの神饌のほかに、郷内の人々からも私饌が献じられたといわれている。古来、この神社は各地に多くの神領をもってきたが、近郷からの神供だけで一つの神事を営んできたのはこの行事だけであった。明治維新後は、社領を上地《あげち》したので祭儀も廃れようとしていたが、神社が一台の御棚をととのえて、今日にかつての姿を伝えているのである。

まず、当日早朝に魚鳥の神饌を器に盛って、御棚に納めて準備が整えられる。御棚は四隅の木角材に二段に簀子《すのこ》状の棚を設け、前後両端に舁《か》き棒をつけた恰好である。総高約一六〇センチ、横幅八〇センチ、舁き棒の長さ三メートルほどで、上部は四面に薄物を垂らし、上部にも縦に一幅の薄物が張ってあって、魚鳥を器に盛った神饌がこの中に納められるのである。

午前一〇時頃、宮司以下神官が社務所前に参集して本殿へ向かう。途中御手洗川の手前の土舎《つちのや》において「修祓の儀」をおこない、つづいて御棚の進行が始まる。先導が白丁《はくちょう》一名で、大幣子杓一本、鳥付木（雉一羽をくくりつけた榊の枝）などを担ぎ、つぎに御棚の脚を白丁四名で担いで列をなす。摂社片山御子神社の前で祓い清め、

前頁：神饌所から本殿に神饌を運ぶ

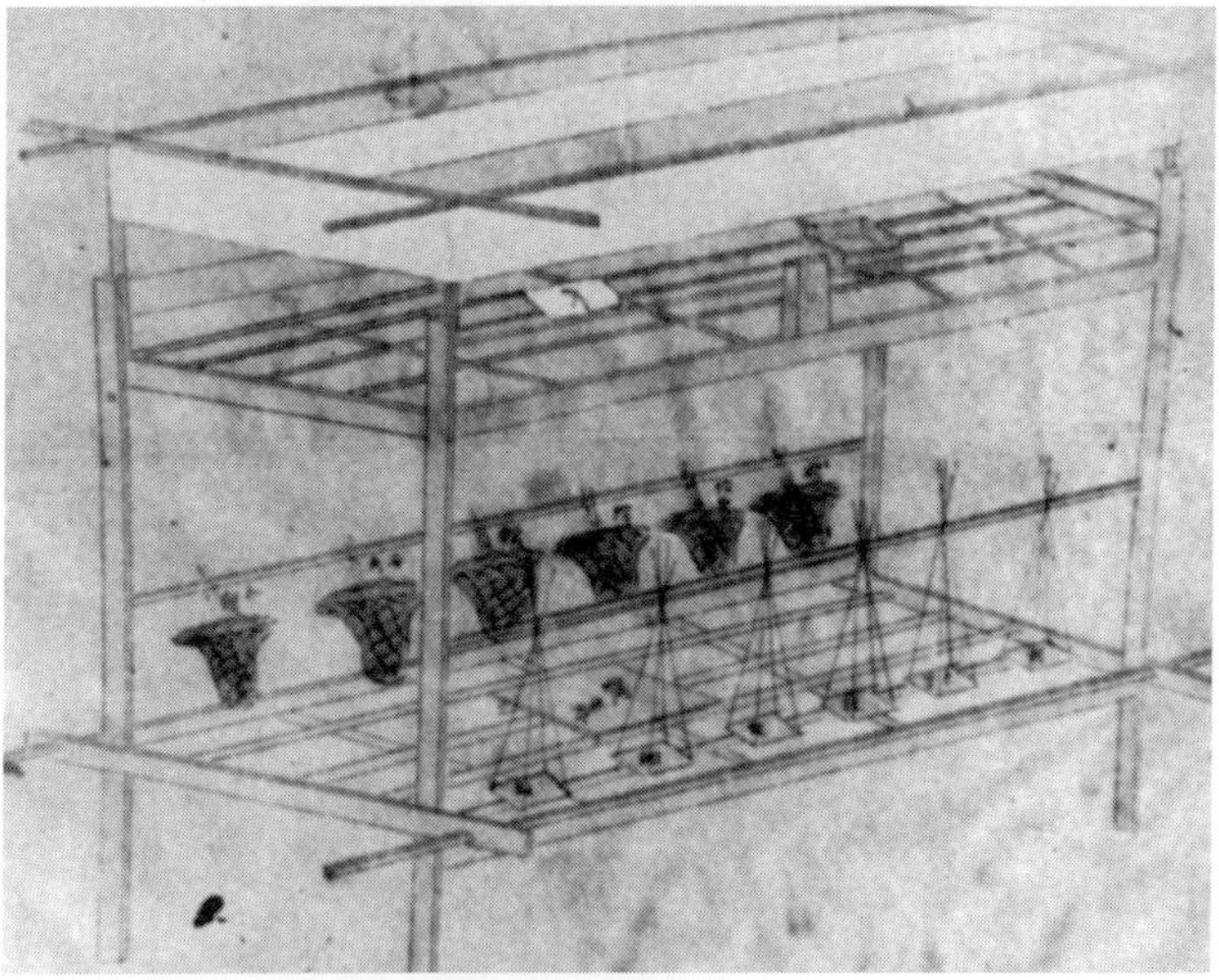

上：御棚の図
下：雉の鳥付木

玉橋を渡り楼門・中門を経て、御棚を本殿前の祝詞舎の前庭に据え、大幣子杓・鳥付木を御棚の前に置く。宮司以下神職は、松明を持った白丁に先導されて東局の軒下の座に着く。所役が片山御子神社に献饌。つぎに宮司が中庭に進んで奉幣し祝詞を奏上し、再び奉幣し、幣を大床に納めたあと白丁が御棚を撤する。宮司以下神官は退出し、摂末社八社に神饌を献じながら巡拝して御棚の神事を終わる。

この神事の神饌は次の通りである。御棚の上の段には深さ一八センチ縦横四三・五センチの大櫃と、奉書に包まれた神饌とがのせられる。櫃には皿に梭魚《かます》(干物)一尾・小鰺《あじ》一尾・鮍鯖《ぶりご》一尾を入れ、土器には合米を入れる。合米は焼米と粽《はぜ》（モチ米を炒って爆ぜさせたもの）に水飴をかけたものである。その他山芋・生栗・打鰒《のしあわび》・串柿ならびに小餅の九種類を櫃に盛り合わせ、手前に丸箸が置かれる。奉書に包み込んだ神饌は青海苔・浅草海苔・榧の実・勝栗・生栗・若布・粽・丸粽・ホンダワラ・山芋の一〇種であり、これを奉書で包ん

上：包みの神饌／　下：御櫃の神饌

で剝板《へぎいた》にのせ、帯をかける。

一方、棚の下の段には、中央に縁のない板の膳を置いて、鯉をのせ奉書で包んで帯をかける。その片方には深さ三〇センチの竹籠六個を御棚の横棒に取りつけ、中に打鰒《のしあわび》・伊勢海老・鰩《とびうお》（干物）・蛸・梭魚・鰺の六種を入れる。他の一方には、板台六個を立てる。板台は、一九センチ四方の板に低い脚をつけ、その両側に三個ずつ穴をあけ、三〇センチほどのヒゴを突き立てた恰好をしている。これに雉（鶉《うずら》を代用）一羽・鯛一尾・魬《はまち》一尾・鮭一尾・恵曾《えそ》一尾・鯖一尾の六種をのせ、ヒゴで挟んで供える。

このほか、大瓶子一個に白酒を入れ、赤青の紙一枚あて大瓶子にくくり付けて蓋とする。また、小杓一本、雄雉一羽をくくり付けた鳥付木も当日の神饌とする。鳥付木は「鳥付柴」あるいは「鳥柴《としば》」ともいい、鳥を贈るさいに木に結びつける習わしがあったことを伝えている。また、摂社八社への神饌は、白酒・洗米・鯣《するめ》・昆布・大根の五種類である。

御棚会神事は、「御棚飾り」とも「魚読み」とも称されていた。魚読みとは、神饌や幣帛を供える前に、あらかじめ点検する重要な行事である。滋賀県坂田郡山東町（現・米原市）志賀谷の「おこない」で、禰《ね》宜《ぎ》が神饌一膳分を点検する義務があるのも、神に供えるに過失があってはならないからである。神社で調饌する以前、六郷からの献饌の時代にも相当厳しい点検がおこなわれていたことだろう。

棚はすなわち正月の年棚であり、恵方《えほう》棚などと呼ばれるものである。一般民家では板を茶の間や座敷、あるいは台所などの天井に吊って注連を張り、灯明と餅を供え、松や餅、花を飾るのが普通である。また俵や年桶に米を盛ったり餅を供える地方もある。上賀茂神社に伝わる御棚会神事もこれら年神の祭壇と同様に、小正月に六郷より年神へと神饌が献上されてきたものである。

高木神社・神事　五百母

たかぎじんじゃ・じんじ　いおや

二月七日・三月八日（現在二月八日・三月八日）　滋賀県野洲市八夫

旧野洲郡中主《ちゅうず》町八夫《やぶ》は、湖南の沃野、野洲川下流に位置し、戸数約一四〇の純農村。ここの産土神《うぶすながみ》とされる高木神社は葦原魂男《あしはらみたまお》神を祀り、昔は式内社兵主《ひょうず》大社の下七社の第二としてその所管にあった。明治四二年に若宮社などが合祀され、いまは本社・若宮神社・伊勢神宮・八幡宮・日吉《ひえ》権現宮の五社を祀る。この高木神社には毎年二月七日に「神事」、三月八日に「イオヤ」と呼ばれる祭りがある。イオヤは「五百母」の字があてられる。

神事は源義朝没落のとき、頼朝が兵主大社に参詣し郷内末社にも臨時祭を催させたのにはじまり、以来氏子が中心になり五穀豊穣を祈って祭典をとりおこなってきたと伝える。一方、イオヤは慶安五（一六五二）年に氏子数が減ったことから、子孫の繁栄を祈って始められ今日に伝わっているという。合祀以前の若宮神社にも同様の行事があったといわれているが、現在の神事とイオヤは神饌こそ違うがほぼ同じような行事であり、俗にそれぞれ「男の祭り」・「女の祭り」と称されている。

神事を営むのは氏子総代・年行事・神事手《じんじて》・五百母手《いおやて》と手伝いである。氏子総代は四人。「総寄り」の席で選挙されるが、年長者がつとめ、任期は三年である。年行事は四人。一生に一度だけ氏子のうち年長者から順につとめる。その任期は一年であるが、その間、月次祭《つきなみ》を滞りなくおこなってゆく義務がある。

月次祭は毎月一日の早朝四時半頃に、枡に御飯を入れて固めて藁でくくった御供と、生きた川魚を五社に供え、太鼓の音を合図に氏子が参詣し、御供と神酒をいただいて帰る行事である。年行事は一二月一八日に交替するが、これを「枡渡し式」といって、御供を作る枡を渡すのである。

神事手は二月七日の祭礼当日に奉仕する二人をいい、年長の人を兄と呼び、年少者を弟として区別する。「神事」は古くは株座で営まれたが、現在は村座として全戸が平等に参加する。約一四〇戸の村を一〇組に分けて二組ずつ順に廻し、当番にあたった組の中でまだつとめていない人が神事手を受けるしきたりで、だいたい三〇歳から四〇歳代につとめることになる。五百母手は三月八日の祭りに奉仕する二人をいい、つとめる順などすべて神事手と同じである。神事手、五百母手、年行事はいずれも一二月一八日の枡渡し式に選ばれる。手伝いは、二月七日の神事のときに神事手二人が各二人を雇い、五百母手の二人が一人ずつと、計六人が社参の行列を手伝う者である。三月八日の祭りは、反対に五百母手から各二人、神事手から一人ずつが手伝うことになる。ただし戦後は女性が手伝ってもよいことになっており、奉仕者の昼食の準備などにたずさわっている。

神事は二月五日に神饌作りの諸道具や神饌の材料などが社務所に運ばれ、準備が整えられる。神饌調理もいまは社務所を用いているが、明治四二年の末社合祀以前は、神事手の自宅で調饌されていたのである。しかも、これにたずさわる人は三日間火を避けた生活をし、水垢離をとるなど、まことに厳重な潔斎が要求された。

二月六日は早朝から氏子総代四人・年行事四人・神事手二人・五百母手二人が社務所に集まり、長老の氏子総代の指示のもとに神饌の調理にあたる。社務所奥の炊事場で牛蒡と大豆がゆがかれる。牛蒡はかつて三〇貫を要したが今は節約して一三貫(四八キロ)を購入し、長いまま二つに引き裂いて茹で、直径九〇センチ、高さ三八センチのハンボウ盥（半切桶）に入れる。また大豆二升五合を煮て潰し、さきの牛蒡に塗り付ける。この特徴ある牛蒡のあえ物は男性器を表わしたものといい、大豆が白いのは「マラのカス」だという。これを藁で一二組にくくる。本来は一〇組でいずれも渡御のあと神前に供えたのであるが、近年は二組を渡御に用い、それとは別に一〇組を五社の神前に二組ずつ供えるように改めている。なお、これに似た神饌は奈良県にも残っている。桜井市箸中の国津神社の旧正月二日の「二日壮厳」の神饌に牛蒡束一二束、鏡餅一〇組、昆布・煮豆があり、牛蒡束は茹でた牛蒡を長さ六寸に切って束にし、それを六寸の藁で結んで豆の粉をふりかけたもので、この牛蒡を食べると子宝に恵まれるという。

社務所の神饌部屋では、氏子総代が裃の上だけを着けて他の神饌の調理にかかる。まず「鮒ずし」の頭と尻尾を切り落とす。昔は三〇尾ほど用いたといわれるが、ちかごろは一五尾である。この鮒ずしは琵琶湖産のものを前年四月に買い求め、七月に鮒の腹に飯を詰めて前日まで桶に漬けておいたものを用いる。つぎに蕪を一センチ角ぐらいに切り、酒板粕とスルメを小さく切り揃える。その他煮た大豆を用意し、「神の膳」と称するものが作られる。つまり、スルメ五切、大豆一二粒と蕪五切、酒板粕五切と蕪五切の三種を土器《かわらけ》三枚に盛りつけ、三方にのせたものが神の膳と呼ばれるものである。これを一二組作るが、これは神事手の兄が五社へ供える分と、弟が五社へ供える分、ならびに兄・弟自身の分二組とである。ただし、この日は同種類のものを一台ずつの三方にのせて白紙をかけて、翌日のお渡りを待つのである。

このほか神饌部屋には箸・イタダキの輪・土器の台・御幣の竹串・丸帯などが揃えられる。箸はミソモリという木を二四センチに切って削ったもので、一〇膳分作るが、一膳ずつ中央を苧《お》でくくる。輪は藁を直径二五センチに丸くしたもので、一部分は白紙で包み込む。翌日の渡御に、神事手の当番の組から四、五歳の女の子が出て、輪と母親の丸帯を蝶結びにしたものを持って行列に加わる。これは本来未婚の女子が神饌を頭上にのせて運んだ名残りであろう。御幣の竹串は長さ三メートルほどのものを二本用意し、幣は兵主神社の宮司が来て取りつけ、このとき白紙に米を包んで先端に結びつける。以上の作業を午前中にすませ、一同は昼食をとる。

昼食後、モチ米一斗三升（一八キロ）を蒸し、「白蒸し」作りにかかる。この白蒸しは「キョウユ」と呼ばれ、神饌の中心になるもので、これに用いる米は、一二月中旬の日曜日に、全氏子よりモチ米と粳米《うるち》を、七合ほどの枡に一杯ずつ集めたものである。米が蒸しあがると大きなハンボウ盥で冷やし、四時頃からキョウユ作りにかかる。神事手が裃の上だけ着て、枠だけの一升枡に白蒸しを詰め込んで固め、蓋をして上から押し出す。この四角になった白蒸しを立てて藁で三カ所縛り、藁の両端を捻じて扇子状に広げ、長い分は切り落として形を整える。最後に、前から藁をもう一度廻して後ろに挟み込む。これがキョウユという白蒸しである。これを一二個作り、出来上がるとハンボウ盥に入れて、さきの神の膳などといっしょに神饌部屋に置き、この夜は神事手の二人が社務所に籠って守りをする。

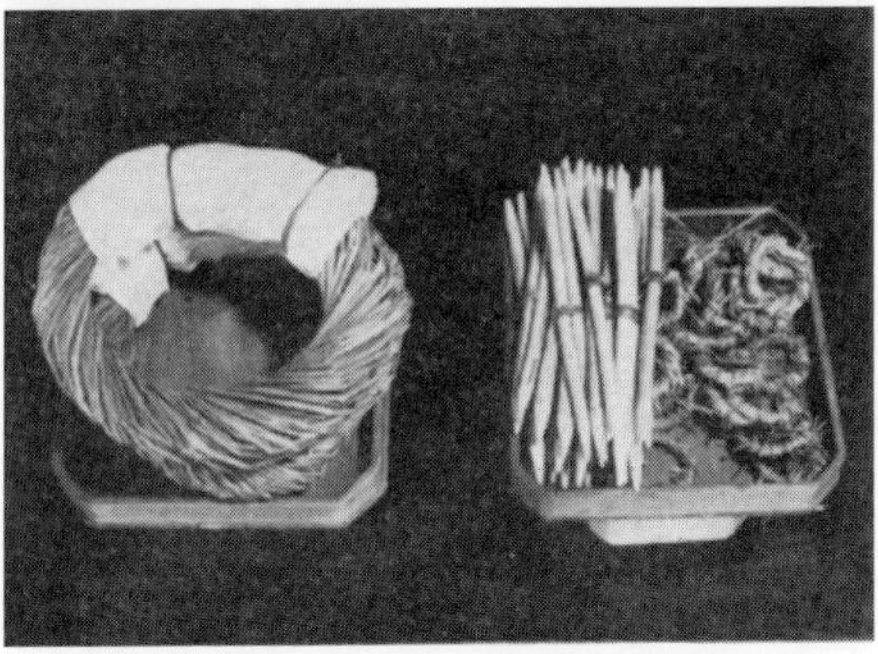

上：神事の神饌調製／　下：神事の神饌具

なお、この日午後からは年行事の年上の二人が、紋付羽織袴に白足袋下駄の正装で、手に扇子を持ち、氏子各戸に「明日は神事祭を執行させてもらいますから、太鼓が鳴ったらお参り下さい」と言ってふれて廻る。

二月七日は午前中に神職・氏子総代・年行事四人・神事手二人・五百母手二人と手伝い六人が社務所に集まり、渡御の準備や昼食の用意をする。神饌部屋にはハンボウ盥を二つ置き、中に神饌を一組ずつ入れる。つまり神の膳である蕪・大豆・スルメ・酒粕の四品を三つの土器に盛り合わせたもの、牛蒡一縛り、鮒ずし一尾、白蒸し一個に箸を添えて入れ、ハンボウの上で総代が火を鑽《き》ったのち、白布で覆い下部を縛る。ハンボウの手前には、神酒を入れる提子《ひさげ》二個と包丁二口や、蝶々結びにした丸帯二組を置き、御幣などはハンボウの後部に置かれる。準備ができると一同は昼食をとる。

昼食後、神社の大きな太鼓を打ち行列の合図をする。その頃には「御幣持ち」と「帯持ち役」が社務所前に集合している。いずれも神事手の組で生まれた男の子二人と、女の子二人がこの役を担う。三歳から五歳くらいの子供であるため、付き添いの親が正装してその役に代わる。氏子総代と神事手は紋付羽織袴に着替える。年行事四人と五百母手二人ならびに手伝いの六人は、白衣に水色袴、白足袋に赤鉢巻姿に着替えるが、袴の腰板を裏返しにして、紐を襷の代わりに肩へ懸けるのが決まりである。ここで背の高い者と低い者とに分ける。これは神事手の兄と弟の二台の盥桶を六人ずつで担ぐので、同じぐらいの肩の高さの者を選ぶためである。そして「出立の盃の儀」があり、つづいて神事手の兄の挨拶が終わると、ただちに二台の桶を担いで、弟の桶が先に社務所を出る。社務所の前には御幣持ちの男の子が三メートルほどの御幣をさしかけており、この下をまず母親に背負われたり手を引かれた帯持ち役の女の子二人が、帯とイタダキの輪を持って通る。つづいて神事手二人が、各々鉄鍋と包丁を持って通り、氏子総代が神の膳を持

右：神饌を担ぎムラ中をねり廻る
左：各家の前で神饌を高く差し上げ祝う

って通り、最後に神饌を入れた盥桶を六人ずつ肩にのせて、兄の方を先にして弟の桶がつづいて通る。

神職と盥舁きは本社に参拝し、掛声を張り上げながら盥桶を頭上高く持ち上げる所作をし、本社を一巡して出てくる。この間、他の一同は本社前で待っており、幣帛を持った神職を先頭に、御幣持ち二人、両手に帯と輪を持った帯舁き二人、神事手が兄・弟の順、氏子総代四人、ハンボウ盥が兄・弟の順に続き、神社を出てお渡りとなる。盥舁きは「ヨッサ、ヨッサ」の掛声も勇ましく進み、祭典に神酒や金銭の供え物をした家々をすべて廻る。例年約四〇軒で、玄関前でまず兄の盥を「ウワー」と大声を張り上げて頭上高く二回持ち上げ、つづいて弟の盥を同様に持ち上げる。これを繰り返しながら八夫の氏子区内を回るため、三時間あまりもかかる。その途中数回休憩して酒を振る舞われるが、そのときは兄の盥を降ろさないと、弟の方は降ろせない決まりである。

神職や氏子総代などの一行は盥舁きとは別に、途中で一度休憩して、村の中央を通る道路を一巡して神社へさきに帰る。そのとき、神社の前の川へ二本の御幣を捨てる習わしである。ここで子供の所役は解放され、女の子はイタダキの輪を持ち帰って、自宅の屋根の上にあげておくそうである。午後二時半頃に盥舁き一同が神社へ帰り、それを合図に太鼓が打ち鳴らされる。境内で「サンヤレ、サンヤレ」を唱え、本社前では再び頭上高く持ち上げて一周して社務所へ入る。これがお渡りの様子で、本来は神事手の家で調饌し、村の中を廻ってから社参していた名残りが、社務所で調饌するようになっても、村中をねり歩く習俗として残っているものであろう。

社務所では、さきに帰っていた氏子総代が、本社ならびに末社の五社に供える神饌を盛り分ける。元来は作った神饌全部をハンボウ盥に入れて村中を廻ったのであるが、手掛りもない重い盥を、酒を飲んで担ぐのであるから、落としたり、落とさぬまでも中の神饌がごちゃ混ぜになるため、近年は神前に供える分は別に保管している。それを五〇センチ四方の縁なし脚付の板の膳一〇台に配り、五台ずつ左右に分けておく。

祭典はまず神事手の兄の膳を本社・若宮・伊勢・八幡・日吉の五社に供え、お渡りに持参した鉄鍋に神酒を入れて、兄が五社の膳の盃に注ぐ。そして拝殿の向かって右の外縁に宮司と四人の氏子総代が、左には神事手の兄と弟が着座する。ここで神職の祓詞・祝詞奏上などが型通りおこなわれ、それがすむと兄の神饌を撤下する。一旦拝殿前の外縁に五台のお膳を置いて、白蒸しの角を少しずつ摘み取って丸め、拝殿に梯子をかけて登り、屋根の上にこれを供える。残りの神饌は社務所へ運び、再び弟の神饌五台を運んで五社に供え、同様に修祓や祝詞奏上がおこなわれる。これが終わると、やはり白蒸しの角を取って拝殿の屋根に供える。これを「烏の御供」という。

烏の御供は「烏になろうてもらう」といって、宮の神使である烏に食べてもらうのだという。近年は烏も数少なくなったようであるが、その昔はしばらく待つと確かに烏がこれを啄《ついば》んだそうである。烏が食べに来ないと、直会がはじまらなかったそうで、そうなると神事手は水垢離までとったと言われている。このことは人間の願いが受け入れられたかどうか、豊作の願いが聞き入れられたかどうか、という神意を、神饌によって伺っているのである。神の使いとされる烏が来て食べないと、祭りが神に受け入れられないのであり、これは氏子にとって重大事で、神事手は水垢離をとってまで烏を待ったのである。京都府相楽郡山城町（現・木津川市）棚倉の「斎籠《いごもり》祭り」の例では、行事の最後に、御飯を樫の葉にのせて夜中に「四ツ塚」の上に一個ずつ置き、昔はこの御供が食べられていないと、もう一度祭りを初めからやり直すことになっていたという。

拝殿屋根に神饌をのせ烏に供する

烏に神饌を与える行事は、高木神社に限らず、同県の多賀大社や安芸の宮島の養父崎《やぶさき》

神事の直会膳

神社、尾張の熱田神宮、津村神社など所々で見られるし、奈良県五條市の東阿田・西阿田で「七ツ御膳」を社殿の上に供えるのも、烏に食べさすという伝承こそ聞かれなかったものの同じ意味であったろう。これは神の荒魂（新魂）の出現が「みさき」であり、みさきとはまた烏のことでもある。したがって神が現われた標《しるし》として、烏に御供を食べてもらうのである。これにたいして人の荒魂をまつる葬式にも、烏に供え物をする例がある。新潟県西蒲原郡では火葬場で「カーラ来う、カーラ来う」と烏を呼んで野団子を投げ与え、それから後に火をかけるという。富山県西礪波郡福岡町（現・高岡市）沢川では、「烏の団子」と呼ばれる粢《しとぎ》団子を葬式に仏前に供え、式がすむと参列者に分け与えている。烏は神や霊の出現とみなされていたので、八夫でも烏の御供の行事は非常に重要視されてきたのである。

神饌の撤収が終わると、氏子総代が神饌部屋で御供を小さく切って直会の準備を始める。直会は社務所奥、本殿の横の「仮屋」でおこなわれるが、これは八間に二間の細長い建物で、板の間に荒菰《あらこも》を敷いてなされる。仮屋というからには本来は臨時に設けられたものであろうが、現在では永久的な建物になっている。その昔は、神饌桶が神社へ帰った時点で打つ太鼓を合図に、直会に各

五百母の神饌一式

戸一人ずつ参加したのであるが、いまは神事に参与した者だけが席につき、他はお膳やお盆を持参して、家族の者が神饌のおさがりをいただいて帰るだけである。

各膳には、白蒸しを切ったものと、牛蒡二、三本、榊の葉にのせた鮒ずしの切身とが配られる。座順は正面中央に神職、その両側に氏子総代、その他は参加者が年齢順に千鳥に座に着き、不参の者の膳もすべて両側に並べる。下座に神事手の二人が正装で正面を向いて坐り、その前に給仕役二人がいて、神酒の入った鉄鍋を用意しておく。こうして午後三時二〇分頃に直会の儀がはじまる。

直会は、神事手の兄が「直会の儀に移らせていただきます。まず初献の儀をお願いします」と挨拶する。すると給仕人が進み出て、宮司・氏子総代と順次初献の盃が廻される。これが一巡すると、神事手の兄が「神の御膳を開かせていただきます」と挨拶する。すると総代の一人が神官から始まって上席一〇人にスルメを榊の葉にのせて配る。次の一〇人には大豆と蕪の小さく切ったものを配り、次の一〇人には酒の粕と蕪とを配る。つまり、上席より三〇人だけは神の膳がつくことになり、配り終わると神事手が「二献の盃をお願いいたします」と言う。再び給仕人が神官より酒を注いで廻る。初献と二献については「三遍までは注いでもよいが、それ以上はだめだ」といわれ、盃に三杯は受けることができ、しかもその盃は順次上席の人に廻して飲んでもらうことができるのであるが、自分の受けた盃を下の席の人にはいっさい廻すことができない決まりである。したがって上席の人ほど酒が強くないとつとまらない。

二献が神事手まで廻り終わると、神事手は「かけ流しに移らせていただきます」と挨拶する。この三献目に当たる「かけ流し」は、飲みたい人は何杯でも受けていいが、受けた分は絶対他へ廻してはならない決まりになっている。直会の儀は盃が途中で停滞し、なかなか下まで廻らないため、近年は参列者が少ないとはいえ相当時間がかかる。かけ流しが終わると、神事手の弟が終了の挨拶をし、ただちに太鼓を打ち鳴らして村中に直会終了を知らせる。すると村の年寄や子供が集まって来て、自分の膳に配られている神饌のおさがりを持ち帰るのである。

こうした「神事」を俗に「男の祭り」と称し、牛蒡の神饌を男性器の象徴としているのに対し、三月八日におこなわれる「イオヤ（五百母）祭り」を俗に「女の祭り」といい、女性器を象徴した団子を神饌としている。ただし、行事内容は神事とほぼ同様である。

この祭りの神饌作りは、祭日の前日の七日におこなわれ、神事と同じ人々が奉仕する。神饌は白蒸しがなく、牛蒡のあえものが団子にかわるが、他の鮒ずしや神の膳の内容は、神事のときと同じである。団子は米の粉八升とモチ米の粉四升を混ぜて練り、木臼で搗いて棒状にする。これを氏子の数約一四〇に切り、丸く、あるいは細長くまるめる。高さ約四センチ、径八センチぐらいである。これができると数回に分けて蒸籠に入れて蒸す。一方、小豆を三升煮て、五百母手の二人が裃の上だけを着けてこれを潰し、団子の上に円形に盛り上げる。これは女陰の形を表わしているそうで、俗に「オメコ団子」と称されるが、現在は「笠団子」の名称を用いている。この神饌は、イオヤは氏子を増やすための祭りといわれる由縁で、この団子を食べると子宝に恵まれると伝えられている。

八日の祭り当日は、一一時頃にふれ太鼓を打ち、昼食をとった後「出立の盃の儀」をすませ、村中への渡御になるのは神事と同じである。このときハンボウ盥に入れるものはオメコ団子を土器に盛ったもの、頭と尻尾を切り落とした鮒ずし、「神の膳」としてスルメの小切七本、蕪の刻んだもの五個と大豆一二、三粒、酒の粕の小切五枚と蕪の小切五個の三種を、土器に盛り分けて一組ずつ入れる。盥舁きは神事とかわって、五百母手が各二人ずつ頼み、神事手が一人ずつ頼んだ六人を手伝いとする。この六人と年行事四人、神事手二人が二つのハンボウ盥を舁いで、祭りに寄付のあった家を順に廻っていく。この渡御を「夕ライさん」といって村の老人や子供が道端で待つのである。

二時頃より神社で祭典が始まり、五百母手の兄の神饌を五社に供えて式典をし、終わると再び弟の神饌を五社に供えて式典をするが、この祭りには「烏の御供」はない。撤饌が終わると仮屋で直会があり、五百母手の挨拶で神事と同様に進められる。このときも不参の家は、家族がお盆やお膳に盛られた神饌のおさがりをいただきにくる。

志賀神社・花の頭

しがじんじゃ・はなのとう

二月一〇日（現在二月一一日）　滋賀県米原市志賀谷

近江の湖北三郡と呼ばれる坂田・東浅井《あざい》・伊香《いか》には、「オコナイ」行事が今もよく伝承されている。オコナイは、寺院の修正会《しゅじょうえ》または修二会《しゅにえ》にあたる行事であるが、年頭における五穀豊穣、生活安泰の共同祈願として、村落生活の重要な行事とされてきた。オコナイという言葉は修行とか行法の意と解されている。

志賀谷《しがや》地区のオコナイは村宮座の形式をとり、一〇七戸の氏子が四組に分かれて、毎年一組ずつ交代でおこなう。氏神である志賀神社にお鏡餅と大きな「餅花（繭玉）」を献上することに重要な特色がある。昔から「花《はな》の頭《とう》」と称され、地元では「ハナントウオコナイ」といっている。花はもちろん餅花のことであり、鏡餅とともに餅花を調進することが頭屋の大切な役目であったために、「花の頭」と呼ばれたのであろう。

志賀神社は正治元（一一九九）年四月の創立と伝えられる。当時安房倉《あわくら》社・八幡社の二社があり、氏子も二社にわかれ崇敬されてきたようであるが、両社の氏子対抗の弊が生じ、明治二五年一〇月に天照大神を祀る安房倉神社と、誉田別尊《こんだわけ》を祀る八幡神社が合祀され、志賀神社となった。ここの宮座には、明治九年からの禰宜と頭屋の勤番記録が残っており、それによると、明治二〇年より二三年の間は、禰宜と頭屋が二人ずつ選ばれていたようであり、合祀前の複雑な事情を物語っている。

この行事は一年前の一月一五日の禰宜・頭屋の決定からはじまる。当日大字の総会があり、総代および氏子総代立ち合いのもとで玉籤を引いて、禰宜と頭屋が決定される。禰宜は志賀谷地区全体より三〇歳をこえた男子の中から一人選ばれるが、頭屋は地区を四分して順に該当の組より、年齢に制限なく一人選ばれる。ただし、この籤は家の事情や男手がない場合などは断わることもでき、その場合は籤の引き直しとなる。したがって、三巡四巡してやっと決まる場合も稀ではないという。また、禰宜と頭屋の籤は別であるが、いずれも一度勤めるとその役を三〇年間はできないことになっていて、三一年目から再び籤に加わることができるのである。

禰宜と頭屋が決定すると、二月一二日に「引き継ぎの儀」があり、翌年のオコナイまでの一年間禁忌生活を強いられる。頭屋は、一年間神に仕える意味から獣肉を食べないほか、火の禁忌、赤不浄・黒不浄を避けるなどの厳しい潔斎をおこなう。

昔は、オコナイの行事が一〇日以上にわたった。まず、二月一日に準備計画があり、二日に頭屋の庭に「釜クド」を作り、三日に「神の膳」の箸を作る。四日には川の中を上流から掃除して、「餅米洗い」の準備をし、「借物」といって頭屋で必要な諸道具を神社から運び、それをのせる棚を頭屋の家の入口に設け、祭礼の諸役を取り決める。翌五日に米をとぎ、藁仕事をし「マイダマ（繭玉）」に用いる花の木を準備し、六日に藁仕事の仕上げをするとともに、モチ米を蒸す甑《こしき》を立てる作業をして、翌七日早朝より餅搗きをする。八日は「ミゴク」に用いる米の水替え、幣串などを社務所より借り受け、九日に「オンベ（御幣）挟み」の作業をし、翌一〇日に「神の膳」を作って社参し、一二日の「花開き」行事まで、連日にわたって続けられたのである。

現在では、勤務の都合や生活様式の変化から、オコナイ行事も大いに短縮され、二月七日に始まり一〇日の社参まで、四日間の行事になっている。この間、禰宜に選ばれた者は、昔は一月三一日より籠堂（社務所）でお籠りをしたものであるが、現在でも六日から四晩は自宅へ帰らず忌籠りをおこなうのである。この間食事を別にし、朝夕神前にお供えをして潔斎をする。慎しみ深い生活をし忌籠るのはオコナイの必須条件である。しかし、すべての人がするには日常生活に支障をきたすので、頭人とか禰宜、あるいは宗教者が代表しておこなう。氏子の忌籠りの作法が特に厳重になると、京都府相楽郡（現・木津川市）の祝《ほう》園《その》や棚倉に見られるような、「斎籠神事」になる。

二月七日朝七時半ごろ、頭屋を出した組の男たちが、頭屋宅に集まり準備にとりかかる。まず頭人は紋付羽織袴、禰宜の世話をする禰宜係一名は紋付羽織を着し、一同を先導して神社へ向かい、禰宜にたいして「借物」の挨拶ならびに「川さらえ」終了の報告をする。取水を利用していた頃は実際に川をさらえたのであるが、現在は挨拶だけにその習俗をとどめている。組の者一同はお神酒をうけたあと、餅搗きの道具一式を神社から頭屋へ運ぶ。道具は木臼一・面板二・ザルコ一・槽桶《そうけ》五・金杓子一・米漬桶一・甑桶《こしき》一・ユリワ（小盥）七・甑台輪一・糟桶蓋二・お鏡台一などである。これらは頭屋に運び込まれるとすべて火打石で浄められる。つづいて藁仕事。神饌負いの縄や甑桶の周囲に巻く菰や、注連縄などを作る作業である。また甑の係は、モチ米を洗って水に浸すが、この米は前もって志賀谷地区より集めておく。昔は一石以上も必要としたが、現在は二斗二升で、そのほかに祝用の「からげ餅」用として一升ほど足す。

「お花」と称するマイダマ（繭玉）を作るのもこの日である。樹高五メートルを越えるもので、根元から二岐に分かれている欅の木を選び、枝を全部で七本に仕立てて、各枝先に榊と樒《しきみ》の小枝を結びつける。各枝の途中には、七カ所ずつ藁を巻きつけておく。翌日餅が搗きあがった時点で、藁の部分に餅を張りつ

左：頭屋の床の間に飾られた神饌／　右：神饌の背負い縄

けてできあがりである。

　このマイダマは頭屋に近い家に依頼して、土間から部屋にかけて天井から吊るしておく。この家を「花の木の宿」とよぶ。このように、とてつもなく大きな餅花を用いていることは、オコナイに花というものがいかに重要な要素を持っていたかを示しているものである。永観二（九八四）年の『三宝絵詞』に、山里の寺々の修二会でツクリ花を仏前に飾るということがみえているから、早くから餅とともに造花がオコナイの主要な荘厳具となっていたことが知れる。この花は祖霊の依代《よりしろ》であるとともに、豊作の前兆としての花または穂を象徴するものである。

　そのほか、七日には棚作りや八社分の「神の膳」の箸作り、甑の焚き口に用いる木の葉の用意をする。神の膳に用いる箸は、松の木で一寸角の長さ八寸と決められている。これらの作業が終わると翌日の餅搗きの役割が決められる。火焚一人・湯沸二人・簗（しょうけ、つまり笊にモチ米を入れて運ぶ役）三人・甑二人・臼取り三人・餅搗き一四人・餅切り五人・禰宜饗応二人・取持ち六人および茶汲み・飯炊き・汁係などである。このうち火焚きは組の最年長者、餅切りも年長者と決まっており、他の役は相談の上決定される。

八日は八時半頃、当該の組長・甑係・会計など役付きの者が頭屋に集まり、モチ米の水替え、盃事の膳作りなどの作業をする。膳は葉付きの生大根・梅干・昆布・スルメを用いる。これが終わると「甑立て」というものがある。モチ米を蒸す甑に菰を巻いて正面に注連縄を張り、竃にこれを据えて餅搗きの準備をする作業である。甑立てが終わると、独特の形をした鏡餅の背負い縄に、スルメを一二枚（閏年は一三枚）吊り下げ、部屋の柱の長押《なげし》の上に取りつけておく。これらの準備が整うと禰宜係は籠堂に参上し、禰宜に対して「甑を立てた」という報告をし、九日の餅搗きと「オンべ挟み」の式をお願いする。

九日は朝早くから、地区の男衆約四〇人が頭屋に集まり、餅搗きがある。まず午前四時過ぎ、組の長老が火打石を使って火焚きをおこなう。このとき、頭屋が禰宜より受領して一年間まつってきた「牛玉《ごおう》の木」二本のうちの一本をクドの中へ入れてくべる。これを「ゴーノ木」と呼んで、中国伝来の特殊な木を用いたと伝えられるが、現在は欅《けやき》の木を七寸の長さに切ったものを二本作っている。その上部を三つ割にして、「牛玉宝印」の四文字を書いた紙を挟んでいたが、のちに「志賀神社」と書かれるようになった。これは神の分神として、頭屋の床の間に大切に祀られる。

午前七時頃、モチ米が蒸し上がると、甑係が一同に挨拶し、その指揮のもとに、全員鉢巻襷がけ、藁草履の恰好で餅搗きが始まる。餅搗き係四人が一・五メートルの杵を手に、欅の大臼を囲んで、臼取四人とで餅搗歌に合わせて回り搗きをする。餅搗歌は六種あり、最後に甑係が決まった歌を唄う。搗き方も「一間飛び搗き」や、「中抜き搗き」といった独特の搗き方が伝わっている。搗きあがった餅は、臼取りが力一杯ほうりあげ、これを餅切り係は四尺の松の面板で受けて座敷へ運び、長老五、六人が鏡餅に作り上げる。

この間、禰宜係は間をおいて籠堂へ三回、禰宜にお降りの挨拶をし、頭屋へ案内する。禰宜は素袍《すおう》浄衣を着て頭屋へ着くと、正装した頭人と盃をかわし、禰宜・頭人・剣持・組の代表者の四人が臼の周囲について、本社の鏡餅の搗き始めをする。現在は一斗を二重ねとしているが、『禰宜当番記録』によれば「明治二十七年改正本社鏡京升六斗」とあり、二斗ずつの大きな鏡餅を三つ重ねて供えるのである。鏡餅が農耕の収穫祭の中心をなすものとして、オコナイ行事にいかに重要であったかが知れる。しかし昭和一七年より食糧事情のため五升の鏡餅となり、二七年より一斗に増やして今日に至っている。

鏡餅搗きの式が終わると、餅搗き係がさきの四人に代わって、餅搗歌に合わせて賑やかに搗きあげる。鏡餅は本社一斗のほか、多度社・神明社・金毘羅社など末社の分が一斗と、繭玉の分二升とである。そのほか二升ほどを小さな丸餅にして、縄で四個ずつ縛り、「カラゲ餅」と称して頭屋の親戚に祝いとして配っている。これが終了すると昼頃になり、甑係と取持ちは一同に餅搗き終了のお礼を述べ、あらかじめ頼んでおいた近くの三軒の風呂に案内して入浴をしてもらう。

本社の鏡餅一重は、直径四五センチ、高さ一一センチの曲物桶に入れ、八脚案に菰を敷いた上にのせ、「志賀大神」の神号が掛けられた床の間に飾られる。末社の鏡餅も床の間近くに置かれる。餅搗きが終わると、甑役は一同に「ミゴク（御穀）」の米とぎの手伝いをお願いする。ミゴクは神の膳に用いる御飯で、古くは四升、現在は二升三合のモチ米を洗って水に浸しておく。

九日午後から、御幣・御玉串や太鼓の御幣作りがある。オンベイ挟みは、禰宜が頭人の家で「オンベイ挟みの式」をおこなったのち、年長者によってなされる。その入用品は竹・榊一枝・麻布一反・扇（八本骨）三本・苧《お》・洗米一合・食塩と美濃紙である。一八〇センチくらいの青竹の先を二つに割り、扇子三本を月形にして挟み、紙垂《しで》をつけて布一反と苧一把を垂らし、洗米と塩を白紙三枚に包んだものを上部に取りつけてできあがる。一方、甑係は女性を家の外に出しミゴク蒸しにかかり、このとき頭屋にまつられてきた牛玉の木の残り一本をクドに焚きつける。

九日の夜九時半頃、一旦自宅へ帰っていた組の者が、再び頭屋に集合して「神の膳」の準備をする。頭屋の庭に据えられた太鼓を打ち、一番太鼓を合図に準備が始まるが、このとき女性は準備の部屋に入るのを禁じられている。頭屋の広間に机を出し、蒸し御飯や白酒一升・青豆・焼豆腐・シイラ（鱰）・牛蒡・小芋などの材料が運ばれて、みな調理にかかる。その献立は、

(一)ミゴク　モチ米二升三合を蒸したものを櫃に入れておき、丼鉢に八分目入れてヘラで押し詰め、土器《かわらけ》に裏返して土饅頭形にする。次に藁二本でその下部を結んで鉢巻をする。一般にモッソウというものである。

(二)お汁　里芋の親頭六個・蕪六個・蒸牛蒡二本を土器に盛ったもの。里芋は本来は小さいのを丸のまま用いたそうであるが、現在は小さく切って丸く削り、一膳に六個盛る。蕪も小さく切って丸く削る。蒸牛蒡は一〇センチぐらいに切って二つ割りにする。

(三)上盛り　青豆・焼豆腐二・煮昆布二・シイラ（鱰）の切身二切を土器に盛ったもの。このシイラは干鮭を代用することが多い。

(四)ヒレナマス　大根の細切れ少々とシイラあるいは鮭の尾鰭《ひれ》二つを土器に盛り、上から白酒をかける。この白酒は清酒に酒粕を混合して作る。

神の膳

(五)皿　鰯二匹を腹合わせにして土器に盛ったもの。

以上が「神の膳」と呼ばれるもので、大字の規定では本社と天神社・虚空蔵社・蛭子社・大黒社へ各一台、都合五台と定められているが、頭屋の希望で金毘羅社に一台、あるいは秋葉社など八台分も作ることもある。

神の膳ができあがると、一組だけ先に作った松の木の箸を添えて、板の膳の所定の位置に配置し、他は土器に入れたままにしておく。ここで二番太鼓が打ち鳴らされる。三番太鼓を合図に禰宜が籠堂から頭屋に降りることになっているが、実際には神の膳の調理中に、御膳箱を持った人足二人を連れて、夜一一時頃に頭屋に着いている。できた神饌を入れるため御膳箱が必要だからである。禰宜は座敷の縁よりあがり、頭人の挨拶を受けて床の間を背に坐り、酒飯でもてなされる。座敷と広間との間には屏風を立て、神饌調理が禰宜に見えないようにしてなされており、できあがった一膳分を禰宜の前へ持参し検分してもらう。「結構でございます」の声を聞くと、瓶子二本に神酒を注ぎ、他の神饌も一緒に「大宮様御膳箱」「八幡社御膳箱」と書いた箱四つに収める。ここで一同は酒宴となる。

午前零時過ぎに一同は頭屋を出発し、神の膳の「献饌の儀」をおこなう、禰宜を先頭に、御膳持ち二人に従って組の者が志賀神社へ向かい、禰宜が神の膳を本社・末社・金毘羅社の順に供えて神酒を注ぎ、祓詞を唱えてすぐ撤饌し、閉扉となる。撤饌したあとの神饌は、一台は頭屋が持ち帰り、あとは禰宜が籠堂に持って入る。

二月一〇日がオコナイの当日で、朝から組の者が頭屋に集まって太鼓を打ち鳴らす。八時過ぎにマイダマを宿から一〇人ぐらいかかって頭屋へ運んで、玄関の軒先に立てかける。これを「花立て」と呼んでいる。このマイダマは、二階の屋根にも届かんばかりの非常に大きなもので、この行事が花の頭と呼ばれるのも、この花に由来するのである。

頭屋の庭に立てられた鉾と餅花

一〇時頃になるとマイダマをおろし、一〇人ぐらいで持って神社へ運び、拝殿の前に立てかける。同時に末社の鏡餅も持参して各末社にお供えする。一同は頭屋へ帰って昼食となり、食事終了後、皆いったん自宅へ帰って裃を着て再び頭屋に集まる。禰宜係は社務所へ禰宜ならびに神官を迎えに行き、一同は午後一時頃着座して「出立の儀」がはじまる。正面左に禰宜、右に頭人、禰宜の左に神官、頭人の右に剣持ちが坐り、両脇に大字の総代、氏子総代以下社参列の順に着座。ここで氏子総代の挨拶で「盃の儀」が始まる。接待役二人が出て、

出立の儀の謡い

白酒を提子《ひさご》に入れてまず禰宜に、つづいて頭人・剣持ち・神官・大字総代・氏子総代・組代表の順に勧盃する。再び氏子総代が「神酒の流れを頂戴します」と挨拶し、全員が冷酒で勧盃する。一同が飲み干した頃、一人が「万歳楽」の謡いをうたい、「仕舞い」がおこなわれて盃の式を終わる。

つづいて『社参列記』が読み上げられ、一同は頭屋前に勢揃いする。行列は渡り太鼓を先頭に、玉串・御剣・御神書の軸・禰宜・御幣・神官・字総代・氏子総代・御神酒・本社鏡餅の順に並び、この後に続く社参人は年の若い者から順に、麻の定紋付の裃でしたがう。渡り太鼓は二人が担ぎ、頭屋の男の子がこれを打って、列の進行を指導する。「御剣」は四メートルほどの四神旗で、頭屋の標識として庭に立てられていたもので、頭屋の近親者が持つことになっている。御幣は頭人が捧持する。本社の鏡餅は、着物に赤襷をし、白鉢巻で、白足袋に草履ばきの姿の若者が、頭屋の長押の上にとりつけられていた大縄で背負ってゆく。

頭屋から本殿へ神饌を運ぶ

なおこの行列に、昭和一九年までは「官女」の名で女児が五、六人禰宜のさきに出ていたそうである。白衣に緋袴を着て、顔に白粉をつけ、墨でアヤッコ（魔除けのために額に書く字、一般に犬の字）を描き、髪はお下げを巻いて水引をつけた恰好で、手には藁を丸くして紙を巻いた輪を持って行列に加わったという。これは幣殿より本殿へ神供を供える役を担っていた。本来は神の「ヨリマシ」である稚児が、奉仕者として戦前まで伝わっていたのである。この官女は頭屋の親戚の女の子がつとめていた。

行列が神社へ着くと太鼓を打ち鳴らし、拝殿には楽人が坐って奏楽する。持参の鏡餅を本殿右の縁に、左には果物や野菜などの神饌を置き、拝殿の左奥には地区からの神饌が置かれ、その手前に神官と楽人が坐る。向かって右には禰宜・頭人・字の総代・氏子総代などが坐り、祭典が始まる。神官の修祓があり、奏楽のうちに開扉し、つづいて頭人を除いて禰宜・総代や他の社参人が並んでつぎつぎに受け継ぎをして、拝殿に準備された神饌を献上する。これは神酒と洗米、生きた鯉・鴨・紅白の鏡餅・山芋・スルメや野菜・果物類である。献饌がすむと神官の祝詞奏上、玉串奏奠があり、つづいて禰宜の幣振りがある。御幣を本社に向かって七回振り、東方に向かって五回、金毘羅社の方に向かって五回振る。つぎに向き直って本殿前の赤門のところで、拝殿に坐る頭人に向かって「頭人これへ」と呼ぶ。頭人と剣持ちが禰宜の前に進み出て着座一礼する。禰宜は頭人の頭上で御幣を左右左と三回振り、「大願成就おめでとう」と祝言を述べる。神官がその御幣を受け取って本殿内に納めたあと、奏楽のもとに撤饌がおこなわれ、一同拝礼して厳粛ななかに式を終わる。

一二日は「花開き」と称し、一月一五日に玉籤で決定した禰宜・頭人との引き継ぎの行事がある。新禰宜は牛玉の木二本を三方にのせて持ち、旧禰宜はマイダマの一枝を持ち、若者が大鏡餅を背負って、翌年の新頭屋の家へ渡る。ここで新旧禰宜の引き継ぎの盃事があり、新頭人は牛玉の木を一年間まつるのである。そのあと新禰宜が鏡餅に線引きをして、その線に合わせて餅を切り、氏子一同に分配して、ここにオコナイの行事は終わる。氏子はこの鏡餅を共に食して体内にとり入れることによって、共同体意識を強化してきたのである。

老杉神社・オコナイ

おいすぎじんじゃ・おこない

二月一五日　滋賀県草津市下笠町

草津市下笠《しもがさ》町の老杉神社は素戔嗚《すさのお》命と稲田《いなだ》姫命を祀る。三間社流造、檜皮葺《ひわだ》の本殿は室町時代の享祿三（一五三〇）年に下笠城主が建造したもので、重要文化財に指定されている。この神社に毎年二月一五日（もとは一月一五日）に「オコナイ」といわれる大規模な行事が伝わっており、豊作を願って神前で共同饗宴するが、その神饌は、種類も豊富で特色のあるものが多い。

下笠は、いわゆる浜街道に沿い、夷子川を中心にひろがる五〇〇戸ほどの農村で、行政上は馬場・下出・井ノ元・市場・松原・北出・寺内・南出・小屋場・浜の一〇小字に分かれている。そのうち松原と浜とは昭和三八年頃に小字として独立した集落である。この下笠に「村《むら》」といわれる宮座が八座存在する。すなわち、殿村・細男《ほそおとこ》村・王之村・獅子村・鉾之村・天王村・十禅師村・今村であり、各村は行政区画による地理的な区分とはなんら関係なく、下笠町の人々はほとんどが家代々いずれかの村に属している。したがって各村の戸数は均等でなく、十禅師のように多いところは一〇〇余戸、少ない村は三五、六戸となっている。これらの村の成立は不詳であるが、勤役分担に基づいて、「氏」の座が再編成されて今日に伝わっている組織であるといえよう。

八カ村には、男子の年長順に各六人の「老長《おとな》」があり、一老に相当する最年長者を「本老長《ほんおとな》」、次の年

老杉神社オコナイ図絵馬

長者を「脇老長」、残り四人を「ノゾキ老長」という。ノゾキ老長のうちの若い三人は予備の意味で立てられているという。本老長・脇老長とノゾキ老長の最古参の一人が祭礼の重要な役を担うことになり、それらの人は平生も葬式・出産に参会を禁ぜられ、獣肉を食ってはならないなど、厳重な禁忌生活が強いられる。各村とも大体八五、六歳にならないと勤められない役である。祭礼は八カ村のうち毎年一村ずつが順番に神供の作り物をし、老長が中心になってとりおこなわれる。

オコナイにさきだち、二月一〇日に神職が当屋（頭屋）に赴き、その門口を浄めて各出口に七五三の注連縄をかけ、半紙四切の常幣をさげる。また、白紙に塩を盛って家中に撒いて浄める。

一二日から当屋でオコナイの準備が始まる。当屋は「神事元」ともいい、当番村の一番長老が勤める決まりで、九年目に当番が廻ってきて、さきの神事元が生存している場合は次の年長者、すなわち脇老長が神事元となる。

この日は神職と老長が早朝より当屋に集まって朝食をとり、諸道具を点検し、器物を洗い浄め、藁で「蛇縄《じゃなわ》」を綯《な》う作業をする。蛇縄は「八岐大蛇《やまたのおろち》」ともいい、昔から長さ一二尋とされ、二〇メートルにもおよぶ大きなもので、頭部はシュロ（棕櫚）の皮などを使ってかなり写実的に作られる。これを祭礼当日まで当屋の玄関脇に、周囲一尺八寸の蜷局《とぐろ》を巻いた状態にして据えておく。また、神饌に用いる荒布《あらめ》を一時間ほど水に漬けて菰《こも》に包んで準備しておく。

一三日に、神職は神殿東方に納めてあった御幣を出し、その幣串を持って神事元に行き、大きな御幣を切って床の間に立てておく。また「甑《こしき》取り」といって餅搗きにあたる者二人が、この日夕方、下笠の中央を流れる夷子川の流れに入って、行《ぎょう》をすることになっていたが、近年はおこなわれていない。老長たちは男女に擬した人形一八体と、幟《のぼり》四六本を作る。

人形の体は、柳の枝の二股になった部分を二〇センチほどに切り、削って墨で目鼻をつける。赤と青の色紙を二枚重ね、赤人形は赤の色紙を上に出して青を裙《もすそ》とし、青人形は反対に青の色紙を上にして赤を裙とし、所定の形に切って、柳の枝の二股の一方に巻きつけて着物とする。この着物は古い貫頭衣の様式を今日に伝えるものである。帯は一枚の色紙を一〇に切り、赤人形には赤を上にして青の裙を巻き、青人形には赤を上にして青の裙をつけた帯をつける。これらの人形は九対ずつ都合一八体作り、柳の枝の人形の足に相当する部分を細く削る。生牛蒡を細く切って三〇本ほどを一束とし、白紙で巻いた藁縄でくくったものを作り、それに差しておく。

四色の幟は都合四六本作る。白と青の幟が一四本ずつ、赤と黄の幟が九本ずつで、三五センチの竹ヒゴに四色の色紙を貼り、色紙には「エトエトの声に明けゆく今日の朝」「十禅師村皆が揃って恵年《えと》〳〵老杉の森」など、当番村の人が俳諧をもじった詞を作って書きつける。この幟ができあがると赤幟は初の膳の大根に、黄幟は初の膳の荒布に、白幟は二の膳の大根に、青幟は二の膳の荒布に差す決まりである。この大根は縦横一センチ、長さ一四センチに切り揃えた、生大根三〇本前後を縄で縛ったもので、荒布も一摑みを縛ったものである。

一四日は御供作りの日で、趣向を凝らした膳を一四組調える。当番の宮座の座員は全員早朝三時半から四時頃までに神事元に集まり、御供搗きから始まる。老長三人は羽織袴姿で、他は普通服で参加する。こ

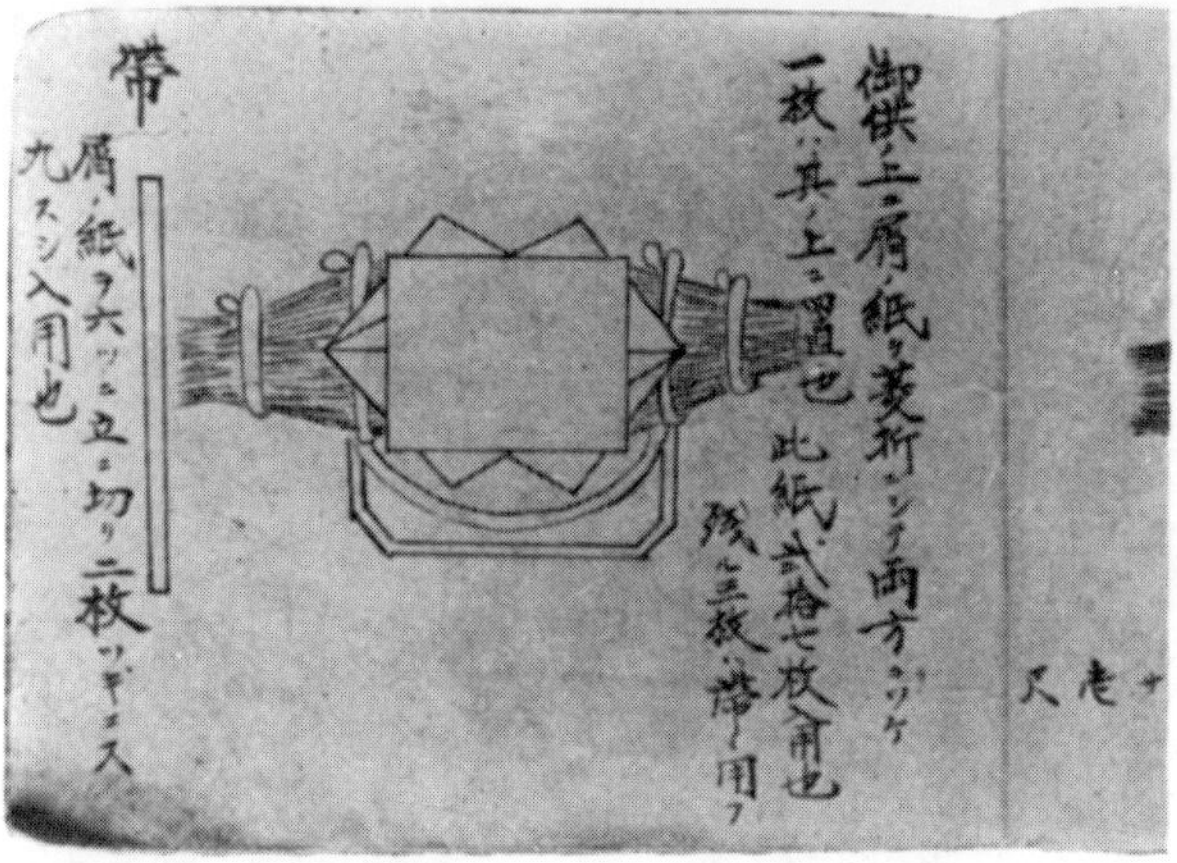

新菰で巻いた餅の御供の図

の御供を作るのが一二日から身を浄めた甑取り二人の役目で、その昔は一石二斗のモチ米を夷子川の水でといで漬桶に入れておき、一三日に竈を築いて釜には夷子川の水を入れ、モチ米を入れた甑桶を据えて注連縄を張っておき、夜に入ってから焚き始め、一四日朝に御供を作っていたのである。しかし、夷子川の汚濁にしたがって水も使えなくなり、モチ米の量も現在は五斗余りに減っている。これが蒸しあがった頃に神職宅へ使いをやり、神職に蒸し加減の点検をしてもらうことになっている。このとき両老長も共に加減を見る。

蒸しあがった米は三斗ほどは餅に、二斗ほどは赤飯にする。いずれも「御供《ごく》」と呼ばれる。餅は楕円形の鏡餅を一八個作り、二つずつ重ね、三〇センチの柳の枝のツナギ串を刺してしっかりつないだ上を、三尺四面の新菰で巻き、その上から紙を巻いた藁縄で五カ所縛る。菰の上には白紙を菱折りにして二枚のせ、四角の一枚をその上に置いて紙帯を巻いてとめる。これが年頭の行事に欠かせない鏡餅であり、大きなヘギに直径二五センチの藁の輪を白紙で巻いた台を敷き、その上に新菰で巻いた鏡餅をのせる。この御供は九個作られる。また、四四センチ四方の縁のないお膳に、小豆入りの赤飯を二

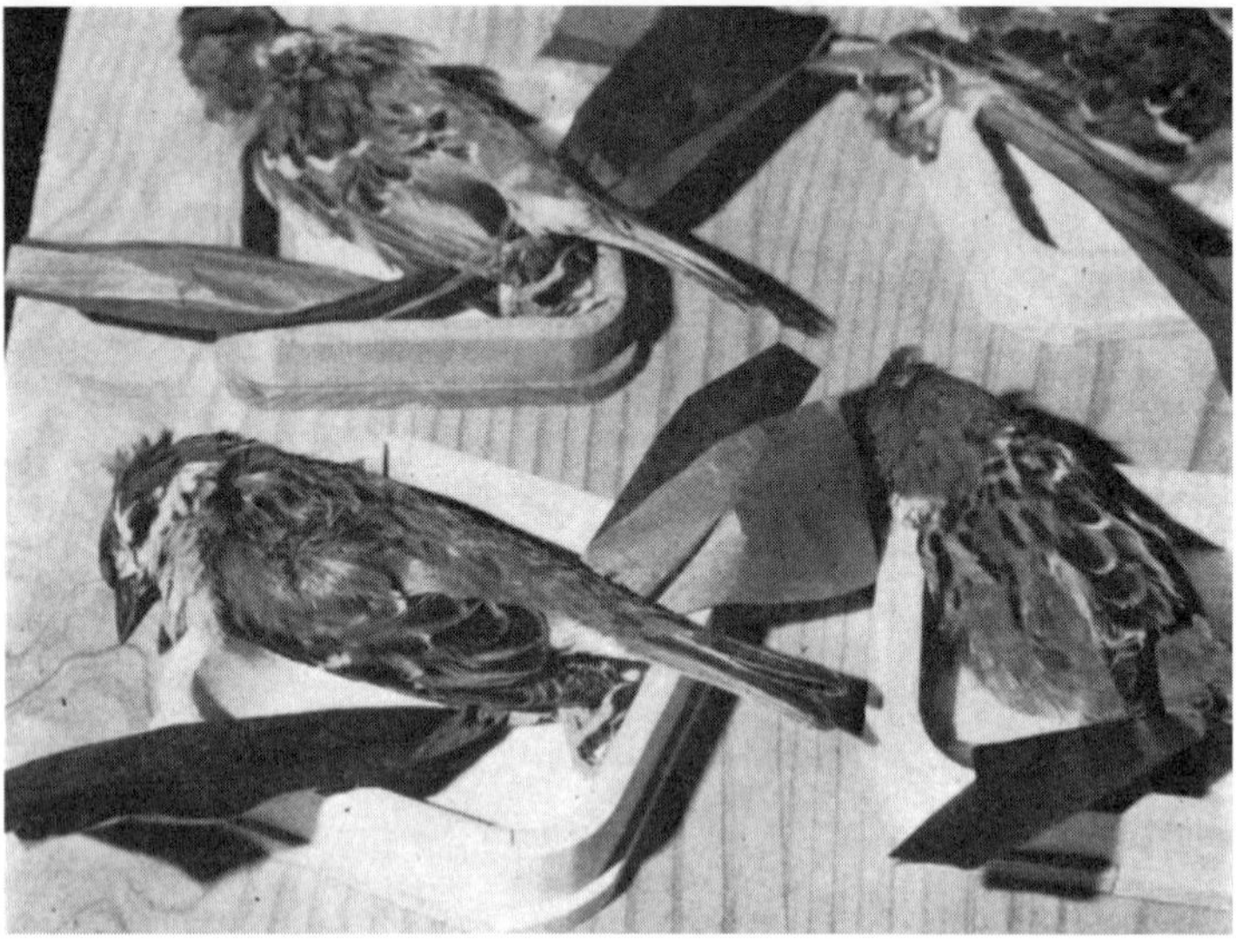

上：めずし／　下：神饌の雀

頭屋から神社まで神饌を御棚にのせて運んでゆく

升ずつ円形に高く盛り上げたものも「御供」と呼ばれ、これは五組作る。この赤飯の御供は餅の御供とは別の膳に据え、他の末社に供えられるものである。この御供ができあがるとつぎのものを作り始める。

○銀葉　　　九個

古くは九升、現在は五升の白米を粉に碾《ひ》いて蒸し、丸めて団子にしておく。座敷に莫蓙を敷いて二メートルもある槽を出し、その中に二一センチ四方で高さ三〇センチの四角い枡形の臼を置き、さきの団子と馬尾藻《ほんだわら》とを一緒に入れ、特殊な形の杵で搗く。搗きあがると薄く平らに延ばし、縦二寸八分と横八分という古くからの決まった寸法に切り揃える。つぎに隅を落とし八方に穴のあいたヘギを用意し、中央に小さい紙を敷き、第一段は三本を三角形に置き、第二段は逆の三角形にし、これを繰り返して六角形のように高く積み上げる。高さは神職持参の特殊な定規を用いて四寸二分（一二・六センチ）とし、積んだ中に大根のアラレ切りを入れる。そして紙縒《こより》でヘギにあけた穴を通して縛り、紙縒の端は上部へ立てておく。白米の粉をこねてこの形にしたものを銀葉といい、九台作る。

○束大根　二三個

生大根の皮をむき一センチ四方ぐらいで長さ四寸五分（一四センチ）に切り、周囲一尺一寸（三三センチ）の束にして（昔は一尺二寸）中央部を白紙を巻いた縄でくくる。

○束牛蒡　一八個

荒皮をむいた牛蒡を大根と同様の束にしたものであるが、初の膳に用いる九個は固いタタキ牛蒡にしておく、大きさも束大根と同様である。

○荒布　二三束

水に三〇分ぐらい漬けた荒布を、束大根と同じ大きさにして縄でくくったもの。

○はす切り大根　九個

生大根を二センチぐらいの厚さで斜めに切り、二切を重ねて、八切の色紙を用いて赤紙を上に青紙を下にした状態で軽く結ぶ。

○はす切り牛蒡　九個

太い牛蒡を斜めに切り、二切を重ねて大根と同様の帯をつける。

○めずし　一八個

古くは琵琶湖産の鮒ずしを用いたが、現在は酒粕を五〇〇匁（二キロ弱）用意し、直径一〇センチ前後に丸めておき、上部には生きた琵琶湖のボテジャコの頭部を突き刺して窒息させたもの。

○雀　九羽

古くは雁を用いたが、のちにこれを鴨に代え、現在は雀を用いる。当日に捕え、両足を赤と青の色紙でくくる。

○鯛　一八組

四〇センチもある鮮鯛を二枚重ね、色紙の赤を上に黄を下にして中央部をくくる。

○魣《かます》　一八組

魣の腹を開いて三匹ずつ重ね、色紙で黄を上に赤紙を下にして中央部をくくる。

○馬尾藻《ほんだわら》　九個

馬尾藻あるいは青海苔を、周囲三三センチの束にして白紙で包み込む。

魣	黄幟 荒布	鯛
青人形 牛蒡タタキ	めずし	波須切 牛蒡
箸カクシ 赤飯	赤幟 束大根	馬尾藻（青海苔）

初の膳（九膳分）

白幟 大根		青幟 荒布
	御供	

（五膳分）

鯵	銀葉	鯛
めずし	波須切 大根	雀
青幟 荒布	赤人形 束牛蒡	白幟 束大根

二の膳（九膳分）

上：神饌の献供／下：神饌配膳図

○箸かくし　九個
小豆入りの赤飯二合分ずつを丸めたもの。
○柳箸　九膳
柳の枝を一尺三寸（三六センチ）に切り、削って一膳ずつ中央部を白紙で巻く。

以上の品々がお膳の献立として一四日の昼までにほぼ調えられる。

そのほか翌日の社参行列に用いるものが神事元に用意される。二個の苧桶は直径二一センチ、深さ一五・五センチの曲物で、中に白米二合・苧三結・女竹の長さ一〇センチほどの管三本・土器三個を入れる。酒を入れる手桶は「粕酒肴《かすざけさかな》」と呼ばれ、口の部分に折敷《おしき》を蓋代わりにして、中へ生大根をアラレ切りにしたものと煮た大豆を少しずつ入れておく。

これらの神饌物が調えられると、この日はそれぞれヘギ板や折敷にのせて、座敷の隅に組み立てられた棚に同じ種類のものをまとめてのせておく。臼杵など必要でなくなったものは洗ってかたづける。神職もできあがったのを見届けて帰宅する。前一三日の夜を「小鼠追う」、一四日の夜は「嵐追う」といって、夜になると昔は当番の村の者が神事元に籠る習わしであったが、近年は六人の老長が夜遅くまで神饌のお守りをしている。神社では、この日夕方から本殿と祈禱所に常夜灯をともして、一五日の朝を迎える。

一五日は「オコナイ」当日で、神社では未明に本殿へ神酒・御食・小豆粥・餅・お菓子・昆布・海苔・果物・水・塩を、末社には御食と神酒を供えて、社参行列が出発する頃を見計らって、社前の広場で本殿の浄火を用いて大きな「トンド（焼き）」をする。

当番の村では、早朝五時半に行列を整えて神事元を出発し、六時頃に老杉神社へ到着する。社参列の順は、

蛇縄とその前に供えられた神饌

鋤持ち　鋤の中央部に白紙を巻き、本老長あるいはその代理が肩にかける。
御幣　一三日に神職が切ったもので、脇老長が持つ。
御苧桶　小学校二年以下の幼女二人が盛装して手に持つ。女児は本老長と脇老長の家、あるいはその親戚から出すことになっている。
粕酒肴一荷　手桶に折敷をのせた状態で、天秤棒で前後に担う。
御供一式　槽に入れて前後を棒で担ぐ。
御膳　戸板状のもの数枚に種々のものをのせ、前後を棒で担ぐ。
四色の幟
赤青の人形　いずれも板にのせ棒で前後を担ぐ。
蛇縄　巻いた状態で縄でくくり竹棒を通して担ぐ。

付添
諸道具類
の順である。
神社に着くと、中門前に全部をおろして膳組みをする。四四センチ四方の縁なし膳に、「初の膳」と「二の膳」とを九組ずつ所定の形に組みあげ、別に供える五社分の膳とを調える。膳組みは、「初の膳」に箸かくしの赤飯・赤幟を立てた束大根・馬尾藻《ほんだわら》・青人形を立てたタタキ牛蒡・めずし・斜切り牛蒡・魣《かます》・黄幟を立てた荒布・鯛の九品を並べる。「二の膳」には青幟を立てた荒布・赤人形を立てた束牛蒡・白幟を立てた束大根・めずし・斜切り大根・雀・魣・銀葉・鯛を並べる。また、別にしつらえた五膳には赤飯の御供・白幟を立てた大根と青幟を立てた荒布の三品を置く。

その間に持参の御苧桶と鋤・粕酒肴などを本殿浜床に供え、御幣は本殿東に納める。蛇縄は拝殿中央に据えておく。膳組みができあがると菰に包んだ御供より神職と老長などが伝供して供えはじめる。御供と初の膳と二の膳は本殿中、つぎに本殿東、つぎに本殿西に三組、東末社に二組、西末社に三組、祈禱所に一組の都合九膳分である。別にしつらえた簡略な膳は、末社である大将軍神社・八幡神社・稲荷

蛇縄を鳥居に巻く
次頁：鳥居にかけられた蛇縄

神社・夷子神社と、拝殿に据えた蛇縄の前に供える。神饌を供えると当番村の人々は帰り、朝食となる。
午前一〇時、八カ村の本老長と脇老長一六人が、紋付羽織袴の正装で老杉神社に集まる。まず当番村の者が蛇縄を取り出して石の鳥居下に持参し、その部分を本殿に向かって右にして鳥居の両柱に巻きつけ、竹棒を使って上に押しあげて、胴の部分は縄で中天に吊っておく。この行事がかつては小正月におこなわれたことから考えても、年頭におこなわれる勧請縄に相当するものといえよう。この蛇縄は五月例祭（三日）の翌日にとりはずすことになっている。
このあと老長一六人は、拝殿の所定の席に着き祭典となる。神職が神殿に進み祓詞、つづいて祝詞を奏し、末社と祈禱所にも拝詞をあげ、終わると一同が撤饌して拝殿で直会となる。各村二人の老長に対して神饌のおさがりである御供と初の膳、二の膳が配られるが、どこに供えたお膳がどの村に配られるかも決まっている。すなわち、殿村は本殿中の御膳、細男村は本殿左の御膳、王之村は本殿右の御膳、獅子村は東末社北の御膳、鉾之村は東末社南の御膳、天王村は西末社北の御膳、十禅師村は西末社中の御膳、今村は西末社南の御膳である。なお、九膳作った最後の一膳である祈禱所へ供えた分は神職の分となる。このおさがり順位は座の順位であり、着席の順位でもある。

一同は土器で神酒を飲んだあと、撤下の膳をいただいて帰り、青人形と赤人形は自分の家の門口に挿しておく。これは魔除けの呪いになるとされ、各村を悪霊から守ってくださる神だという。各老長はおさがりのうち御供と銀葉を自分の村に所属する全戸に配り、他は老長の取り分とする。もちろん神前に供えた物を共に食べることによって、神の霊力にあずかることができると考えたのである。

オコナイは以上をもって終了するが、神事元としては五月三日の例祭を無事つとめあげる義務が残る。その準備は早く三月二五日からはじまる。この日を「御壇築《おはけつ》き」といい、神事元の庭先に神霊が一時的に降臨される「おはけ」の土台を作る作業がある。前面七尺、奥行四尺、高さ三尺の砂盛りをして、中央に割竹を並べて棚を作り、神籠を二本立てる。

四月一日を「榊迎え」と称し、おはけの周囲に竹矢来を作って七巻半の注連縄を張り、神社より榊を受けてこれを飾る。その周囲は琵琶湖の葦で御地盤（おはけの神域）全体の囲いをする。つづいて稚児を選ぶ籤がある。籤は村によるが、座内の小学校へ上がるまでの男子全部の内から選ばれる。神職の御幣に各名前を書いたおひねりの付いたものにあたったものを稚児とする。卜事《うらごと》によって決められるわけで、これを「お馬の神」と称する。各地にみられる神の代理者である。

四月二五日は、お砂持ち、二八日に種々の供物をし、三〇日に「御出仕始め」と称して稚児の社参がある。その行列はオコナイに似て、鋤・御幣・御苧桶・稚児・御座持ち・粕酒の順序である。

五月一日は、第二日目の稚児の行列があり、御旅所である夷子社への神事となる。翌二日は宵宮で、早

ヒトガタ御供

朝より社殿境内に種々の鋪設があり、この日も稚児が行列を整えて社参する。五月三日が例祭日で、種々の神饌を供えて祭典がとりおこなわれる。そして、夷子社へ神輿・お馬の神などの神幸があって、そこでも祭典があって還幸となる。

翌四日が後宴で、神事元の家で「注連あげ」をする。これで神事元の行事がいっさい終わり、その席で盃事をして翌年の神事元へ引き継ぎをすることになる。

下笠のオコナイは、神饌に特徴がある。元来、豊作を願って、参籠潔斎と神饌献供とに重きをなしてきたものと考えられる。なかでも珍しいのは赤と青の「ヒトガタ御供」である。柳の枝でも股木を用いる点に滋賀県下の「山の神の祭り」と類似点を見いだせる。

山の神の祭りには木の棒や木製男根を祀ることも多いが、栗太郡栗東町上砥山《かみと》（現・栗東市）の旧暦一月七日の祭りや、甲賀郡土山町青土《おうづち》（現・甲賀市）の一月七日早朝の祭り、蒲生郡蒲生町木村（現・東近江市）の一月六日朝の祭りなど、いずれも毎年あらかじめ松などの股木に、男の顔を書き男性器をつけた男神（オン）と、同じく女の顔を描いて女性器をつけた女神（メン）とを作る。これを「オタイ」と呼ぶ。祭りはその前に注連をはって供え物をし、今年の行事のものと来年の行事のものとが股木の陰陽を交接し、成物の豊作を予祝するものである。この場合の男木女木は山の神の祭地における対象であり、神の依代である。

下笠のヒトガタ御供も、元来は豊作を祈るときに神の依代として立てたものであったろう。着物としている赤・青の色紙は、紙垂《しで》であったことは疑いない。したがって祭礼後、各老長がこれを家の門口に挿すのも、災害の根源とされる悪霊を村から追い出す呪術に用いられたのである。

オコナイには、餅とともに花を供える例が多い。下笠の場合は花と称するものはないが、東牛蒡や東大根に挿した四色の幟がこれに相当するだろう。三重県熊野市二木島《にきしま》の正月になされる弓神事の神饌に、柊《ひいらぎ》の枝を大根に挿して餅花と称する例もあり、幟は元来オコナイの花であったのだろう。

明喜神社・大講内

みょうきじんじゃ・おこうない

二月一三日　滋賀県湖南市三雲

旧甲西《こうせい》町妙感寺の明喜神社には左座・右座・中座の三つの宮座があり、それぞれ当屋（頭屋）を定めて二月一三日（もとは一月一三日）に神事をおこなっている。これに「大講内《おこうない》」の字をあてているが、行事構成からみて、他に広く分布している「オコナイ」と同じ性格の行事といえる。

妙感寺は新興の住宅を含めると二〇〇戸に及ぶが、旧村は七五戸ほどで、その多くは農業を営む村落である。左座は井上・野村姓よりなる二四軒で構成され、中座は奥村・井上姓の九軒、右座も井上・奥村姓の一四軒で構成されている。いずれも加入資格者を長男、座員の養子、次男以下の分家、座員が相続人と定めた実弟の場合と決められており、株座の形式をとどめて、座外の家に生まれた者の加入は認められていない。また再加入の場合の義務など、左座の場合は享保二（一七一七）年の『神事掟書』を今日に伝えている。この三座には七名の「オトナ（老人）」がいる。左・右座は三名ずつ、中座は一名のみで、出生の順に長老がその役を勤める。養子の場合は加入前に三座の元老を招待する義務があり、入籍の年に新しく座へ加入したことになるため、相当の年配でもオトナにはなれない。

大講内の準備は当屋をヤドとして進められる。当屋は現在廻り順になっているが、昔は長男が誕生した座員がつとめる決まりであった。当屋をつとめるのは一生一度のめでたいことで、嫁の里方から大きなブ

神事掟書

リなどの祝い物が運ばれ、当屋の庭先にはそうした祝い物を入れた「ホッカイ（行器）」が多く並んだという。だから、「妙感寺へは嫁にもろうてもらえない」と言われるほどの祝儀であったが、その風習も戦後はなくなった。

さて、当屋は前年の神事のときに決定するが、一一月二八日を「口開け」と称して、所属する座のオトナを接待振る舞いをすることからその勤めがはじまる。神事が近づくと、昔は二月八日に松の木を一本伐り、以降準備が連日つづいたが、近年はしだいに日程が縮められている。ただし松の木だけは「伐りたては松葉がはしかい（折れやすい、もろい）」からといって早い目に伐っておき、少ししなった時に細工して餅を取りつけている。右座は五段、左座は七段に四方に枝の張った形のよい松の木を選んで伐るが、それは長さ六メートルにも及ぶ大きなものである。そのような枝ぶりのよい松はめったにないこともあり、この松だけはどこの山から伐ってもよいことになっている。村人は自分の山から伐ってもらうと男の子ができるといって、むしろ喜ぶ風がある。

二月一二日（もとは一一日）は、当屋で午前一一時頃から餅搗きが始まる。前もって一斗のモチ米と、別に粳とモチ米半々に一升分を浸しておき、その一升分は「餉《きょう》の米」である。一九歳より

四五、六歳までの者が各座の当屋に集まり、千本杵で搗きあげる。笹餅といって青竹につける分と、お膳に据える中餅・魚餅・花開き餅（花平餅ともいう）とで、お膳に据えるのはいずれも丸い鏡餅で、大小の違いがある。その他、座員のための祝い餅も搗く。

笹餅は左右二座にあり中座にはないもので、青竹一本に小餅を一二カ所巻きつけて神前に飾り、祭りの最後に列をなして村中へ渡る時、当屋が羽織袴姿でこの竹を持って翌年の当屋宅へ運び込む。これを一月から一二月の餅だとしているが、近在の「オコナイ」に作られる「マイダマ」に相当するものである。

午後二時から二時間ほどかかって神饌の「お膳作り」がおこなわれる。この膳は「生御膳《なま》」と呼ばれ、次にオトナになる人、つまり「オトナワキ」にある人が一番風呂に入って、山野の物を生物と煮物でもって一人で調製する。オトナワキに不浄がかかっている場合などは、会計をあずかる世話方が作る決まりである。他に六人ほどがその手伝いをする。

続いてオトナは「ゴワサミ」を用意する。「牛玉挟《ごおうはさ》み」のことで、漆の木を四〇センチほどに切り、上部は皮を削って二つ割りにし、伝来の版木で刷った牛玉宝印を挟む。ゴワサミは座員の数だけ作り、これを作っている時に納札箱の古いお札を焼却してしまう。各家では祭りが終わるとこの牛玉をいただき、苗代の水口に立てる習わしで、漆の木は稲のイモチ病

渡御の先頭に立つ笹餅

右：竜の頭に見たてた餅
次頁：渡御の中心となる竜（勧請松）

に効くといわれている。

これら生御膳やゴワサミなどができあがると当屋の床に飾り、座の人は灯明を絶やさずにお日待ちをする。これを「餅番」と称し、昔は徹夜で宝引などをしたという。

一三日は神事大講内の当日で、左右の座では早朝より松の木に鏡餅をとりつける。七本あるいは五本の枝の出た松の木を、枝は縄を巻きつけてすぼめ、先端に榊の枝を束ねて縛りつけ、株の方に五升餅（昔は八升餅を用いた）の両面を栗の木で十文字に押さえつけるようにして取りつける。この松を竜の形だといい、取りつけた鏡餅を竜の頭だといっている。また「勧請松」とも呼ばれている。勧請松とは、いうまでもなく祭りにさいして、この松に神霊を勧請することからきた名称である。

午前八時に三座の当屋から神社へお渡りがある。その行列は当屋が紋付羽織で笹餅を持って先頭に立ち、つぎにその妻が銚子を持ち、つづいて座員一同が生御膳や勧請松、牛玉宝印を手にして宮へ向かう。三座のオトナ七人はこれより少し早く社参して拝殿を整えておき、社参列が着いて神饌を本殿に飾ってから、祭礼が終わるまで拝殿に詰めて鏡餅の番をつとめるのである。

神饌物は本殿の前に白幣を中心に牛玉宝印を立て並べ、覆屋の中央奥に中座の生御膳を、その手前いずれも八脚案上に右座は向かって右、左

117　明喜神社・大講内

座は左に生御膳を並べて置く。その両端には銚子を置く。勧請松は鏡餅をつけた株の方を本殿へ向けて縄で吊り上げ、末の榊葉のついた方は少し間を広げて八脚案にのせておく、つまり本殿へ向けて斜めの状態で供えるが、これも右座は向かって右、左座は左に据える。その外側に左座右座の笹餅を立てかける。

　拝殿では三座のオトナが着席し、一〇時頃まで数回般若心経を唱える。オコナイに大般若経を転読する例もあるが、人々はそれを般若心経に替えて、悪霊を追い払って村内の安全を願ってきたのである。この間社務所で盃の式があり昼食をとる。社務所は籠堂ともいわれるように、本来は三座の代表者が忌み籠って潔斎をしてきたのであろうが、内部は座毎に部屋が仕切られている。各座年齢順に着席し、お茶漬け御飯と汁が出され盃事となる。昔は初献から三献まであったが現在は初献のみで、このときは石の盃が下から廻って一番上のオトナで盃事を終わり、千秋楽の謡いが披露される。つづいて酒を飲みながら昼食となるが、昔はその料理も当屋が大根おろし・焼豆腐・スルメの生酢や鰤荒汁など決められた料理を作っていたのである。お膳を引き上げた時点で当番渡しがある。

　これが終わると、社務所の大太鼓の音を合図に、勧請松を担いで村中を廻る行事となる。まず左座の座員が松を担いで境内で数回練《ね》ったあと、左座の当屋が羽織袴を着用し、笹の餅のついた青竹を持って先頭に立ち、出発となる。太鼓叩き一人が先導し、ハッピ姿草履ばきの座員一二、三人が勧請松を倒し、榊の部分を前にしていっせいに担ぎ、走りながら神社と村はずれの間を往復する。途中翌年の当屋に立ち寄り神酒をいただき休憩し、笹餅は新当屋へ渡して再び神社へ帰ってくるが、この間舁《か》き手は「エトエト（栄頭）」と唱え、太鼓叩きは盛んに太鼓を打ち鳴らし、祝い唄を歌って囃したてる。社務所ではオトナワキが包丁を腰に隠し持って立ち、勧請松の鏡餅を切ろうと待ちかまえる。ここで舁き手は松の餅のついた方を社務所の近くまで運ぶと、松を社務所へ納めて餅を切ろうとするオトナと、それを阻止しようとする舁

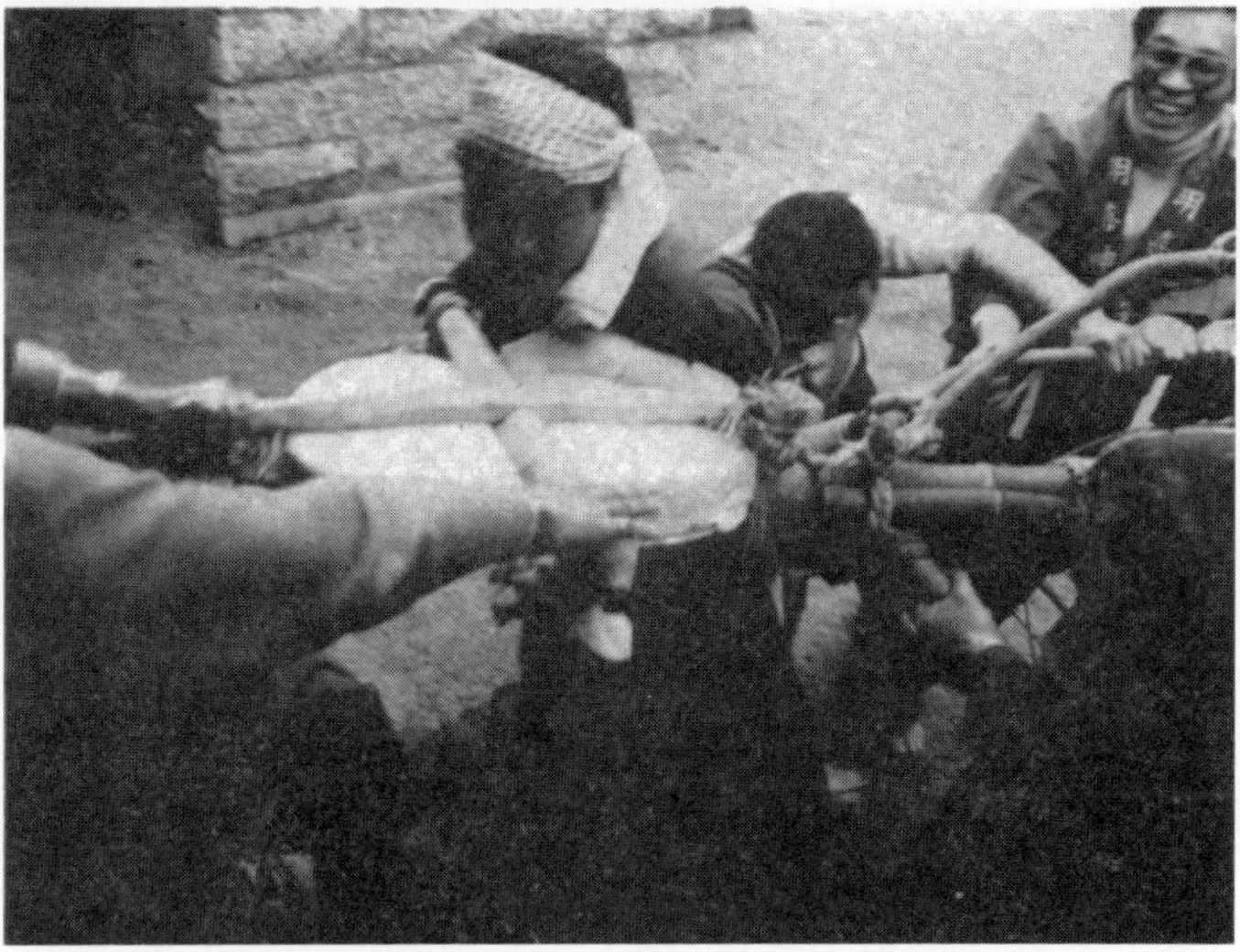
神域に入る竜

き手が互いに引っぱり合いながら、再び境内を「エトエト」と唱えながらねり廻る。それを繰り返すこと数度、最後は勧請松の鏡餅を社務所に入れて「鏡開き」となる。この間社務所の大太鼓は連打され、祭り気分は最高頂に達する。

勧請松から取りはずした鏡餅は、社務所奥に用意した俎にのせ、舁き手も社務所へ入って席に着いて神酒をいただく。そのときの膳には葉付きの生大根二本・洗米・麦と盃とが並ぶ。神酒が全員に廻ると、オトナワキは鏡餅に拍手《かしわで》を打って拝礼したのち、半紙を口にくわえて鏡餅を座員の数に合わせて切る。これが鏡開きである。以上が左座の行事で、続いて右座の勧請松が右座の座員によって先と同じように神社を出て、村中を廻って帰ってくる。ここでも左座同様に鏡開きがあるが、中座は勧請松を供えていないため、このような行事はない。鏡開きが終わると座員に鏡餅と牛玉宝印とが分配され、豊作を予祝する大講内が終わる。

一二日の午後から調理される「生《なま》御膳」と呼ばれる神饌は、左座と右座は同様であるが中座のみは異なる。

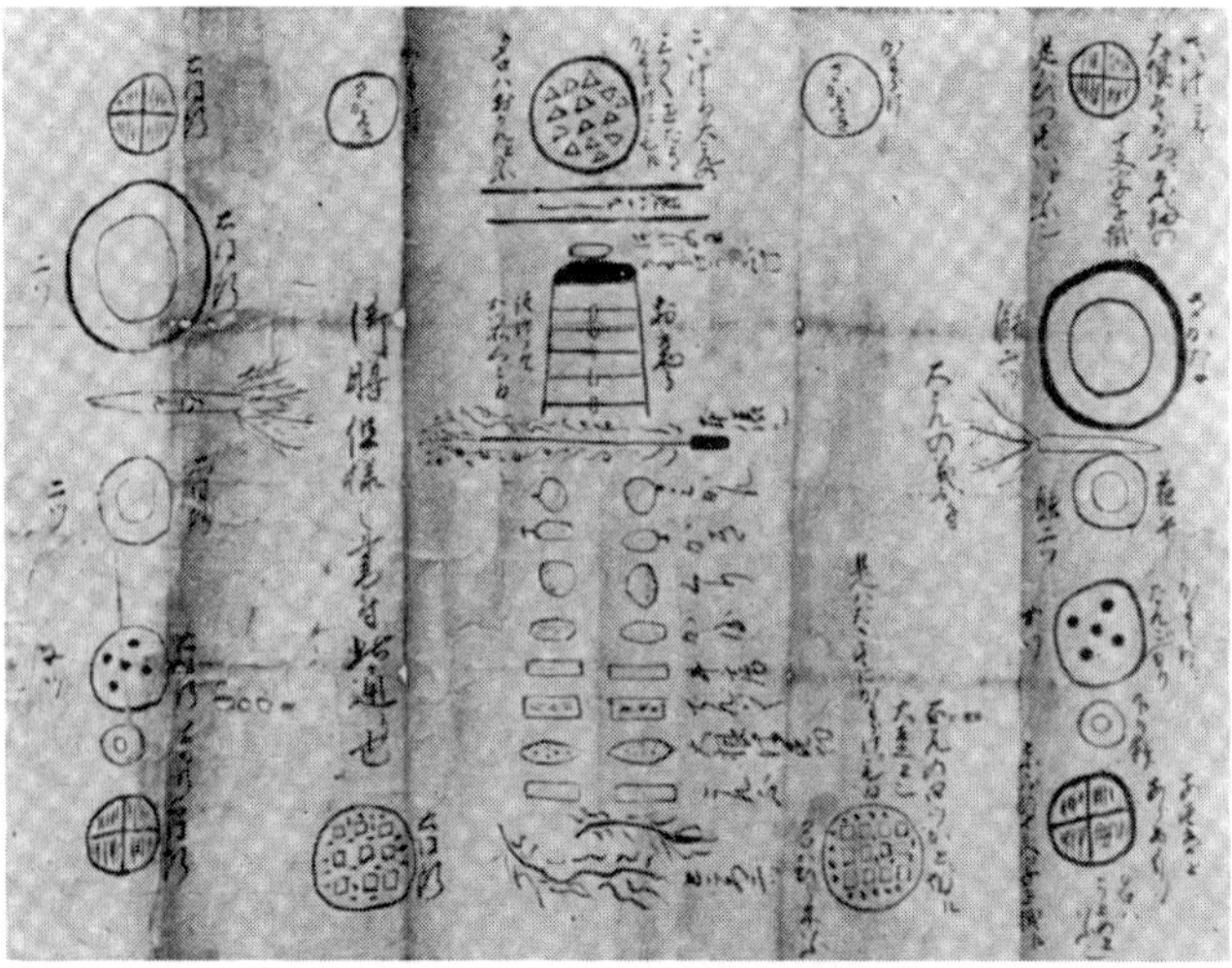

神饌配膳図

まず左右両座のヤド、つまり当屋の準備するものは次の通りである。

土器《かわらけ》一〇枚・葉付き大根二本・萱数本・馬尾藻《ほんだわら》一枚・蜜柑二個・干柿二個・栗の実二個・榧の実二個・ところ（蔓根）一個・昆布少々・大豆少々である。お膳は青竹を割って、五五センチと六〇センチの大きさに網代に編んだもので、この膳に次のものをのせる。

○お鏡餅　六重ね

大中小の三種あり、一番大きいのを「さかな」といい、中を「花平《はなびら》餅」、小を「下り餅」という。

○ひら木《き》　二盛

生大根を小さく四角切りにしたものと、煮た大豆を土器に盛り合わせたもの。

○うとめ　二盛

煮た小豆と昆布（荒布）を土器に盛り合わせ、上に薄く細長く切った豆腐を十文字にかける。

○団子衣《ころも》　二盛

米の粉団子の表面に斑点状に蒸した小豆をつけて、土器に五個ずつのせる。

○ひすい　　二盛
大根を小さく四角に切って蒸したものを　土器に盛り、上から豆腐を薄く細長く切り十文字にかける。
○おかん　　一盛
大根を小さく三角錐状に切り、蒸したものを土器に盛る。
○おきょう（おこわ）　一盛
モチ米と粳米を半々に混ぜて一升分を蒸し、円形に高く盛りあげ、側面は菅を用いて五段に巻きつける。その上に土器を裏返してのせ、高台の内に菅を輪に結んだものをのせる。
○田楽焼　　二個
蓮根を四角に切って竹串二本を通し、田楽焼にしたもの。

そのほか当屋の準備した柿・蜜柑・栗・榧の実や葉付き大根・大根のはす切・牛蒡・昆布・ところ・馬尾藻を神饌配膳図のように所定の箇所に配置し、盃と栗の木の箸を添えて割竹の膳にのせたものが左座右座の生御膳である。

一方、中座の生御膳は、深さ一〇センチほどの膳の中央に、樻に入れた一升の赤飯を据え、その周囲に栗・榧の実・馬尾藻・モチ米・洗米・葉付き大根・瓶子に入れた神酒を配したもので、左座右座の御膳をより簡略にしたものといえる。膳の手前には栗の木の七〇センチ余りの箸を添えてある。これらの神饌は、祭りが終わると各座とも当年の当屋とオトナとで折半して、おさがりを受ける決まりである。

住吉神社・一夜官女神事　すみよしじんじゃ・いちやかんじょしんじ

二月二〇日　大阪市西淀川区野里町

大阪の北西、野里《のざと》の住吉神社の祭礼は、昔は正月二〇日、明治四〇年よりは二月二〇日にとりおこなわれている。前日に氏子が当家（頭屋）に集まって神饌を調製し、七台の夏越桶《なごし》に分納しておき、祭礼当日氏子の中から選ばれた七人の一夜官女がこれを神前に供える形式で、大阪府の無形民俗文化財に選定されている。この行事について『摂津名所図会』には、

野里村の本居神、住吉の例祭の時、此里の民家より、十二三許りの女子に衣裳を改め神供を備ふ。これを野里の一夜官女といふ。むかし御手村一双の地にして、例祭厳重なり。今は其形ばかりを行ふ。

と記されている。

この祭りの由来について、神社では一夜官女は人身御供の名残りであると伝承している。すなわち、かつて野里は打ち続く風水害と悪疫の流行によって窮乏しており、神の託宣によって毎年一人の子女を唐櫃に入れ、他の神饌とともに神社へ供えてきたという。その折、一人の武士が立ち寄って自分が身がわりに唐櫃に入ると申し出て、村人はすべてをこの武士に任せた。翌朝村人がいってみると、唐櫃の周りは血がしたたり、武士の姿はない。血のあとをたどって行くと隣村に大きな狒々《ひひ》が死んでいたという。この武士こそ岩見重太郎であったとされている。それ以来、犠牲となった六人の子女の霊を慰め、また岩見重太郎

森関山筆「野里一夜官女」

によって救われた一人を加えて七人の子女を選んで、同じ形式によって災厄除けの祭りをおこなってきたというのである。

野里の宮座は戦後廃止されてしまったが、かつては厳重な制度のもとにこの祭りが司られてきたのである。この座は一五、六軒よりなり、毎年祭礼の五日前に座員が社務所に集まって抽籤し、当家一軒・女郎家七軒・年行事二人を決める。当家は行事の宿であり、女郎家は侍と一夜官女を出し、年行事は世話役である。このうち侍は当主が裃を着て帯刀し、武士に扮して祭りに加わるもので、一夜官女は一時上臈《いっときじょうろう》ともいって一日だけ神に仕える役をするのであるが、七、八歳から一三歳までの女子がこれにあたり、女郎家に女子がない場合は他から雇ってこの役を勤める義務があった。役が決まると、祭礼前日当家で女郎衆の七人と神職が古来定まった神饌を調製してきた。しかし宮座が崩壊した現在では、氏子区内に住む一般の人が抽籤、あるいは大きな家に頼んで当家となってもらい、調製も神社の総代がおこなうように変化している。一夜官女もまた、希望者がなれるようになったが、官女の家には不浄がなく、両親の揃っていることが条件とされる。

祭礼前日に、神社に保管している「夏越桶」と呼ばれるお膳を当家の家に運び、夕方から氏子総代が集まって神主の修祓を受け

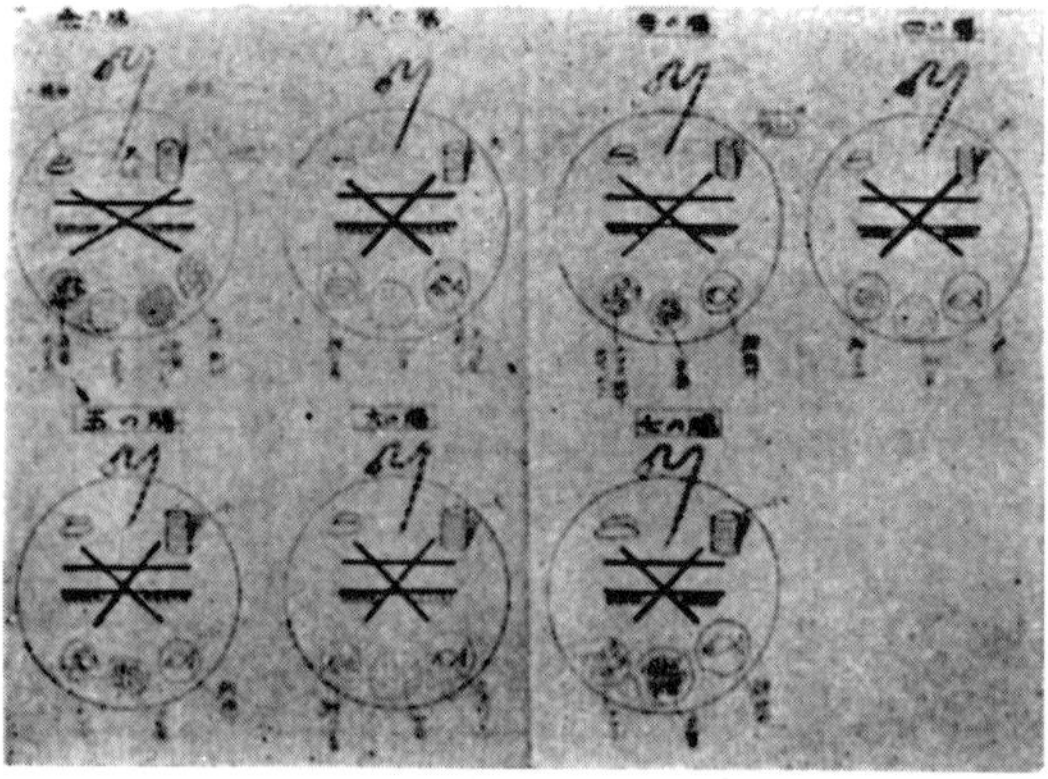
神饌配膳図

たのち、その指導のもとに神饌が作られる。昔は当然座の男手のみで調製されたもので、女は絶対近づけなかったが、現在では台所仕事は女手に頼っている。神饌の種類・数量と調理法は次の通りである。

○神酒　　一升
○御供飯　　七個

そのうち大が四個で小が三個。いずれも「モッソウ」と呼んでいる。まず新藁を一束用意しておき、二本ずつ取り出してその中央四、五〇センチほどを白紙で巻く。モチ米を炊いた御飯を、大モッソウの場合は外径一五・三センチ、高さ一四・八センチの筒状の曲物に入れ、小モッソウの場合はやや小ぶりの曲物に御飯を入れ、円盤状で中央から棒が突き出ている突き具で上から押す。すると高さ一〇センチくらいの円柱状の御供飯ができる。その周囲を高さ二〇センチ、長さ一メートルほどの白紙で巻きつけ、先に用意した藁で鉢巻きをする。大モッソウは七重、小モッソウは五重に巻き、藁の先端は上の方へ立てる。

○お鏡餅　　一四個（七重）

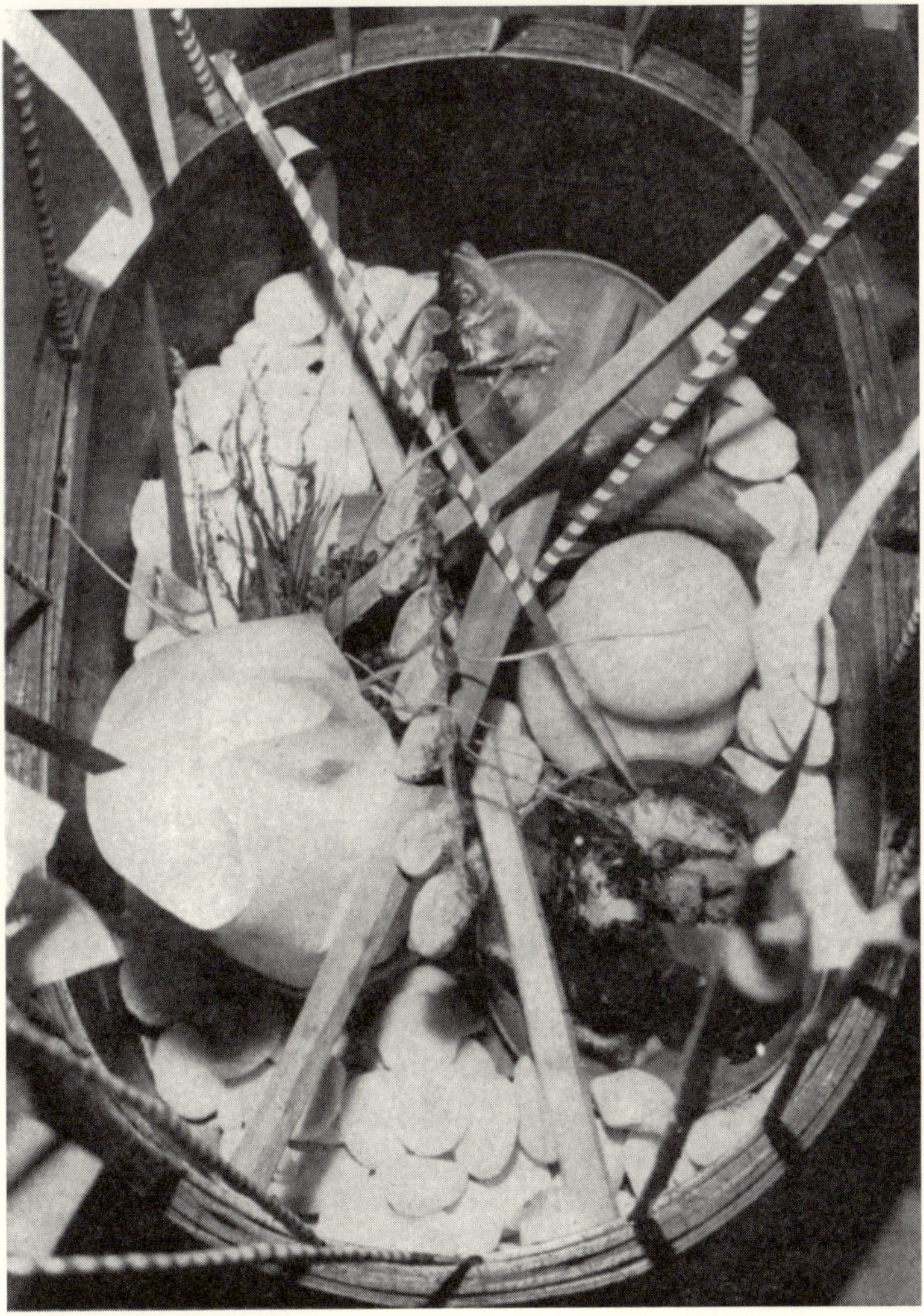

夏越桶に盛った神饌三之膳

一個一七〇匁（約六〇〇グラム）と決められており、昔は当家で搗いたが、今は市販のものを用いる。

○西条串柿（一〇個付のもの）　七本

○大根　一皿

生大根を八角に切り、四つを皿に盛り合わせる。

○豆腐の味噌だき　四皿

○小豆の煮もの　四皿

○真菜《まな》のあえもの　一皿

○鮒（丸のまま）　三匹

○鯉（二枚におろした薄身）　三皿

（骨付の方を左おろしにしたもの）

○鯰　三皿

筒切りにして味噌で炊いたもの、四つずつを一皿に盛ったもの。

以上が神饌として用意されるものである。野里の地が淀川下流デルタ地域に位置しており、したがってその神饌品にも海の物はいっさい用いず、川

右頁：頭屋に飾られた神饌一式
左：頭屋から神社へと神饌を運ぶ行列

魚である鯰・鯉・鮒が用いられているのは、神饌の意味を考えるうえにも注目されるところである。

　これらの神饌を七つの「夏越桶」に規定に従って納めるが、一の膳は精進の膳、二・四・六の膳は鮒を入れた膳で、三・五・七の膳は鯰を用いた膳と三通りに配置される。

　その際に丸葉柳を八角に削った五〇センチほどの箸と、丸葉柳を四角に削った四五センチほどの楊子一本ずつをお膳に入れ、また「散里《ちり》の餅」と称される丸い小餅を十数個差し入れる。

　神饌を入れる夏越桶は、深さ二四センチ、長径六〇センチ、短径四〇センチの楕円形の曲物《まげもの》桶である。上縁に廻しの側板があり、下部と中間二カ所に楊柳を廻して補強してある。底板は長径六八センチ、短径四四センチの楕円形で、側板よりもひと周り大きく、楕円形の板の上にやや小さい口径の側板がのった形になっており、底板と側板とは樹皮をもって六カ所綴じつけてある。底部には「元禄十五年壬午四月吉日」と墨書銘があり、祭具として用いられているものである。この曲物の仕様は非常に古い形式を伝えているもので、曲物の変遷を考える上でも貴重な資料といえる。

　この夏越桶に神饌が入ると「御花」と「竜の頭」とできれいに飾る。御花は、五〇センチほどの細い割

神前に献供された神饌と官女

竹に紅白の紙をだんだらに巻き上げて上部に紅白の紙垂《しで》を垂らしたもので、これを桶の上縁に二三本ずつ挿し込む。竜の頭という一メートル余りのものも一膳に一個ずつ立てるが、これは細い割竹を曲げてMの字型にして一方を長くしたもので、やはり紅白の紙を巻き、先端に吹き流し状のものをつけた形をしている。この部分はボール紙で筒を作って中に豆を入れて振ればガラガラと鳴る。その外側は赤と白の紙を張って、下部は短冊状に細く切り離したものである。

以上の準備がととのうと、当家の式場に据えられた台に菰《こも》を掛けて、奉幣を中心に七つの神饌櫃をならべる。その前で神官の修祓があって、翌二〇日の朝までそのままに飾りつけておく。

二月二〇日、祭礼は午後二時頃、当家に集まった一夜官女を宮司が迎えに行く行事から始まる。七基の神饌を前に神官が着座し、反対側には七人の官女、そのうしろに官女の父親が侍役となり、さらにそのうしろには母親が、正面には年行事二人が着座して、出立の儀式が始まる。神官の修祓に続いて官女と両親との「決別の盃の儀」がある。宮の惣代が盃を持ち、住吉神社の宮司から順に一の官女とその侍役、以下七の官女とその侍役まで盃を廻し、最後に年行事二人が神酒を飲む。このときの肴として、三方にのせた白胡麻あえの牛蒡が出る。盃が一通り廻ると神饌櫃の中より包んだ散里の餅が官女に一包みずつ与えられ、榊の枝も一本ずつ与えられる。以上で当家での儀礼が終わり、二時三〇分頃より神社までの道中へと移る。

行列は青のハッピを着た金棒役の若衆を先頭に、神官のもつ大麻・奉幣、次に年行事二人が従う。この年行事は現在では当家のことであり、一人は昨年の当家で、一人は今年の当家である。紋付の黒衣に裃をつけ、菅笠を被って腰には刀を差している。次に笛役が二人、千早《ちはや》（襷）に緋袴の巫女二人、続いて一の官女が侍役（官女の父親）と付添（官女の母親）に挟まれて列をなす。侍役は紋付の黒衣に裃、白足袋に草履ばき、帯刀して武士に扮している。一夜官女は頭に冠をかむり、桃色の千早に緋袴、白足袋に草履ばきの姿で、手には当家で受けた榊の枝を持っている。一の官女に続き一の神饌櫃がくる。青のハッピを着た御膳持ち人足二人が、杖を手に神饌櫃の両端を左右の肩に担いで、官女の代わりに神饌を運ぶ。本来は烏《え》帽子《ぼし》に白帳《しらはり》を着ていたそうで、この役を「白丁《はくちょう》」とも呼んでいる。以下、二の官女と櫃から七の官女と櫃まで続き、幣帛を入れた唐櫃、神官、宮惣代の順で住吉神社まで列をなして進む。

神社に着くと神饌は本殿の大床に上げられ、精進の膳を中央に、鮒・小豆・鯉の薄身の神饌三台、その東側に、鯉の頭付・豆腐・鯰の神饌櫃三台は西側に供え、その手前にそれぞれ一夜官女が着座して祭典がおこなわれる。終わると官女が拝殿におり神饌も下げる。この神饌はひきつづいて社務所でおこなわれる直会に用いられる。

北野神社・梅花祭

きたのじんじゃ・ばいかさい

二月二五日　京都市上京区馬喰町

米とぎ

梅の花がほころびはじめ、春の訪れを告げると、北野天満宮では、菅原道真の霊をなぐさめる神事がおこなわれる。梅花祭である。祭日は二月二五日。いまは新暦でおこなうので、二月といえばまだ厳寒がつづき、ときに小雪の舞うこともあるが、春をみちびくにふさわしい祭りである。二月二五日というのは菅原道真の命日とされる日で、『神社啓蒙』には天仁二（一一〇九）年二月二五日に初めてこの祭りを営んだとある。また、『日次記事』は、

二月二十五日　忌日　入夜献菜種御供大御供推盛飯挿黄菜花於其上　故称菜種御供　依年菜花未開　則挿梅花大小供物不知其故

と、菜花あるいは梅花を挿した菜種御供が神饌として供えられてきたことを伝えている。

菜種御供は、古くは西の京の社人が御供田をあずかり、大小多くの神饌を調え献供していたのであるが、明治六年に御

左：梅花の準備／　右：火入れの儀

供所にあてていた一之保の時鳥《ほととぎす》天神社が本社に合祀されてから、西の京からの調進も止み、一時は神社の社人の手で調製された。だが、明治四〇年に七保会が組織されてから、瑞饋《ずいき》祭りの「甲《かぶと》の御供」とともに、この会が神饌調製することになり、今日に及んでいる。社人が献進したころは二月一日に斎祭《いっきまつり》をし、以後二五日までお籠りをしたというが、七保会も前日には別火潔斎して調饌にかかる。

　祭礼前日の二四日午後、七保会の面々が本社に集まり、本殿横の手水舎近くに竃を設け、釜・お櫃・杓子・米・薪などを用意する。米は粳を一斗九升（二七キロ）。準備が整うと、神官が鑽火《きりび》をした忌火を「竃社」に供えて修祓がある。この火を竃に移して、ただちに一斗九升の米を洗って蒸籠《せいろ》で蒸し始める。

　一方、拝殿では、雲脚の台二つを出し、紙立《こうだて》を盛る。雲脚の一つは中を六列七段の四二個の枡に区切ってあり、一つは六列六段の三六枡に区切ってある。仙花紙を縦一〇センチ、横二〇センチぐらいに切り、上部をぎざぎざに切り落として、芯棒を用いて筒状に貼り合わす。これを四二個作る。つぎに切り込みのある方に、伏見人形の製作所で作られる小形の素

大飯調製用の蒸し米

焼土器を入れ、紙立の三角の部分を内側へ折り曲げ、土器を糊でとめ、さらに上から丸く切った紙を貼る。すると紙コップの形になり、底部に土器がついた状態になる。これを雲脚の枡の中に入れるが、本来一台は四二枡を全部埋め、一台は三六のうち三カ所を除いて三三個分に入れてきたのである。これを「男の御供」・「女の御供」と称し、厄年の数を表わしているという。現在男の御供は周囲と中央とで二二個、女の御供は二〇個分を埋め、他の枡は空白の状態にしておく。この紙の筒には玄米を少しずつ入れ、それに男の御供には白梅の小枝を挿し、女の御供には紅梅の小枝を挿している。したがって玄米も昔は五升必要であったそうであるが、現在は少なくなり三升となっている。この状態のものを「紙立《こうだて》」といい、一対作る。

早くから蒸されていた御飯は、一旦蒸しあがると水で洗ってねばり気を取り去り、再び蒸される。この二度蒸しの御飯を拝殿に運び、槽にひろげて団扇で煽いで冷やす。これを充分冷やさないと御供にしたあと割れてくる。その傍では、金属製の兜鉢状のカタを裏返してお櫃の中に固定し、槽から冷えた御飯を移し入れては、上から四〇センチほどの突き棒で突き固める。このカタは大小二個あり、大は一斗分、小は八升分の御飯が入る。別に木枠に盥状のものを挟み、その中に杉の木の径三六センチ、高さ二二センチのものをのせて、この上に金属製の容器に詰めた白蒸しを据えて容器をはずす。すると丸い杉の台の上に半円球の白蒸しがのった形になり、現在はこれを「菜種御供」と称している。これを大飯御供と小飯御供と区別することもあるが、「大鉢御供」ともいう。したがって江戸時代の『雍州府志』や『日次紀事』に記される菜の花や梅の花をこれに挿す形とはかわってきている。

また現在用いている杉の木の台も、その昔は年々新調の桶を用い、桶の中にも白蒸しを押し詰めてきたもので、白米も都合四斗用いたのである。その古い形は大鉢御供を小形にした末社の御供にのこっている。一斗九升の米のうち、本社の御供一対に一斗八升用い、残り一升分で、境内末社である一之保社と御霊社への御供を作るのである。直径一〇センチぐらいの桶に、白蒸しを押し詰め、別の椀形に白蒸しを詰めて桶の上に移し置いたもので、上部が出張った形となっている。このように兜の形になる前は、上部が螺旋状の御供もあったといわれ、菜種御供は数度の変遷を経て、今にその姿を伝えている。

また別に瓶子一対を用意する。瓶子は木製朱塗で梅と松の模様がある。これに白酒を二升入れ、蓋に雌雄の蝶の折紙をつける。昔は信者が黒酒・白酒を造ったというが、いまは白酒のみを用いている。

二五日の梅花祭当日は、午前一〇時から祭典が始まる。これに奉仕する神職は冠に菜種を挿して、「カザシ」としている。これに神霊を招き寄せてまつるのである。式典は七保会の調進した神饌と他の普通神饌とを供えてとりおこなわれる。祭礼終了後、神饌は「厄除御供」と称して、当年の厄年の人や一般参詣者に分与され、それをいただくと病気が治るといわれてきた。しかし近年はこの風習もなくなっている。

この祭りは京都の春を告げる行事の一つとして知られ、また上七軒の芸妓衆によるお点前が、境内の梅花の下で催されることでも大いに賑わいをみせる。

香具波志神社・初午大祭

かぐわしじんじゃ・はつうまたいさい

三月初午　大阪市東淀川区加島町

初午《はつうま》は二月初の午の日をいう。大阪では初午・二の午・三の午と午の縁日が四月頃まで続く。この行事は全国的に稲荷信仰と結びついており、農神としての稲荷信仰が、田の神を祀るうえで重要な日であった初午行事と結びつき、現在の初午信仰を生み出したと考えられている。稲荷はたんに作神だけではなく、漁村では漁業神であり、都市では商工業者の守護神としての信仰も顕著で、稲荷を屋内の神棚や屋敷神として祀っている場合も多く、大阪の商人や町人の現世利益信仰と結びついて広く信心されたものである。

大阪地方では初午詣りのある神社は数多く、博労町（中央区）の稲荷で知られる難波神社・玉造神社（中央区）・瓢簞山稲荷（東大阪市）や土佐藩邸の土佐稲荷（西区）などが有名であるが、なかでも加島の香具波志神社は、初午に古式神饌が献上されることで知られている。

この神社は天徳三（九五九）年に倉稲魂神《うかのみたま》と保食神《うけもち》の二座を祀ったのに始まるとされ、古くから稲荷の神として信仰されてきた。また、加島の地は難波八十島《なにわやそしま》の一つである仮島の旧地であるとされ、神崎川の河口に位置し、平安京への交通水路の枢要の地として、江口や対岸の神崎とともに、中世には隆盛をみせたところである。早くから工業も盛んで、仮島が鍛冶島の修字であると言われるくらい鍛冶戸が聚落を作ったところである。

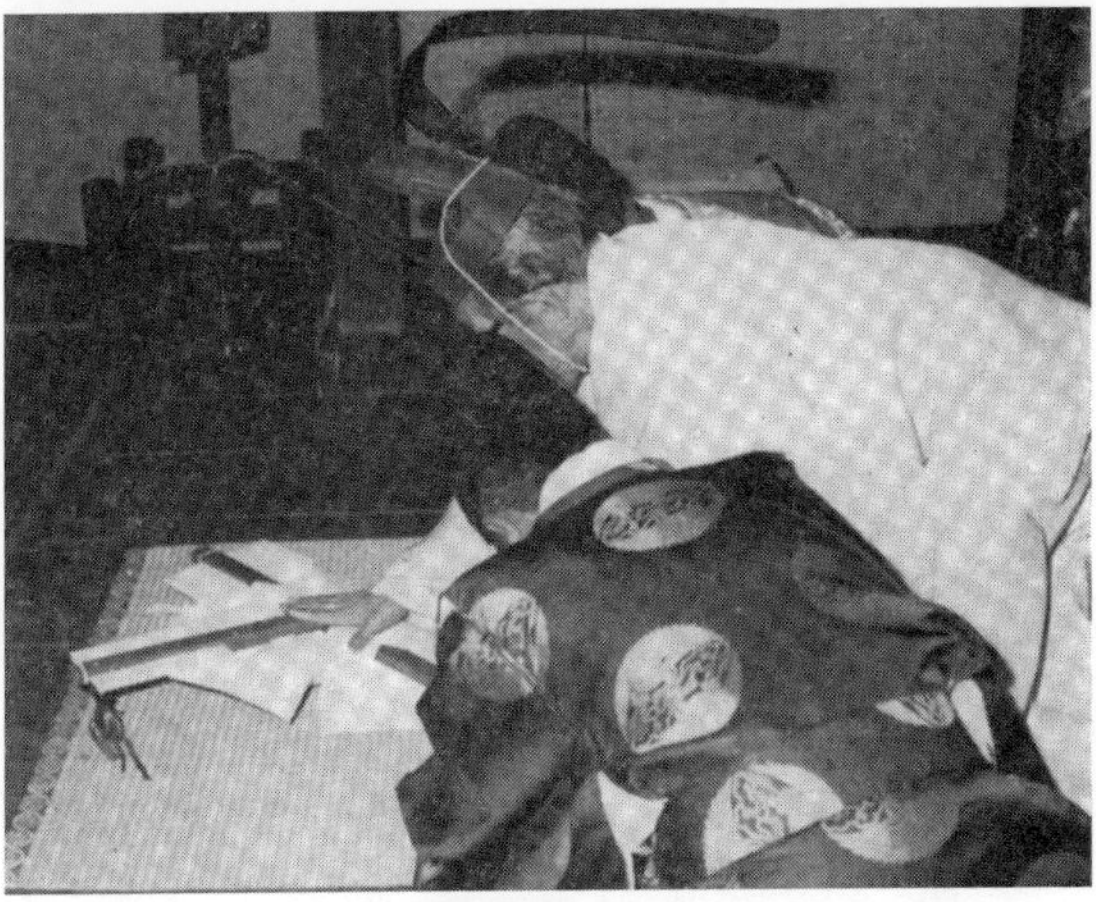
天地の御幣合わせ

中世以降には、加島・三津屋・堀上・野中・新在家・今里の六カ村を加島荘と称し、荘民挙げて香具波志神社を産土神《うぶすながみ》として尊崇してきたのである。弘長年間（一二六一〜六四）には、最明寺時頼が境内の連歌所維持のため田一町歩を寄付し、室町末期には、三好長慶が大朱木鳥居などを寄進したといわれる。江戸時代になっても勢威を増し、大坂城代や紀州藩主ら、また文人墨客なども多く社参した。

宝暦六（一七五六）年には、俳人半時庵淡々斎が門弟を率いて社参献句しており、上田秋成が幼時当神前に祈って一命を助けられたことによって、一生の守護神としてしばしば参詣したこともよく知られている。明治五年には村社に列し、同四二年には数社が合祀されて現在に至っている。

香具波志神社の初午行事は、明治四二年に合祀された御幣島字宅地の住吉神社の「御当恵祭《おとうえ》」が加わり、一体になったものである。御当恵祭と呼ばれた特殊神事は、毎年正月一七日に五穀豊穣を氏神に祈願しておこなった祭りである。この村の二〇戸余りの宮座なる講中が、毎年籤引で「頭の屋（頭屋）」を定め、この祭りの一切の費用を弁じてとりおこなったもので、前日の朝から、頭の屋は神社の内外を浄めて祭りの調度を整え、一日魚鳥を口に入れず、夜通し七台の御供物と稲穂の御幣を調進し、かねて七人の稚児を選んで宮仕えをさせる。

当日は、宮座の一同が頭の屋に集まって、供物や調度を神社へ運んで祭典をする。この祭りには「幣合わせ」という特殊な作法があり、年の豊作を願うものとして、社家に口伝されていた。また、「恵の鐸」をもって種物や型鍬などを祓う行事や、宮座一同が「米具美踊《めぐみ》」をして、神明を勇め奉るという行事をおこなった。

この行事が香具波志神社の初午大祭に組み入れられてから、宮座はなくなり、一時この行事も廃っていたが、昭和初年から復活され、香具波志神社宮司藤氏によって調饌しておこなわれている。祭礼前日に準備される御供は、

白蒸し　モチ米三合を蒸した白蒸しを円錐形に盛り上げたもので「モッソウ」といい、俎板状の木の台にのせる。

神酒　瓶子に入れて白梅の小枝を挿すのであるが、今は桃の花で代用している。

小餅　「カチン」と呼ぶ丸い小餅二五個を白紙を敷いた上にのせる。

生鮒　六寸（一八センチ）のもの一尾。

結び昆布　一センチほどの幅に切ったスルメと昆布を抱き合わせて結んだもの五個。

勝栗　一〇個。

白豆腐　一二、三センチ角に切ったもの一丁。

大福梅　塩漬けにした赤い小梅、三個。

柿ナマス　大根と干柿で作ったナマスで、一つかみを椿の葉にのせる。

上：御膳櫃に納められた神饌
下右：神饌配膳図
下左：調製された神饌

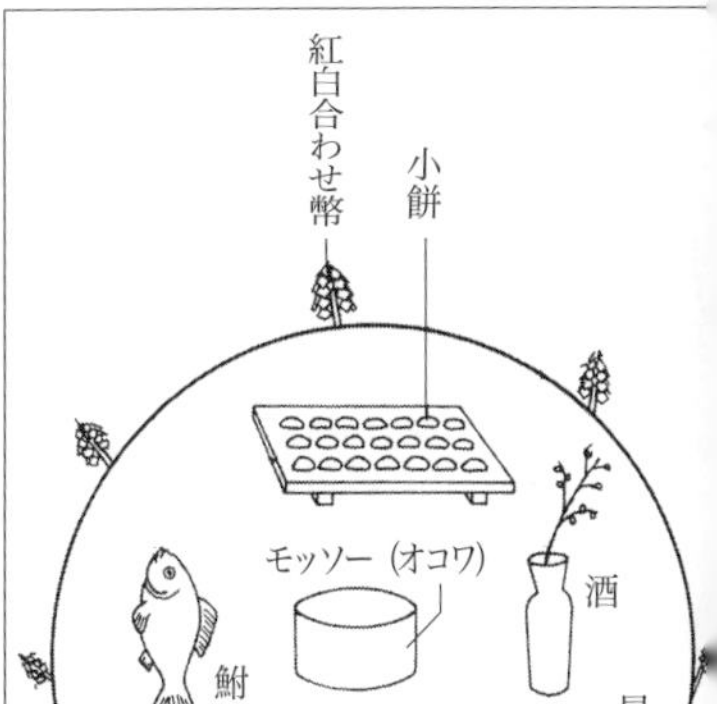

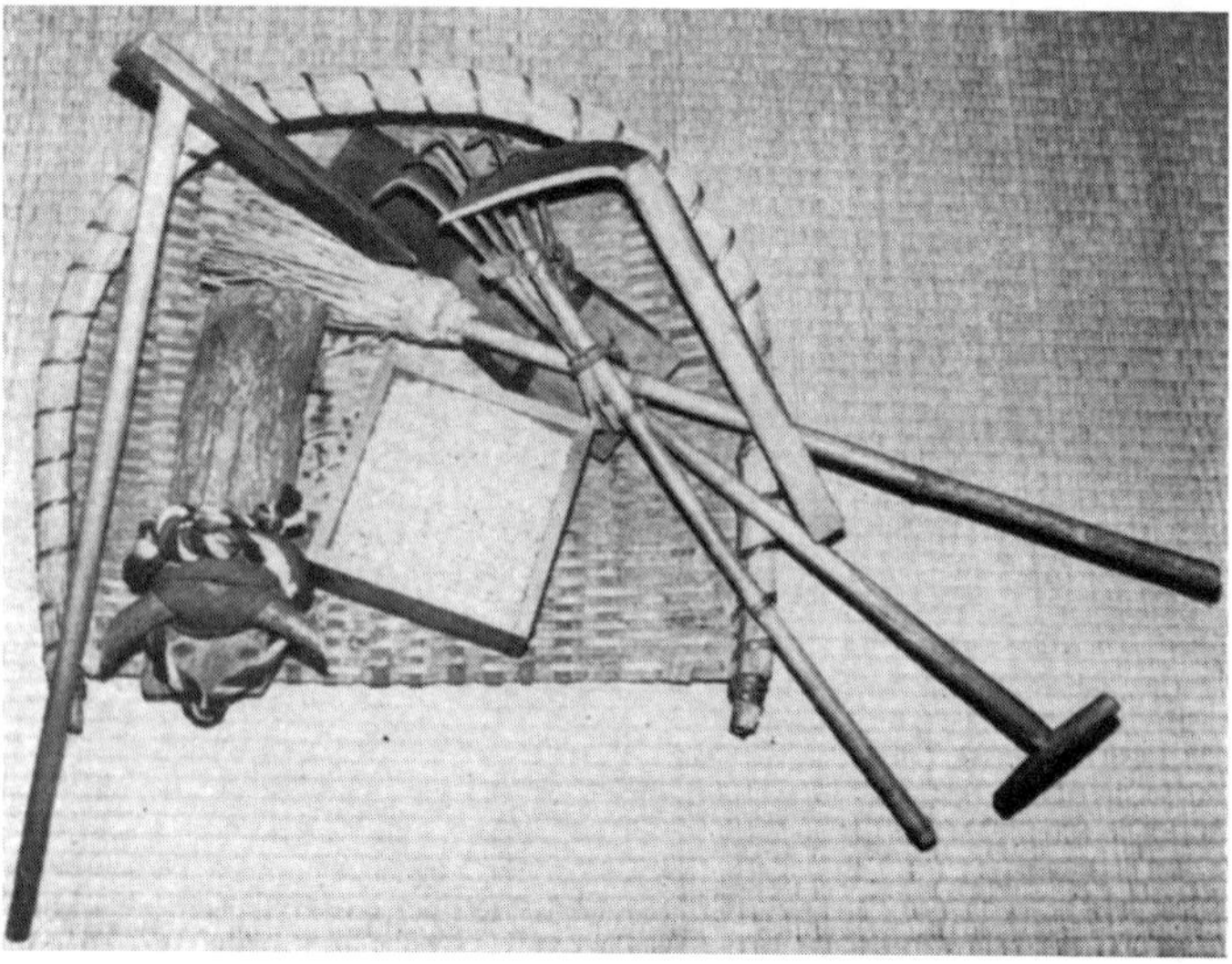
米具美の具

田作《たづくり》　七尾。

以上一〇品で、特別の円形の御膳櫃は厚み一センチ、直径四九センチ、深さ一一センチの曲物で、底板は側板の内側におさまるようになっており、深さが一〇センチあまりで、四脚がついている。裏面には「安永四乙未歳正月十七日」「御幣住吉大明神」「三之御神御膳」「当社宮座武内末寺前義忠義民」の墨書銘がある。この御膳櫃に一〇品を配し、荒削りの大楊子（箸）一膳と、小楊子一本とを差し込み、御膳の周囲には注連縄を張り、この注連に紅白の合わせ幣を七本ずつ差し込んで、きれいに飾る。

つぎに「米具美《めぐみ》」と呼ばれるものを揃える。米具美とは熊手・箒木・犁・鍬・鎌などの模型農具、籾一升を枡に入れたもの、楠製の牛型一個を箕に入れたものをいい、祭礼当日に祓いがおこなわれる。したがって、本来の御当恵祭は農耕の予祝儀礼であったことを伝えている。そのほか、米具美祓いをする鐸幣や稲束を結びつけた「稲幣」と呼ばれる幣串などが前日に用意される。

祭礼当日は、お祓い、開扉があり、七台の神饌の献供がある。一台を本殿の外陣へ、六台は本殿前の大床に並べて供える。つぎに祝詞、御幣合わせがある。「天地の御幣」と呼ばれる紅白の幣は、天神と地神であり、男神と女神を表象するとされ、神官二人がこの幣を持って三度交互に上下に合わせ、それを宮司が上から押さえるという特殊な作法をする。これは天地和合の恵みを垂れて、豊作を祈願するものとして神社に口伝されている。そして「米具美の御祓い」がある。恵の鐸幣で種物や農具などを祓う儀式である。そのあと玉串を奉り、昔は近在の農民が「恵の踊り」をしたが、現在では神楽を奉納している。最後に神饌をさげて直会がある。

道明寺天満宮・菜種御供大祭

三月二五日　大阪府藤井寺市道明寺

どうみょうじてんまんぐう・なたねごくたいさい

河内土師《はじ》の里の道明寺天満宮は、この地に住んだ土師氏の祖神天穂日命《あめのほひのみこと》を祀り、土師神社とも称した。また、菅原道真が筑紫に左遷されたとき、土師寺に立ち寄り、住持覚寿尼と離別を惜しんだという由緒もあり、のち菅原道真を主神とし、天穂日命と覚寿尼を相殿に祀り、一般には道明寺天満宮の名で親しまれ、広く信仰された。

この天満宮の「菜種御供大祭」は、河内の春祭りのさきがけとして、三月二四日から二六日まで盛大におこなわれる。この祭りはその名のとおり、「菜種御供」

右頁：御供の蒸しあげ
右：御供の調製
左：菜種御供の盛りつけ

が献饌され、また信者・参詣者に授与されることで広く世に知られる。菜種御供というのは、春の季節を象徴する菜種色の団子を、菅原公にちなむ梅の実の形につくったものである。

祭りの前日、クチナシの汁を煮てハンギリ（半切）に入れ、そこへ小麦粉を入れてよく練る。クチナシの色で黄色を帯び、菜種の色になる。練り終わると別のハンギリにあげ、方形の板状におさえて伸ばし、それを短冊形に切る。その形のままで蒸籠に収めてよく蒸し、蒸しあがると木臼で搗き、径三センチぐらいにまるめ、筵の上にたくさん並べて干し、少しかたまったところで盛りつけをする。これまでの調製は、氏子と敬神婦人会の数人によっておこなわれる。

献饌用は社務所で宮司みずから盛りつけをする。朱塗方形高坏二台に盛られるが、一番下に六四個、下から二段目に四九個、つぎに三六個、その上に二五個、さらに上に一六個と計一九〇個の団子を重ね盛り、その上に径一〇センチぐらいの大きな団子を一個のせる。ちょうどピラミッド型に盛りつけられるのである。一方、授与用の御供は二個ずつ紙袋に入れられる。これは敬神婦人会の手によっておこなわれる。

神饌の盛りつけが終わると、宮司の手によって恭しく神前に供せられるが、神前正面に菜種御供の高坏二台が据えられ、その前に神酒が三方に二台と、果物・乾物・野菜・塩を三方四台に盛って供え、また果物三方五台が並べられる。

この菜種御供の神事は歌舞伎にも仕組まれ、「天満宮菜種御供」として、安永六（一七七七）年道頓堀角座で上演され、菅原公の神徳譚と相まって人気を博したという。また、大祭の日は、この地方で「春ゴト」といい、農耕の労働にさきだって、豊作を祈る農家の農休みの一日となり、未明から参詣者がどっと押し寄せる。

巽之神社・春の大祭

たつみのじんじゃ・はるのたいさい

三月二八日（現在三月二七・二八日）　滋賀県東近江市糠塚町

八日市市内より約四キロ、糠塚《ぬかづか》町に巽之神社が鎮座する。明治初年の神祇制度の変革から現在の社名を名のり、毘沙門天と素戔嗚尊の二柱を祀る。三月二八日が春の大祭で、糠塚の氏子四〇戸が座の組織をもって、祭りを営む。

氏子内に生まれた男子は、すべて数え歳一五歳になれば「若い衆」に入る。いくらかの金銭を出して加入するわけだが、それによって社会生活でも一人前として認められる。

若い衆は一七人で組織され、その最年長者を「大将」といい若い衆を指揮する。祭りのときは若い衆の中から当屋が一人選ばれる。嫁をもらった順に当屋を勤めることになっている。若い衆は人数が決まっているため、新しく加入してきた人数だけが抜け、次の「駕輿丁《かよちょう》」と呼ばれる組織に入る。若い衆を抜けるのはだいたい三〇歳前後で、駕輿丁とは祭礼の神輿舁《か》きのための組織で、一六人よりなる。駕輿丁を抜けると組織には属さないが、毎年一人ずつ当屋を勤める義務がある。この当屋は全氏子男子のうち、生年月日順に一生に一度勤めることになり、これを一般には「神主《かんぬし》」といい、あるいは「社守《しゃもり》」ともいう。いわゆる一年神主制である。この「一年神主」は祭りの日に決定し、一二月一〇日に交代して神社の分神をうけ、以後一年間、毎日一番風呂に入って、村内安全と五穀豊穣を祈る義務がある。

烏役

祭りにさきだって三月二六日から準備が始まる。氏子を南と北に分けて、隔年交代で神社の鳥居前に大松明二本を作りあげる。また神社から公民館前など、神輿が通る主要な道路に石灰で印をつける。もとは赤と黄色の壁土で印をつけたそうである。これらの作業は、その昔、村内婿が多い時代には神主が親戚・姻戚を頼んでしていたというが、通婚圏の拡大とともにそうした人手が不足がちとなり、現在の仕組みになったようである。二六日の夜は、若い衆の当屋が替わる日である。旧当屋にいったん太鼓と鉦の鳴り物八挺を取り集め、そこから新当屋まで鳴り物のお渡りをし、新当屋でお茶を飲んで語り合う。

二七日は昼から駕輿丁と若連中は公民館で宴会をし、終わると一同は神輿を出して宮へ渡る。これを「神輿寄り」という。続いて三時から五時頃までかかって、当屋で御供作りがある。これは駕輿丁に入った若手四、五人の仕事である。粳米二升とモチ米一升を蒸し、粳米七合とモチ米三合を炊く。都合四升のうち、「雉《きじ》の卵」といって蒸し御飯を小さく握ったもの一二個をとりのけ、他を「御供さん」に用いる。御供さんは、高坏の上にまず蒸し御飯で直径二五センチほどの男根形を作り、その表面に炊いた御飯を塗りつけて形を整えたものである。昔は蒸し御飯だけで作っていたが、祭りが終わるまでに形がくずれてしまうために、炊き御飯で仕上げるようになった。周囲はヘギ板で枠を作って、中に御飯を詰め、外側は藁

男根をかたどった神饌を運ぶ子供たち

縄を巻きつけてある。上部が一段と張り出した形にして、その部分を「カリ」といい、この形をくずさないようにすぐ下に竹を通してもたせてある。頂上には太い箸を置いて緑の色紙を巻いて取りつける。この御供さんが春の大祭の神饌のうちでも中心になるものである。

夜になると「宵宮」の行事がある。神職が来て大松明の一本に点火すると、若い衆は太鼓と鉦を打ちならしながら宮に渡り、一般の氏子も参詣し、大根の輪切りなどを供えて祭典がある。これを「神楽《しんがく》」と称し、早く参詣した人には、御供作りのときに蒸し御飯を別によけて作った雉の卵と称するものを渡す。

二八日は祭りの本日《ほんび》で、早朝六時に神輿が一回村中へ出て再び宮へ帰る。これを「卯《う》の時《とき》渡り」と称している。七時頃になると残る大松明一本にも点火される。奉仕者である若い衆と駕輿丁とは、本祭りを控えてそれぞれ

菜の花の中の神饌渡御

の当屋で風呂に入り、昼頃には公民館で酒食をとる。
午後一時半頃に拝殿に据えた神輿前に神饌を供えて、神職による祭典がとりおこなわれる。拝殿の奥に神輿を安置し、その四隅には金頭《かながしら》大神・牛頭天皇・町内安全・五穀成就と書いた紙垂《しで》をつけてあり、これは安産のお守りにされ、祭りが終わると妊婦のある家では、もらいうけて部屋に吊り下げておく。
神輿の前に三升一重ねの小判餅を曲物に入れて据えて、その両側に神酒を置く。その前に「御供さん」を直径五〇センチ、深さ一〇センチの曲物に入れて置き、その右横には折敷に雉の卵数個を納め、柳の箸を添える。その手前には三方にのせた稲穂と神酒・鯛・鯉・昆布とスルメ・人参と大根・山芋と牛蒡・蜜柑・甘藷など山海のものを供える。
祭典が始まる頃に、青ハッピの駕輿丁と赤ハッピの若い衆が境内に着き、拝殿前で待つ。昔は、若い衆は絣の着物を尻からげし、笠はケンケン紙という赤と白色の紙を短冊に切ってその周囲に下げた花笠を着用した。駕輿丁は紺のハッピにパッチ姿、巻脚絆と地下足袋を着用していたそうである。現在若い衆の当屋とその大将とは紋付羽織を尻からげし、山高帽、白パッチに地下足袋姿である。また神主は、浄衣を着、烏帽子を赤布で顎の下で結びつけ竹杖をつく独特の恰好である。このとき、「烏《からす》」と称し駕輿丁の大将につぐ年齢の男が紺の素袍《すおう》を着用し、烏帽子、地下足袋姿で竹杖を持って参加する。

祭典には拝殿に一年神主と駕輿丁の大将・氏子総代が参列し、拝殿の縁に太鼓を据え、烏役はこの太鼓に腰かけて、神職による祭典が形のごとくおこなわれる。この烏という役も、元来は神饌物を烏にならってもらう、つまり食べてもらうという信仰が、より現実的な烏役を生じさせたのであろう。祭典が終わると果物などは参列者に配られ、小判餅は後ほど神輿を舁いだ人に分けられる。ここで若い衆三人が、男根形の御供さんを曲物に入れたまま、「ハラコ、ハラコ」と称えながら参詣人一人ずつの顔の前まで運んでくる。すると参詣人はそれに対して賽銭を供える習わしである。

二時過ぎから日没頃まで、神輿が氏子区内をねり廻る。これを「本日《ほんび》渡り」という。行列は若い衆の大将と当屋とが先導し、これに鳴り物として鉦六台と太鼓二台を若い衆が二人ずつで持ち、打ち鳴らしながら廻る。続いて烏役が先導して神輿を駕輿丁一六人で舁き、これに神輿の台持ちと氏子総代が連なり、区長や氏子総代、加えて今年結婚した人の家などを祝福して歩く。それらの家では祝儀として一同に酒を飲んでもらい、休憩しながら神輿は夕方に神社へ帰ってくる。一同は当屋へ集まってお茶を飲んで解散する。

翌日は駕輿丁の神主が御供さんを蒸し直して各戸へ配り、祭礼道具の点検と虫干しとがなされる。また「後宴《ごえん》」といって、当屋（神主）と若い衆の当屋とは、一生に一度の祝いとして、昼にそれぞれの親戚を大勢呼んで馳走する決まりである。

伏見稲荷神社・菜の花祭り

ふしみいなりじんじゃ・なのはなまつり

四月初巳　京都市伏見区深草

わが国で稲荷と称されるものは、神社から小祠にいたるまで実に多い。元来の農業神として信仰されるものから土地神、屋敷神としても多く祀られている。その中心は伏見深草に鎮座の稲荷大社で、五穀豊穣・商売繁昌の神として崇敬者の数も多い。

深草の土地は古く秦氏によって開拓されたところで、和銅四（七一一）年に秦公伊呂具《はたのきみいろぐ》によって三ツ峰に社殿が築かれたのが、この神社の草創だと伝えられる。嵯峨天皇の時代、弘法大師の請によって社殿を三ツ峰の麓藤森社敷地に移し、そこに祀られていた藤森社が現在の同社の地に遷座された。そのため藤森神社の氏子が稲荷大社付近一帯に住み、稲荷大社の氏子は七条から北松原、西千本の広範囲に及んでいる。祭神は下の社は宇迦之御魂神《うかのみたま》（倉稲魂神）、中の社は佐田彦神《さたひこ》（猿田彦命）、上の社は大宮能売神《おおみやのめ》、ほかに田中大神・四之大神を祀る。したがって祭りには神輿が五基巡行する。一月五日の大山《おおやま》祭り、二月の初午《はつうま》祭、五月の稲荷祭り、六月一〇日のお田植祭、一一月八日の御火焚祭りなどが知られている。

大山祭りは、古く稲荷神が山上鎮座のときに、御膳ケ谷に神饌を調進した故事によるもので、往古秦氏は「耳土器《みみかわらけ》」に清酒を、荷田《かだ》氏は榊葉に「中汲酒《なかくみ》」を盛って供えてきたという。現在も山上七カ所の御神跡に注連を張り、本殿で神饌を五座八台ずつと別に、中汲酒および清酒を供えて祭典があり、つづいて

御旅所に供えられた神饌

宮司以下が登山し、御膳ヶ谷で神官が耳土器（耳に似た形の忌土器）に清酒を盛って御饌《みけつ》石の上に供え、つぎに氏子が榊の葉で中汲酒を注いで供える。中汲酒は濁酒のうわずみと、よどみとの中間を杓で汲みとったものをいう。祭典が終わると群衆が争ってこの坏を奪い合う。運よく坏が得られ、坏の破片だけでも酒樽の中へ入れると、暖冬にも酒の腐る心配がないといわれ、伏見の酒屋の若者が競って取り合うのである。

四月初巳《はつみ》の日におこなわれる菜の花祭りは、第二午の日からの稲荷神事祭の物忌みに相当する重要な祭りである。当日午前一〇時、本社から神官が東寺前の西九条お旅所に出向し、持参の神饌を案に盛りつけ、上命婦社・下命婦社・両大神宮の三社をまつる神前に供えて祭典がおこなわれる。

神饌は昆布・鰹節・人参・胡瓜・茄子・ホウレン草・蜜柑・甘藷・林檎などを土器に一盛りにして菜の花を添え、その前に塩と水を置いて白木の案にのせる。二の膳に相当する小ぶりの案には、土器に鏡餅一重ねと、小さい土器に洗米を盛り、左右に瓶子に入れた酒を添える。

御旅所から本社への道筋に榊を立てる

これらをそれぞれ五台分用意する。

さて、一〇時半頃より神官が修祓をし、さきに用意した神饌を八脚案に供える。つづいて祝詞を奏上し祭典を終わる。この行事を菜の花祭りというのは、神饌に菜の花を添え、時の花をもって神を招《お》ぎおろすことよりの名称である。

祭典が終わると、お旅所の鳥居の両側に神官が榊の枝を刺す。これより大宮通りを北に上がり五条、さらに松原通りを東に進んで河原町に至り、神官は本社へ帰る。この間、市中の氏子地である羅城門・千本七条・大宮松原・寺町松原・本町七丁目の五カ所の街頭に榊を刺す。これを「忌刺《いみざし》」と称しており、祭場を標示するものである。「サカキサシ」、「シバサシ」ともいい、各地で祭りにさきだって氏子の家の屋根に榊を一本ずつ刺したり、京都の松尾近辺では、祭り七日前に紙垂《しで》のついた榊の小枝を氏子の家の屋根に投げあげてあるく風習があったし、久世《くぜ》でも祭りの前日に若者が村境に二本ずつ、村中の屋根へ一本ずつ刺して廻るといわれ、いずれも神が降臨されていることを標示するものである。稲荷の場合は今も氏子一般にこの忌刺後、神輿の駐輦《ちゅうれん》する間は汚穢・災異などが起こらないといわれている。この菜の花祭りは神事祭の前になされることからも、神事祭のために、氏子地内を忌み浄める意味をもっている。

四月第二午の日が神事祭で、五月第一卯の日に還幸祭がある。古くから盛大な神輿渡御のおこなわれることで有名な祭りで、平安時代には田楽法師の一行、胸に天狗の面をかけた馬上の細男《せいのお》、馬に乗った楽人、馬上で風流傘を持つ十二単衣の少女、獅子など、延々とした行列が続いてきたのである。

元禄の頃には、行列に大母衣《おおほろ》をつけた男や、狐面をつけた滑稽な姿の太郎冠者や、お多福を抱く男、鯛をかついで鉦を打つ僧なども加わって、賑やかな行列風景をみせたが、あまり華美に流れるため、安政年間からは現今のように神具奉持を中心とした行列に改められたという。

現在の祭りは、当日午前神霊を神輿に移し、田中大禅（駕輿丁は不動堂）・上の社（東九条）・下の社（塩小路と中堂寺の一年交代）・中の社（西九条）・四之大神（八条）の五基の豪華な装飾をこらした神輿が、多数の祭員に供奉されて、氏子地域を一巡して西九条のお旅所に渡御し、そしてそのまま二〇日間そこにとどまる。この間お旅所は、平安の昔から流行歌舞の競演の場となってきたのである。五月上巳の日正午に迎えの列が本社を出発し、午後二時に五基の神輿を中心とした渡御列がお旅所を出発し、午後四時頃に本社に還幸する。この還幸祭が稲荷の本祭りとされている。

お旅所も現在の観念からいうと、本社から出た神が仮にしばらく座を移して奉安される場所と考えられるが、元来はお旅所こそ神霊を迎える本当の祭場であった。菜の花祭りが、お旅所で祭事をおこなうのは、祭りにさきだって神を祭場に招《お》ぎおろす意味がある。お旅所へ渡御する神幸祭よりも、お旅所から本社への還幸祭をお祭りとして重くみるのも、お旅所の神霊を本社へ迎えて祭典をするところに重要な意義があったからにほかならない。

大神神社・鎮花祭　おおみわじんじゃ・ちんかさい

四月一八日　奈良県桜井市三輪

大和盆地の東に立つ三輪山は昔から「倭青垣山《やまと》」とも「三諸山《みもろ》」、「神山《みわやま》」ともよばれ、標高四六七メートル、周囲一六キロの円錐形の秀麗な山である。その麓に鎮座する大神神社は、日本最古の神社であるという伝承をもち、三輪山にこもる大物主大神《おおものぬしのおおかみ》（倭大物主櫛𤭖魂命《くしみかたまのみこと》）と大己貴神《おおなむち》・少彦名神《すくなひこな》を祭神としている。ここは早くから三輪の神奈備《かんなび》として山岳信仰の発生したところであり、その結果、三輪山は神体山であり、大神神社は拝殿のみで本殿をもたない神社であるといわれてきたが、近年の山岳信仰研究によれば、神奈備山の神体は山全体ではなくその山の神霊であり、神殿に相当するのは山中に設けられる「神籬《ひもろぎ》」であって、三輪の場合は、樫・柞《ははそ》・椿・青木・桜の五木で輪を作った、原始的な神殿がそれにあたるという。古代の三輪の神籬の実態がしだいに解明されつつある。また、この神社には奈良時代ごろより神宮寺として大御輪寺《おおみわ》（大神寺）が存在したが、この寺は山岳宗教寺院であったろうと推定される。鎌倉時代になると、その初期に慶円上人の開山による平等寺が勢力をもって、以後修験道当山派三十六正大先達に加わり、幕末まで十二先達として修験道の一斑を担ってきた。

大神神社は歴代朝廷や将軍家の崇敬も浅からず、現重要文化財指定の拝殿も将軍家綱によって再建されている。祭典についても祈年・月次《つきなみ》・相嘗《あいなめ》・新嘗《にいなめ》などや、繞道祭《にょうどう》（御神火祭）・節分大祭・御田祭《おんだ》・春と

神官の入御

秋の大神祭・鎮花祭《はなしずめのまつり》・酒まつりなど多くの祭典行事が伝わっている。なかでも四月一八日の鎮花祭は、本社と狭井《さい》神社の神前に忍冬《すいかずら》と百合根を他の神饌とともに供える点が、他の行事にはみられないものといえる。

現在の鎮花祭は四月一八日の午前一一時より、参拝者が多数拝殿に詰める中でおこなわれる。まず祓詞を奏し祓いを修し、宮司が一拝して警蹕《けいひつ》のなかで開扉する。つづいて権宮司以下が拝殿左側の神饌所より伝供で饌を供える。この間奏楽。神饌は洗米・瓶子一対・鏡餅一重・鮮鯛・昆布と浅草海苔・三輪山に産する忍冬と百合根・野菜二台（南瓜・トマト・豌豆《えんどう》・山芋・大根・人参など）・果物二台（甘藷・蜜柑・林檎など）・水と塩の一一台である。いずれも朱塗高坏に白紙を敷いて、土器を据えた中に盛り、忍冬と百合根を除いた一〇台には梅の小枝を添えてある。つぎに宮司が祝詞を奏上し、巫女四人が神楽を奏し、宮司の玉串奉奠、各代表者の玉串奉奠となる。終わると権宮司以下が奏楽の中で神饌を撤下し、宮司が御扉を閉じて神官が退下する。

本社の鎮花祭につづいて、一同が摂社狭井《さい》神社へ移って、一二時過ぎより同様の祭典が催される。この狭井神社は、大神神社の北約三〇〇メートルの地に鎮座し、大神荒魂《おおかみあらみたま》神・大物主神・姫《ひめ》蹈鞴五十鈴媛《たたらいすずひめ》命・勢夜多々良比売《せやたたらひめ》命・事代主《ことしろぬし》神の五柱を祀る。ここでも忍冬と百合根が奉献されるが、神饌は本社より数台少ない。

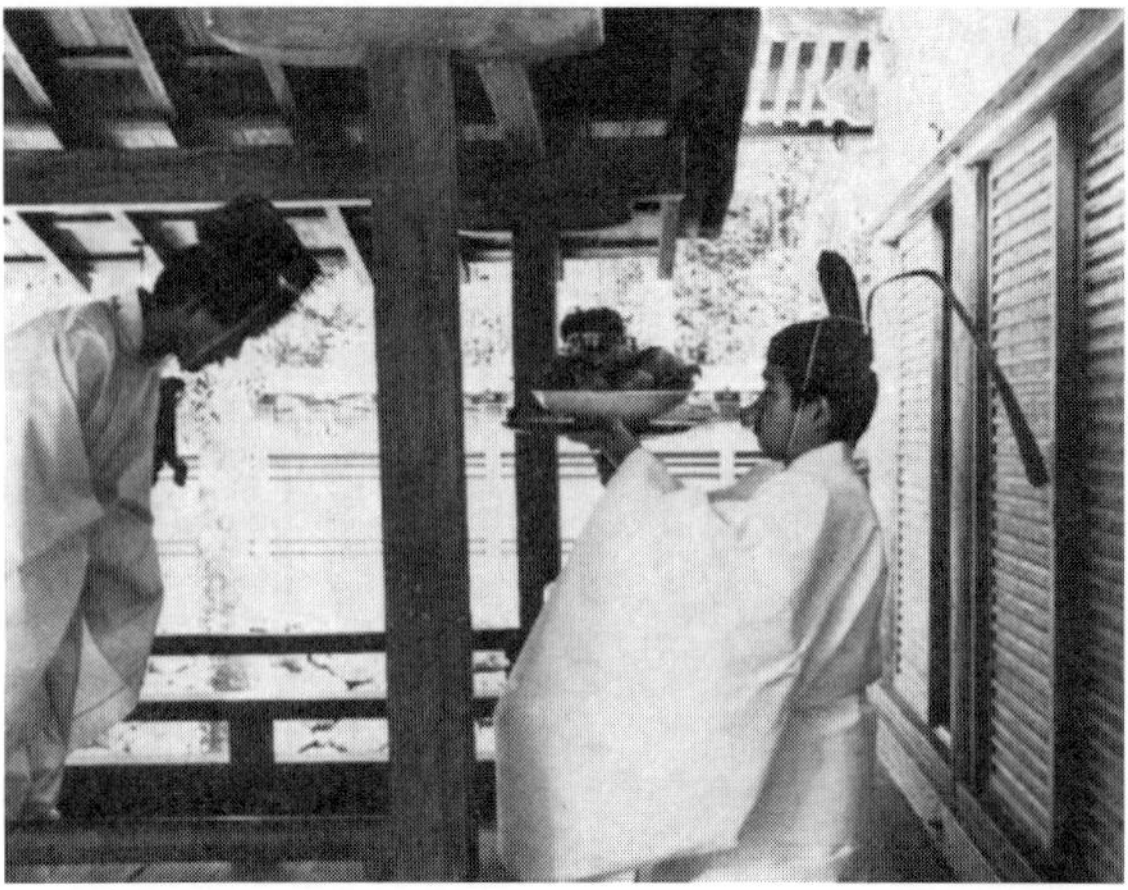

神饌所から本殿へと神饌を運ぶ

この鎮花祭の起源は、崇神天皇のころ全国に疫病が流行し、祭神大物主大神のお告げで神裔《しんえい》大田田根子《おおたたねこ》を召して祭りをおこなわせたところ、疫病もやんだということからはじまったと伝えられる。大宝律令の「神祇令」では季春（三月）の祭りとしており、『令義解《りょうのぎげ》』には、

謂。大神狭井二祭也。在二春花飛散之時一。疫神分散而行レ癘。為二其鎮遏一。必有二此祭一。故曰二鎮花一。

とあって、春の終わりに国家的行事としておこなわれる疫神祭とされている。この祭りは広瀬の水神祭、竜田の風神祭、率川《いさかわ》の三枝《さいぐさ》祭りとともに大和の地方的祭りであったが、それを祀る地方豪族が中央で勢力を得ることによって、国家の祭祀に昇格した例である。つまり、元来は鎮花祭も三枝祭りも大神氏の個人的な祭りであり、『令集解《りょうのしゅうげ》』は三枝祭りにつき「大神氏宗定而祭」と記し、国家の祭典となっても大神氏の宗長が祭日を定めていたのである。

鎮花祭は春の花を採ってこれを依代《よりしろ》とし、荒れすさぶ疫神・崇神を花に鎮めとどめようとするものである。今日の鎮花祭の神饌に梅の小枝を添えているのは、かつて梅の花を疫神の依代として祀った名残りであろう。この世に怨みを残す怨霊や、死んで間もない新魂《あらみたま》は、人に害をなす疫神となりやすかったわけで、それを鎮める御霊《ごりょう》祭は各地に分布している。したがって鎮花祭も御霊祭の一種で、京都今宮の「やすらい祭り」も祇園祭りも同様である。また、鎮花祭は卯月八日の花祭りの起源をなすもので、農事を始める重要な折り目に、春の花を採って山の神を田に招き降ろして、田の神として祀るとともに、祟りやすい悪霊を追い払うのである。

現行の鎮花祭には特殊神事らしさは見あたらないが、神饌の中に三輪山に産する忍冬と百合根が特殊神饌として供えられている。また、拝殿両奥の御棚という二段の腰つき壇には、大和の製薬会社や大阪道修《どしょう》町(中央区)界隈の製薬会社などから、多数の薬品が奉納されてうずたかく積まれている。この祭りが俗に「くすり祭り」ともいわれるように、薬種の信仰があるからである。

これには大神神社にまつられる少彦名命について、『日本書紀』に、

夫の大己貴命、少彦名命と力を戮《あは》せ心を一つにして天下《あめのした》を経営《つく》る。復た顕見蒼生《うつしきあをひとくさ》及び畜産《けもの》の為めに、則ち其の病を療《をさ》むる方《のり》を定む。又鳥、獣《けだもの》、昆虫《はふむし》の災異《わざわひ》を攘《はら》はむ為めには、則ち其の禁厭之法《まぢなひやむるのり》を定む。是を以て百姓《おほむたから》今に至るまで咸恩頼《みなみたまのふゆ》を蒙《かう》ふれり。

とあり、少彦名神が治病と禁厭《まじない》の神とされたことにもよろう。合わせて山岳宗教者が、大いに関与していたものであろうと推定される。古来宗教者は苦行を修する結果呪験《じゅげん》力を身につけると認められ、霊魂観念からくる祟りによると意識された病気をも治癒する力があるという原始宗教性に基づき、山岳修行者と霊薬との関係は各地の山岳に認められるところである。すでに大同三(八〇八)年撰述の『大同類聚方』に大神薬・花鎮薬・三諸薬という三種の薬の効能、調製法が収録されており、早くから三輪産の霊薬があったことが知られている。三輪の場合も大御輪寺の山岳宗教者が霊薬を広め、次第に鎮花祭と結びついてきたものと考えられる。

天皇神社・和邇祭り　てんのうじんじゃ・わにまつり

五月八日（現在五月第二日曜日）　滋賀県大津市和邇

琵琶湖の西に連なる比良山地の途中峠あたりから流れる和邇《わに》川は、その河口に沖積平野を形成し、そこには多くの集落がたたずまいを見せる。琵琶湖に流れが注ぐあたりは、和邇ヵ浜といって夏は水泳やキャンプで賑わう。この和邇の地域の旧志賀町北浜・中浜・高城《たかしろ》・南浜・和邇中・今宿の六つのムラが営む五月八日の和邇祭りは、厳重な作法で特殊神饌が調製され、頭上運搬によって神前に供進されることで世に知られる。

かつては小野と栗原のムラも一緒であったが、近年これらは独立した祭りを営んでいる。さきの六集落のうち和邇中と今宿とが大宮、すなわち天皇神社をもち、中浜が樹下《じゅげ》神社、南浜が木元神社、北浜が三宮神社、高城が若宮神社をそれぞれ集落内に氏神として祀っているが、いずれも日吉神社の末社である。したがって和邇祭りはこれら五社の統合された祭りである。しかし五社の神輿への神供は昔から南浜村が作り、絶対他へ回さないことになっている。

南浜は現在約一〇〇戸であるが、氏子となっている地の家は約六〇戸で、毎年地理的に近い三戸ずつが順番に神主となり、氏子を代表して神への奉仕にあたる。地区では青年会に入る一五歳以上はこの役を受ける義務があり、受けないと村を出なければならないというほど厳格であった。ほぼ二〇年に一回神主役が回ってくることになり、新しく村へ入ったものは加われないし、不幸があると翌年に回される。祭りの神饌に必要な費用一切は神主三人が負担し、相談の上でうち一軒が当屋となる。

実際に神饌調製の任にあたるのは「本神主」三名と、昨年の神主である「教え神主」三名、来年神主になる「見習い神主」三名の都合九名であるが、準備は本神主三名がおこなう。神主役は前年の一二月一三日夜に引き継ぎをすませており、正月には鏡餅や門松を飾って奉仕する。そして祭礼のときになっては手に入りにくいものは冬のうちから準備しておく。イサザ（魦）を買って干し、ゴマメ（田作《たづくり》）・数の子・鮒ずしなどを確保しておく。また四月一日には、御幣一三枚と御供につける神社名札五枚の作成を神官に依頼しておき、五月五日に受け取りに行く。同日は神社内外の清掃をし、御幣串や「竹馬」用の竹・斎竹《いみだけ》などに用いる竹切り、膳用の買物の注文、御供米の準備などをせねばならない。

宵宮の前日である六日は、神主三人は朝の四時ごろから船で琵琶湖に漕ぎ出し、岸より約一〇〇メートル付近の水の清い場所で米をとぐ。米は、前日用意したモチ米三升、粳米七升を混ぜた一斗分である。約一時間かかって午前五時すぎに岸へ上がる。そのあと神主は神社を清掃し神前に酒一升を供える。

正午前に高城地区から「コガシラ」が使者として南浜の神主当屋に赴く。コガシラというのは、地区に一人ずついる神輿渡御の最高責任者である。地区によって選ばれかたは異なるが、新しく村入りしたものが順に、一年間見習いをすませてコガシラになる例が多い。したがって年齢に関係なく選ばれ、渡御に関しては年老役の十人衆といえどもその命令に従わねばならない。コガシラは使者に立つとき、紋付羽織姿で、折敷に青梅とイワナシをのせて持参する。青梅は数個実のついた小枝で、イワナシは野山に自生する小さい白い実で、表面は白い粒のようなものがついて、その実を葉っぱが包み込むかたちをしている。いずれも神饌に用いるもので、最低一三個必要である。この使者にはコガシラの見習いが付き添ってくることもあり、本膳で昼食を出す。鯛の焼物・筍とコンニャクの煮染・エビ・豆腐汁・焼鮎と御飯と酒が出される。使者が帰るときは南浜の返礼としてイサザを渡す。ここに山の幸と海の幸との交換がなされるのである。

本神主は高城地区からの使者の接待を終えると、ヘギ一三枚・土器《かわらけ》四〇枚・半紙二折・灯心一把・柳箸五〇膳・水引二〇本・生紙三〇枚・若布一把・茗荷（根付き）一三個・蕗（根付き）一三本・筍・焼豆腐一〇丁・白豆腐四丁・小芋・蒲鉾・コンニャク・ホウレンソウ・鮒ずし三匹と、ゴマメ・数の子・牛蒡の三種などを用意する。

翌七日は神饌調製の日である。三人の神主は午前四時に起床し、浜で身を浄め、当屋で一斗の米を蒸すことから始める。蒸しあがる午前七時頃には、教え神主三人と見習い神主三人とが当屋に集まり、御供の調製となる。

「御供さん」は二升分ずつを大きな椀の形をしたモッソウに入れて押さえつけ、直径二五センチほどの桶の上部にはめた蓋板の上にふせる。すると桶の胴部はカラで、上部に饅頭形の御供米が盛りあがった形となる。これが御供さんとよばれる神饌で、五社に供えるため五つ作る。これに用いるモッソウとよばれる木鉢は、本神主が神社の神主箱と共に代々引き継ぐことになっている。なお一斗の蒸し米のうち少し残して「切《きり》御供」に用いる。切御供は土器に一握りの御飯を入れ、藁一本の注連を巻いたもので、一三個作る。

つづいて当屋の庭で、藁輪・御幣・副神饌などの用意がなされる。藁輪は御供さんを頭にのせて運ぶとき、頭に据える直径一五センチほどの輪で、藁五束を用いて五個つくり、同時に土器をのせる小さい輪を三九個をつくる。五日に切ってきた竹は、枝付きのまま当屋の門口に立て斎竹とし、忍竹を二尺に切って

頭屋に飾られた神饌一式

一三本用意し、上部を二つに割って紙垂《しで》を挟んで御幣を作り、金と赤の水引をかける。つぎに油筒と竹馬とを作る。油筒は副神饌の「オヒカリ」に注ぐ油を入れる筒で、節をつけて切り底部とし、上部は筒の上半分を短く段差を設けて注ぎやすくする。全体で二〇センチほどで、上部の半割りのところに水引をかける。竹馬は長さ二〇センチほどの神酒を入れる竹筒で、節を二個含めて一方は節の際で切り、一方は二本の枝を三センチほど残した状態でこれを脚とし筒が斜めになるようにする。その端の切り口は節から五センチほど長くして上半分は切り落として段差を設けることは油筒と同様である。脚のついた方の節は抜いて底まで神酒が入るようにする。

　また、高城から贈られた青梅とイワナシは、根付きの茗荷と根付きの蕗と一緒に湿らせた若布でくくって一三個作り、大麦一本をノギのついた状態で半紙に包み水引をかける。これらの作業が午前中になされ、できあがった神饌は当屋の床の間に飾られる。

床の間の正面に「木之元神社」の神号軸を掛け、手前に一対の銚子に神酒を入れて置き、その脇に一三本の御幣を立てかける。床上には桶に盛った御供さんを五つ並べ、それぞれ五社の名前を書いた名札を下げる。その手前に長台を置いて三方に土器と大麦を半紙で包んだものを据え、手前に一三組の副神饌を据える。副神饌は、ヘギの中央に土器に灯心を入れたオヒカリ、奥の左側に切御供を右側には土器に青梅・イワナシ・茗荷・蕗を若布で束ねたものをのせ、手前には竹馬に入れた神酒の四種類である。

飾りつけまでは女はいっさい関与できず、本神主・教え神主・見習い神主の九人でなされる。これらが終わると正午前になり、各人一旦帰宅し和服に着替えて再び当屋に集まって昼食となる。昼食の賄い役は本神主三人の家から女子が出て奉仕する。このときの膳は焼物(鯛)または鮒の煮付・造り・つき出し(小魚)・煮染・浸し物・あら汁・白豆腐・御飯・酒などである。昔は、昼食後宵宮番に煮染を持参することになっていたが、近年はお金に代えている。

神輿は、若宮と天皇社の二社は天皇社に常置されているが、他の神輿は晩から八日未明にかけて青年会が天皇神社まで担いで上げ、祭りをおこない、宵宮の晩は青年会が神輿番をするのである。

祭りの当日は、午前三時頃に青年会の四、五人が「ウーの鳥や」と言いながら氏子地内を廻る。これは鵜が目覚めるのが午前三時頃で、羽ばたくのが三時半から四時頃といわれ、それに因んで氏子を早く起こして歩くのだといっている。あるいは、この地方の鵜による漁撈と関係があるかも知れない。その頃から少しずつ氏子が天皇神社へ集まってくる。和邇では三歳になると氏子に登録されるが、氏子になると神様を天皇社まで送る義務があるとされ、松明を持った祖父や父親に付き添われて参拝する。南浜の神主当屋へは、午前五時までに南浜区長と氏子総代三人、ならびに御供さんを運ぶ稚児五人と付き添いの母親五人

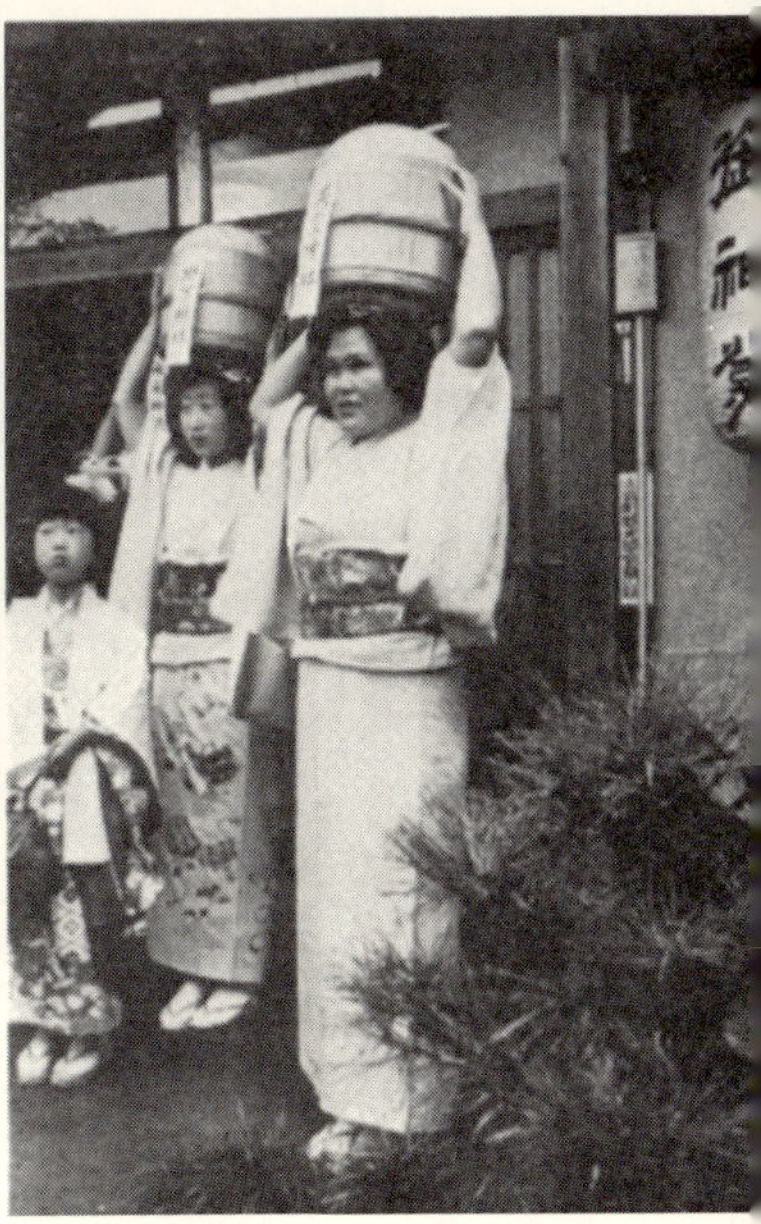

上：頭屋での出立の儀／　下右：稚児と神饌をいただいた介添／
下左：頭屋から神社に神饌を運んでゆく行列

の一四人が集まる。区長と氏子総代は紋付羽織袴姿で、稚児は本神主が選んだ三歳から六歳の女の子で、着物姿に頭にリボンをつけ顔に白粉を塗り、母親もまた晴着姿である。迎える本神主・教え神主・見習い神主の九名は裃姿である。

稚児が五人揃うと、クジを引き着席順を決める。床の間を正面にして一方に区長ならびに氏子総代が席に着き、反対側にクジ一番を引いた稚児とその親から、五番の母親まで順に一〇人が坐る。この順番は上から天皇社・樹下・木元・三宮・若宮と、御供を運ぶ宮の順になる。神主の九名は末席に控える。

一同が着席すると「出立ちの御膳」が運ばれる。御膳は鮎の煮付や焼豆腐、小芋なども出るが、鮒ずしの吸物と三種の肴は絶対欠かせないものとされている。鮒ずしは滋賀県下一円の特産品で、各地に神饌として用いる例がある。三種の肴はゴマメと数の子と牛蒡で、これとまったく同じものが琵琶湖を隔てた野洲市辻町の三上神社神事に、副神饌として供えられていることは注目される。和邇祭りの場合はこれらを供えるのではなく、祭りに関与する人が食べるのである。この膳は区長と氏子総代と稚児だけに配られ、母親は膳に皿がのっているだけで、盛り鉢の煮染や筍を適当に取って食べるのである。ただし、鮒ずしの吸物が「なれずし」として独特の臭味があるので、子供の膳は豆腐汁などに代える場合が多い。区長と氏子総代にはこの席で酒が出る。

出立の儀が終わって、午前六時ごろ、宮に向かって出発する。御供さんは付き添いの母親が頭に輪をのせ、その上に桶をいただき、御幣は本神主が持ち、他の神饌は唐櫃二合に詰めて天秤棒で担ぐ。昔は南浜の若嫁さんが頭上にいただいて神社まで歩いて行ったのであるが、近年、稚児・付き添いをはじめ行列の一行は途中から車を利用している。行列の順序は当屋を受けた神主・他の本神主二人・稚児と御供をいただく母親・区長・氏子総代・見習い神主の順である。行列は神社へ着くまでに「前田のハナ」とよばれる

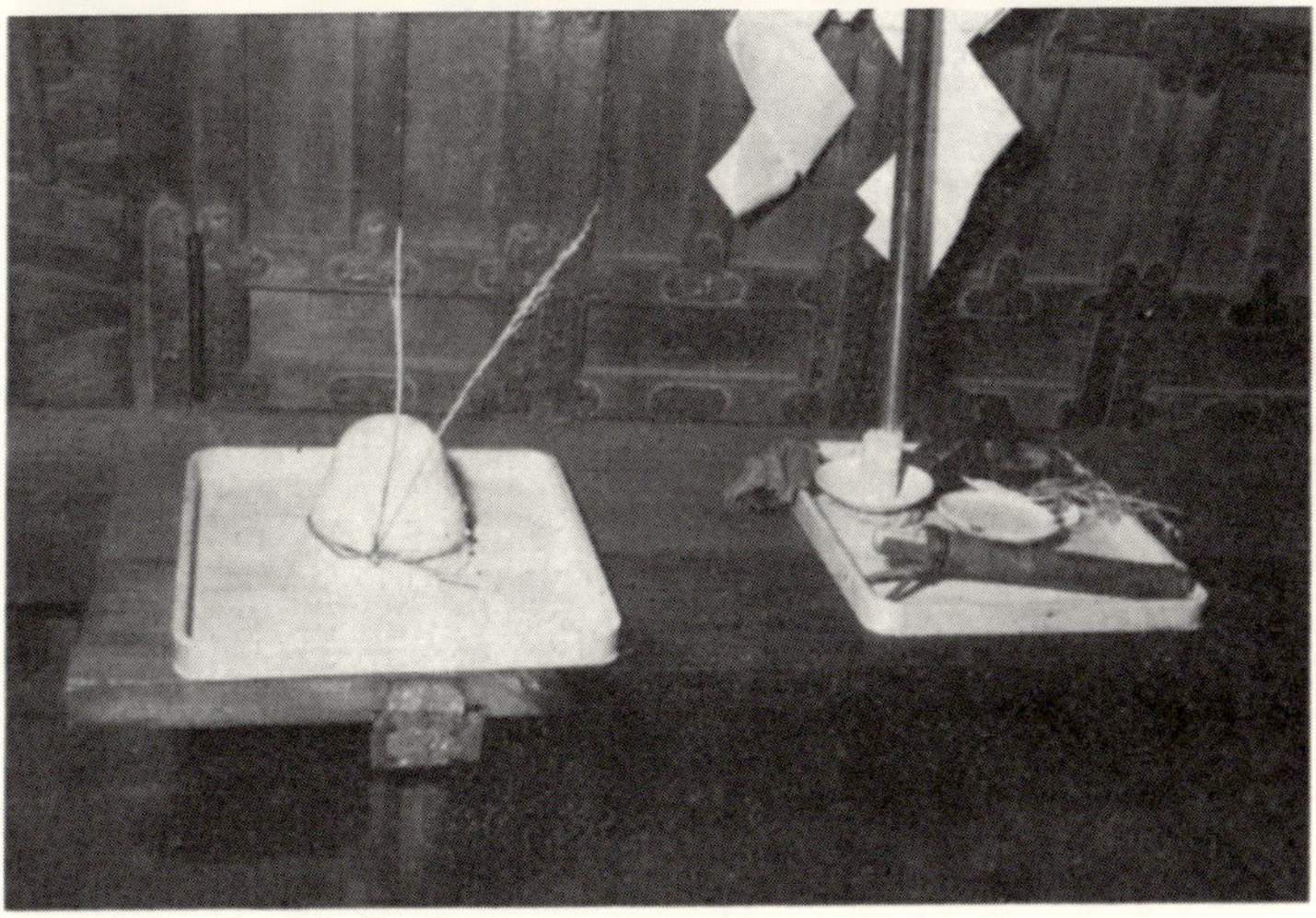

上：本社に祀られた神輿に神饌を供える／　下：木元神社に供えられた神饌

場所でいったん止まり、ヘギにのせた一三個の神饌の一つを供える。ここはその昔に社があった所といわれ、受け取りに来る今宿地区のコガシラに渡す。同様に貴船神社の前にも一組供える。

行列が天皇神社へ着くと、神饌は仮屋に並んだ五社の神輿の前に供えられる。まず南浜の当役の開会の辞で献灯され、献饌となる。献饌は御供さんを神官が樹下神社に供えると同時に、南浜の神主が木元神社に供える。つづいて大宮、三宮、若宮の順に神官が八脚台に献饌する。つぎにヘギに入れた副神饌と御幣を五社に同様に供える。これが終わると中浜地区からの御供献饌となる。これは一握りのモチ米と粳米との蒸し御飯を丸く山形に盛り上げて、一本の藁で下部を結わえて両端を上部にはね上げた状態のもので、南浜の切御供に相当し、中浜の神主がハンボウ（半切桶）に七個入れて持参している。うち五個を五社の神輿前に供えるのである。すべて神官が樹下・大宮・木元・三宮・若宮の順に供える。式典は続いて修祓、神官の祝詞奏上、神主や氏子総代、各区長の玉串奉奠があって撤饌となる。なお、南浜からの一三のヘギは神社への途中で二個、式典に五個と、一個は和邇中のコガラシに渡して天皇社の脇の小宮に供え、残る五個は神輿のお渡りのとき、唐崎で五社の神輿に供えるので一三個必要となる。中浜の御供は、式典に五個と小宮へ一個と「十禅師宮」と書いた灯籠前に一個とを供える。

賑やかな祭礼は、午後一時に南浜の神主当屋に「駒使い」を迎えることから始まる。北浜から男の子三名が駒となり、それぞれ男親に付き添われ、北浜の神主一人と一緒に当屋に着く。南浜でも三名の駒と付き添いが、中浜からは神主二人が出席する。駒は「七度の使い」の役目をし、この使者があって初めて神輿が御旅所へ向かう。当屋では六人の駒と北浜と中浜の神主に対して膳が出される。鮎の煮物・鮒ずしの汁・三種とよばれるゴマメと数の子と牛蒡・煮染・御供飯などである。食事が終わると、天皇社より五社の神輿の出御となる。担ぎ手は一八人で三回替って担ぐが、三〇歳までの青年会は二回、壮年会は一回担いで、浜にあるコメダチバとよばれる御旅所まで一五分ほどで一気に走る。昔は途中で和邇川に入っていたそうであるが、国道ができて以来できなくなっている。この途中で唐崎神社にヘギの御供をあげるが、昔は御旅所から神輿を船にのせて近江八景の一つ唐崎まで上っていたそうである。神主・十人衆・コガシラ・氏子総代・地区の役員を従えた五社の神輿の並ぶさまは壮観である。神輿は御旅所で祭典をうけて装束をはずし、再び天皇神社へ帰るのは午後七時をすぎる。

翌九日は朝から年長者の十人衆が神輿装束を干し、神主は御供餅配りの任務がある。前日に供えた二升の御供さんは南浜の神主が調製するが、供えられた各地区が持ち帰る。それをこの日、蒸し直して小皿に入れ、氏子各戸に少しずつ配って、直会にかえて共食してもらうのである。

松尾大社・還幸祭

まつおたいしゃ・かんこうさい

五月上の酉の日（現在四月二〇日以降の日曜日の三週間後の日曜日）　京都市西京区嵐山宮町

京都四条通の西端、松尾山の麓に鎮座する松尾大社は、京都でも最古の大社の一つである。文徳天皇の大宝元（七〇一）年秦忌寸都理《はたのいみきとり》が社殿を建立し、大山咋命《おおやまくい》・市杵島姫命《いちきしまひめ》の二神を祀ったのにはじまるといわれ、平安遷都以来、王城の鎮護として賀茂社と並び相拮抗してきた。現在も醸造の神、寿命の神、福徳の神として厚い信仰に支えられている。

桂川の渡船で有名な松尾祭の祭日は一定せず、毎年四月下の卯の日が神幸祭（お出《いで》）で、五月上の酉の日が還幸（お還り）の本祭りである。神事祭前日に摂社月読《つくよみ》社境内の御舟社の前で舟渡御安全の祭典があり、神事祭当日は吉祥院より榊御面という依代《よりしろ》が到着するのを待って出座の式がある。これは大きな榊の木を二本切ってきて、その一本に男神面、他の一本には錦袋に入ったままの女神面がとりつけられ、榊に男女二神が宿られたこととして、それを御神体とする。そして男女二神の面合わせを祭儀の中心とし、それがすんではじめて渡御が出る。

松尾七社（本社大宮・四大神・衣手・三宮・宗像・櫟谷《いちいだに》・月読の七社。ただし、月読社だけは唐櫃に奉ぜられる）の神輿六基が、それぞれの社の拝殿を三周し、榊御面を先頭に社前の街道を南へねり、桂離宮前から桂川の河原へ下り、ここから対岸へ船で渡る。白い衣の駕輿丁にかつがれて清流を渡るさまは京の春を彩

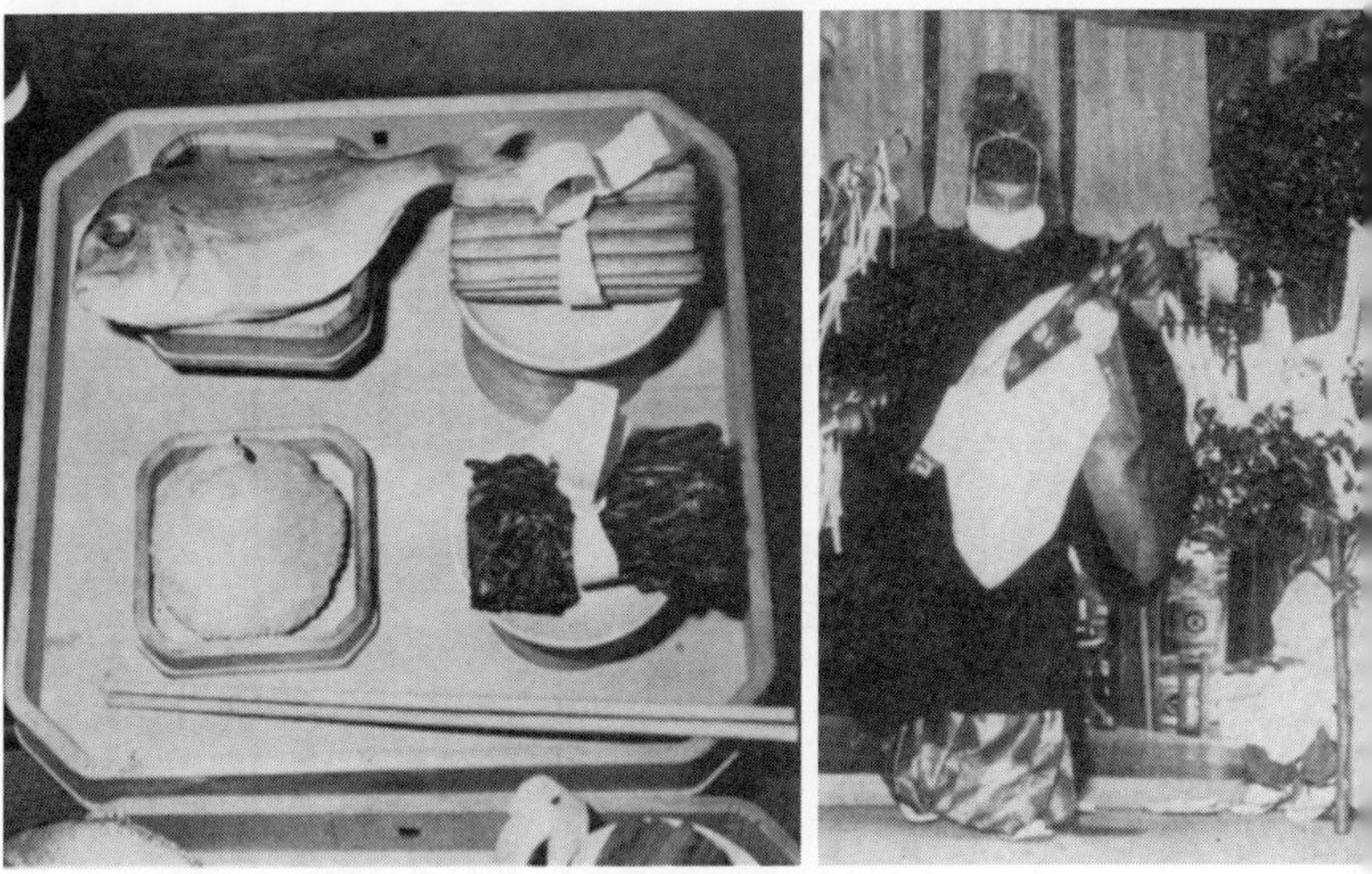

左：赤飯座の神饌／　右：榊御面男女二神

るもので、多数の見物人が詰めかけ盛観を極める。川を渡った斎場に六基の神輿を並べ、「河原の御《み》饌《け》」という神饌を供えて川渡りの祭典をおこなう。終わると四基の神輿は西七条の御旅所に、一基は西京極川勝寺《せんしょうじ》の三宮社御旅所に、一基は西京極郡《こおり》の衣手社御旅所に安置される。この祭りを「お出《いで》」と称し、神輿はそのまま一九日間それぞれの御旅所にとどまることになる。

　五月の還幸祭（お還り）は衣手・三宮社の両神輿も西七条御旅所に参集し、そろって下京区唐橋《からはし》の西寺公園（西寺金堂址）の旭の社へ寄って祭典があり、行列は七条通を東進して朱雀御旅所に寄り、ここでも祭典があって終わると本社へ還御になる。当日は神殿や神輿を葵蔓《あおいかずら》で飾り、供奉のものは葵と桂をカザシとして身につけるので、この祭りを「葵祭り」とも称する。

　神事途中の旭の社では、唐橋の氏子より神饌が供えられる。この氏子は、昔は大藪姓二軒と井上姓三軒の五軒、現在は井上姓一軒が転出し、四軒で「赤《あか》

上：御旅所にねり込む御輿
中上：赤飯座頭屋から御旅所に神饌を運ぶ行列
中下：御旅所での祭儀が始まる
下：御旅所に祀られた御輿に神饌を供える

飯《い》座」と称しており、順に一軒ずつ当屋を勤めて神供を作ることになっている。神饌は還幸祭の前日午前中に作り、でき上がると当屋の床の間に飾られる。昔は五人が集まって身体を浄めてから作られていたが、近年は当屋の一家が調製するようになっている。当屋義務は四月二日の「榊さし」の行事から始まる。すなわち、当日西寺公園の旭の社前に榊を供え、四方を浄める行事があり、神事祭当日には鯖・白蒸し・巻き昆布を折敷に入れ、他の座員に配る義務がある。当屋を標示するのは「オシメ縄」であり、還幸祭の日に新しい縄を作り、翌日次の当屋に渡す決まりになっている。次の当屋はオシメ縄を一年間玄関入口に飾って家を清浄に保つ。

赤飯座の作る神饌は、御膳にモチ米を蒸した白蒸し・若布一握りを白紙で巻いて紐でくくったもの・小鯛一尾・生蕗一〇本ほどを括った四品を置き、箸を添える。別の折敷には神酒・サワラ（鰆）・スルメ一枚を白紙で巻いたものと、土器《かわらけ》に紅白の落雁で亀形にしたもの一対とを配する。亀は松尾大社の神使とされるもので、亀に関する伝説も多いが、この形の神饌自体はさほど古いものではなかろう。当屋は以上の神饌を七組作り、唐櫃に入れて翌日まで厳重に保管しておく。

還幸祭当日、行列が旭の社に到着するのが正午過ぎであり、直前に座員全部が白衣を着て葵蔓をかざして当屋に集まり、神輿六基が西寺公園に入るのを見届けてから一同は当屋の家を出発する。当屋を先頭に他の三人が続き、唐櫃に入れた神饌は当屋の雇った「神役」とよばれる二人が運ぶ。唐橋の文字のハッピ姿で、背に松尾大社の印が染めてある。行列は当屋を出ると、すぐ近くの道祖社前でいったんとまり、その社前に神饌一膳分を供える。すぐに西寺公園へ向かい、六基の神輿の前のお膳場に六膳分の神饌を供え、神官による式典がとりおこなわれる。

樹下神社・御膳持ち

じゅげじんじゃ・ごぜんもち

五月一五日前後の日曜日（現在五月の第二日曜日）　大津市山中町

大津市山中町は、比叡山ドライブウェイの入口にほど近い、海抜三〇〇メートル余、白川の清流に沿う町。この町は、壬申の乱に大友皇子に味方し、敗れた磯谷氏が棲みついたことにはじまるといい、いまもこの町には磯谷姓の家が多く、町の中央にある磯谷山極楽寺が菩提寺である。

町の中央に鎮座する樹下神社は、鴨多多須玉依姫命《かもたたすたまよりひめ》を祭神とする。例祭は五月一五日、京都の賀茂の葵祭りと同じ日であったが、近年祭日がかわり五月の一五日前後の日曜日になっている。町に住む未婚の女性一人が、神前に御膳を捧げる神事がおこなわれるところから、「御膳持ち」の祭りと呼ばれている。町の全戸が廻り持ちで頭屋をつとめるが、頭屋は六軒一組となり、その六軒のうちから、御膳持ちをする娘が一人選ばれる。六軒のうちに娘のいないときは、親戚から娘をたのんで養女のかたちにして出す。

選ばれた娘は、祭りの二、三日前から斎戒沐浴して神事にそなえ、祭日当夜を迎えると、娘は振袖に着飾って「右京の家」から神社まで御膳を運ぶのである。右京というのは、代々この神社の宮守をつとめる家筋の吉村家で、文字表記は異なっても代々「ウキョウ」を襲名している。現当主は吉村有経氏であるが、これもウキョウと読む。この家は昔は神社の横にあって、戸口が神社の方を向いて建っていたという。

神前に捧げる御膳は、正式には「朝御食《みけ》」「夕御食」といい、朝夕二回調進して運ばれたのであるが、

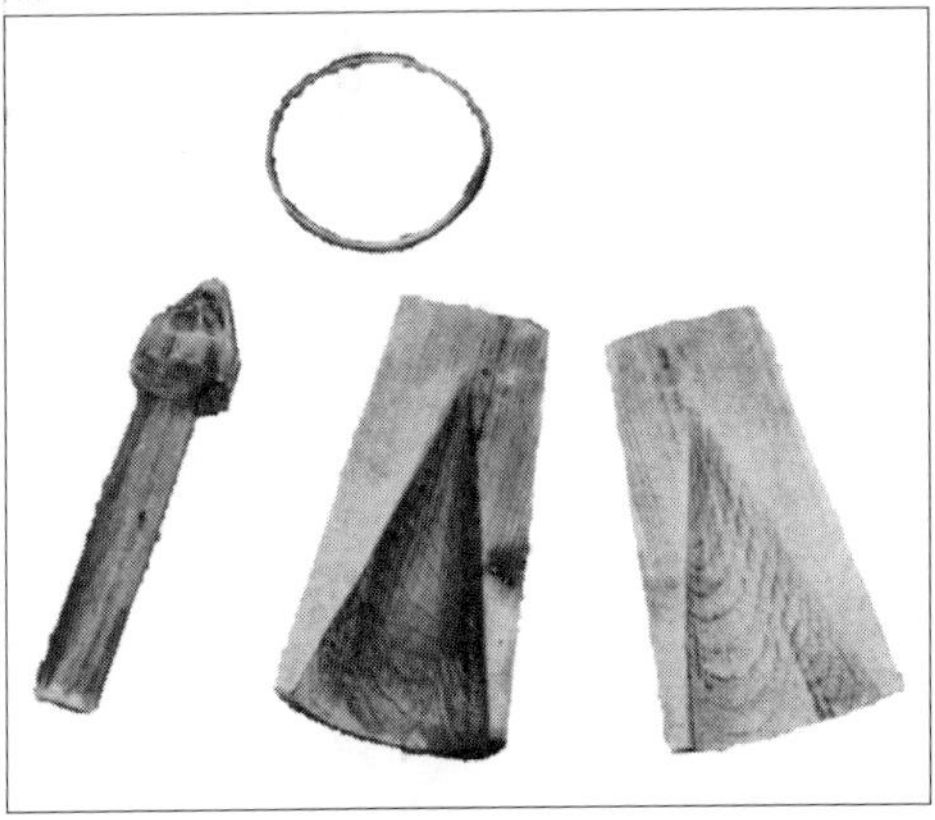

上：宮守の床の間の神饌一式
下：赤飯御供調製の木型

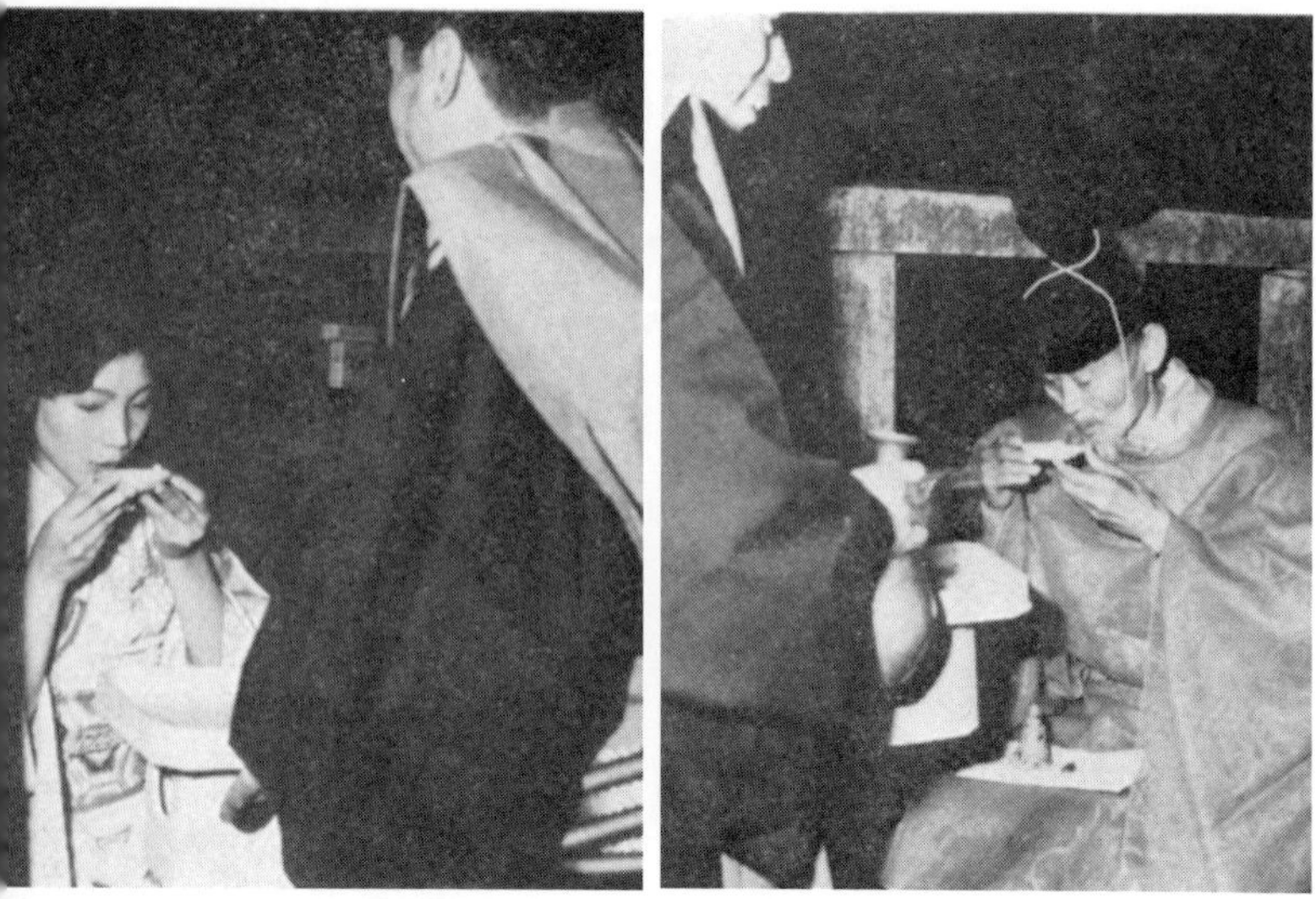

神の代理人の神官と官女の三々九度の盃事

大正年代から町村長らが奉幣使となって祭式をしたので、朝御食がちょうどこの祭式と重なるようになった。そのために廃止され、昭和のはじめから夕御食だけになった。

御膳は、縦約一一〇センチ、横約七〇センチ、脚付で高さ約一五センチの木製の「フネ（槽）」に配膳されるが、中央に三方にのせた錫の瓶子一対を据え、その前と両側に赤飯一組、豆腐・ワカメ・カマスなど野・山・海の食物を大小の土器《かわらけ》に盛ってのせる。本来これらは七組ずつ配膳するものだという。それは本社のほかに春日神社と山宮さん五社の境内社が祀られているので、これら七社に捧げるためだという。御膳の調製は、当日昼ごろから右京の家でおこなわれる。オコワ（赤飯）は長い円錐形につくられるが、それには木型があって、そこに赤飯を詰めてつくる。木型は縦に半分に割れるようになっていて、詰めおわると型を開いて取り出す。大きなオコワは木型いっぱいに赤飯を詰め、小さいオコワは木型の半分まで底から詰めて取り出す。

夕闇せまるころになると、礼服に装った頭屋をはじめ宮座の面々が、提灯を携えて右京の門前に三々五々集まってくる。みな勢揃いすると、宮守の座敷で御膳持ちの頭に、御膳槽がのせられる。頭屋六人の介添でのせられるが、大きな御膳槽を安定よくいただくのはなかなかむつかしい。いただきおわると御膳持ちを中心に行列を組んで、提灯のあかりで足元を照らしながら、しずしずと闇の中を社に赴く。御膳をいただいた振袖姿の御膳持ちの姿はひときわ映え、まさに一夜を神に仕える「一夜官女」の神秘の雰囲気をただよわす。行列は鳥居をくぐり、石段を登り、社殿石段下に飾り祀られた神輿の座まですすむ。この夜、神霊は本社社殿からこの神輿に移り宿っておられるのである。

まず神前に御膳を捧げ、この日だけ出向いた宮司が神前に向かって右、向かって左に御膳持ちが坐り、宮守の給仕で宮司と御膳持ちが三々九度の盃の儀をおこなう。宮司が神のかわりとなり、神と御膳持ちが婚礼の儀をとりおこなうのである。そして宮守・巫女の舞があり、つづいて境内に座を占めた頭屋・宮座の一同が盃事をする。このとき別に調製された円錐形のオコワ、スルメなどが肴として添えられる。年番の頭屋六人は羽織袴の正装、他の座衆は略式礼装でのぞむが、整然とした厳粛な直会の儀は、また荘厳である。

なお、錫瓶子の箱には「錫徳利壱対」「山中村若連中」「嘉永七年寅菊月」の墨書銘があり、古くはムラの若連中が大きく神事に関与していたことがうかがえる。

賀茂御祖神社　賀茂別雷神社・葵祭り

かもげじょうのしゃ・あおいまつり

五月一五日　（下社）京都市左京区下鴨・（上社）北区上賀茂

葵祭りは「賀茂祭」ともいい、賀茂御祖《みおや》神社と賀茂別雷《わけいかづち》神社の祭礼で、古く欽明天皇のころからはじまったという。そしてたんに「まつり」といえば、この葵祭りを指したともいわれる。下鴨の賀茂御祖神社は、玉依日売《たまよりひめ》とその父神である賀茂建角身命《かもたけつぬみのみこと》を祀る。『風土記』に伝えるところによれば、玉依日売が石川の瀬見《せみ》の小川で丹塗矢《にぬりのや》によって別雷命を生んだといい、その別雷命を祀ったのが上賀茂の賀茂別雷神社である。下社を御祖の社とするために、この両社を「下上の社」という。この祭儀に列する人々がみな葵・桂をカザシとして身につけるところから「葵祭り」と呼ばれ、わが国の祭りのなかで、もっとも優雅にして古趣に富んだものとして世に知られる。

昔は四月の中の酉の日であったが、いまは五月一五日が祭日である。祭儀にさきだってまず、五月三日に下鴨神社で「鳴弦蟇目《めいげんひきめ》神事」がある。舞殿で弓の弦を鳴らし天地四方の邪気を祓う。魔除けの弓の神事である。つづいて五月上旬「斎王代禊《さいおうだいみそぎ》神事」がある。平安時代に未婚の内親王が斎王に選ばれて葵祭りに奉仕したので、いまでも京都の未婚の女性が選ばれて、斎王のかわりとして斎王代となる。この斎王代と葵祭りに奉仕する女性二〇数名が、平安朝の昔を偲ぶ華やかな衣裳をまとい、御手洗川のほとりで川に手を浸して身を浄めるのである。

つぎに五月一二日、下鴨神社で「御蔭祭り《みかげ》」がおこなわれる。葵祭りのためにまず神霊を比叡山麓の御蔭山に迎えに行くのである。空馬をひいて御蔭山にいたり、そこで神霊を馬の背に移し、錦蓋を馬の背に覆って還幸するもので、神霊は馬に乗って降臨されるという、日本人の信仰にもとづく古俗を、そのままいまに伝えるものである。還幸の途中、糺《ただす》の森の広場では「切芝の神事」がおこなわれ、優雅な東遊《あずま》びの舞楽も奉納される。

神馬と錦蓋

同じ日、下鴨神社の御蔭祭りにたいして、上賀茂神社で「御阿礼《みあれ》祭り」がおこなわれる。アレとは生まれるの意で、神霊の出現を意味する。一二日真夜中に、葵蔓をかざした神官以下が、社の北西約八丁の山中に設けられた神籬《ひもろぎ》の前で献の儀をおこなうのである。灯火を消して奉幣し、阿礼と称する榊の枝を持つ神人が、正面立砂を三周して神移しをし、秘歌を唱えながら裏門から中門に入り、本社に神霊を移す。

葵祭りの当日は、宮中の儀、路頭の儀、社頭の儀の三儀がおこなわれる。「宮中の儀」は、午前八時三〇分、京都御所に勅使以下が参集して御祭文・御幣物を拝受する儀式である。「路頭の儀」が、一般に葵祭りと呼んでよく知られる雅やかな渡行である。だがこの渡御は神事の列ではなく、勅使を中心として賀茂社へ参ずる奉幣使らの参向の行列である。この行装こそ平安の王朝風俗そのままで、葵祭りの圧巻である。

行列は検非違使の一群の先導で、検非違使尉、それについて山城使が騎馬で勅使に先行する。つぎに御幣櫃、内蔵寮の史生、馬寮使、そして勅使になる近衛次将が牛車を従えて騎馬で行く。これに護衛の随身四名がつき、さらに陪従七人が従い、本列の最後に御祭文を奉拝する内蔵使が従う。このうち御幣櫃は下社の祭神二座、上社の祭神一座に献ずる神饌合わせて三合で、馬寮使が馬部、白丁に曳かせる御馬とともに、この日神に捧げられる、もっとも重要なものである。

こうした本列は、王朝時代の伝統を継承したものであるが、後世これに斎王代列が加わって、いっそう雅やかな行列になった。それは俗に十二単衣といわれる物具《もののぐ》姿の斎玉代が輿に乗り、小袿《こうちき》姿の命婦《みょうぶ》を先頭に、袿《うちき》姿の女孺《にょうじゅ》、それに童女、騎女《うまのりおんな》を従え、さらに伶《れい》人が太鼓、鉦鼓、一鼓、笛、笙で道楽を奏して続く。この行列は本列とは別に路頭を行進するのである。

行列が正午ごろ下鴨神社に入ると、そこで「社頭の儀」をおこなう。まず御幣物を安置して祭文を奏上。幣物を神前に納めて、宮司が勅使に神宣を伝え、神禄を授けて返祝詞。馬寮使が御馬をひきまわし、東遊びの歌舞が演じられ、優美な儀式が展開される。

神前に献じられる神饌は、「葵桂」を中心として、

初献　䭔飳《ぶと》　五結
　　　糫餅《まがり》　五結
　　　昆布《こぶ》　一枚
　　　長芋《いも》　五結
　　　御箸　六角

神饌

神酒

御飯　大盛

御汁　鱈汁

御塩

神酒御盃

御箸　六角

御最花《おさは》

餅

御菜《おさい》　生物《なまもの》

塩引　高盛

鰆　高盛

鱒　切り身

海老　丸

干物

干鯛　高盛

詔陽魚《ごまめ》　五結

打鰒《のしあわび》　丸

鰀鱜《あゆ》　五結

下据《したずえ》

上：下鴨神社での社頭の儀
下：上賀茂神社前路頭の儀

小鯛　丸
鯖　丸
鮒《ふな》　丸
鯵　丸
鰹節　三本結
後献《こうこん》　御菓子
洲浜　七盛
粔籹《おこし》　七盛
吹上　七盛
搗栗《かちぐり》　七盛
から成る。

初献の餢飳は、麦粉七、米粉三の割合で水で練り、扁平丸型にのばし、中に大豆粉を練ったものを挟んで二つ折りにし、胡麻油で揚げる。糫餅は、練った麦粉を紐状にして、輪をつくり三つ折りにたたんで胡麻油で揚げる。神饌の御菜の生物は、いずれも魚の身を三寸、幅二分角の切り身にする。干物は前年のそれぞれの季節に陰干して保存したものである。後献の御菓子の洲浜は、大豆粉を練り、餢飳は米と餅米の粉を混ぜて練り、吹上は餅米粉を練り、いずれも大豆粉で甘味をつける。

これらの材料は旧社領地よりあがるもので、旧社領地の「御厨家《みくりや》」が調達し、大炊殿《おおいどの》で「膳部職《かしわべ》」によって調理されるが、東西両本殿に一座ずつと、別に用膳として一座分がととのえられる。それを「神殿守《こうどののかみ》」が朱塗の神饌唐櫃に納め、「使部職《しべ》」が片半屋《かたはんや》の親王座まで運ぶ。そして、初献は朱塗円形高坏に盛り、神饌は御菜下据を除き朱塗脚高の台盤に盛り、御菜下据五種を朱塗方形御膳に盛って、台盤の下に据えられる。最後の後献は、朱塗円形高坏に盛って供えられる。撤饌は献饌と逆の順序でおこなわれ、供御所《くごしょ》に下げられるのである。

下社の祭儀が終わると、ふたたび行列をととのえ、賀茂川の堤を北上して上社に向かい、そこで下社と同じ次第で社頭の儀がおこなわれる。

上社では、勅使が到着するのにさきだって、内陣神饌・外陣神饌が神前に供えられる。それは、

内陣神饌	葵桂	二個
	御箸	一具
	船御飯	二艘
	船御餅	二艘
	御鯉	一喉
	御鳥	一羽
	御生物鯛	五尾
	大根	二杯
	百合根	一杯
	茄子	一杯

葵桂の神饌

積御料《つみのごりょう》　飛魚干物（五〇枚）
包御料《つつみごりょう》　栢《かしわ》の実
打栗
神馬草《じんばそう》（ホンダワラ）
吹上
饊《はぜ》
青海苔
紫海苔
鶏冠草
六十苔《むそ》
和布《わかめ》
大蒜《おおひる》　四本
檜皮粽《ひわだのちまき》　三二把
鰷《あゆ》　五喉
狛御料《こまごりょう》　鯛　二喉
御酒

外陣神饌

御箸　一具
御飯　一杯
塩　一杯

酒塩　一杯
三切れ物・飛魚　四杯
御高盛　鯉　一杯
　　雉子　一杯
　　飛魚　六杯
御饊《おんはぜ》　一杯
御団子　一杯
御餅団子　二杯
御酒　初献
御汁・雉子汁　一杯
冷汁　一杯
酢　一杯
潮煮《うしおに》・飛魚　一杯
御刺身・塩鯖　一杯
平切・飛魚　二杯
御鱠《なます》・塩鯖　一杯
木割・飛魚　一杯
むしり物・飛魚　一杯
御焼物・塩鯖　一杯

右頁：台盤と下据の神饌

右：初献の神饌
左：後献の神饌

御酒
御饌　一杯
丸団子　一杯
丸餅団子　二杯

である。

内陣神饌の葵桂は、二葉葵三二茎を井桁に組み、中に桂を一本はさむ。葵は男性、桂は女性を象徴するという。船御飯は、檜皮《ひわだ》の長方形曲物に御飯を詰め、上押さえをのせて真菰《まこも》で結んだもの二艘を、柏葉一枚と檜葉一枚敷いた折敷の上にのせる。船御餅は、船御飯と同じ形の船に葩餅《はなびらもち》一〇枚を入れ、その上に小豆を少しのせ、上押さえをして真菰で結んだもの二艘を、同じく折敷にのせる。包御料は、御菓子で、奉書紙二枚で一〇種を包み一〇包みにして、檜皮の匙を添える。檜皮粽は、桜葉に飯を少し包み、檜皮二枚の間に松皮とともに入れて真菰で結び、先に樗《おうち》の葉・薔薇《ばら》・石菖蒲を飾る。鰹は、六寸角の浅い曲物に柏葉一枚と檜葉一枚を敷いてのせる。狛御料は、鯛一喉ずつを、柏葉と檜葉を敷いた大きな土器に盛る。なお、狛御料は獅子狛に供え、檜皮粽は撤饌ののちいただいて帰り、各家の門口に麻緒や水引で吊りさげておくと、盗難除け、雷除けになるという。

外陣神饌の三切れ物は、飛魚を八分角ぐらいに切ったのを三切れずつ布目土器に盛る。御高盛の鯉は、皮つきで拍子木形に切って造りにして小ヤツカサ土器にのせ、紙の「打ち掛け」をかける。御饌は、玄米の煎ったもので、大ヤツカサ土器に盛る。潮煮は、飛魚の胸鰭つき一切れを布目土器に入れる。御刺身・御鱠《なます》は、ともに塩鯖一一切れを小高盛りにしてツヅキ土器に盛る。平切は飛魚三切れずつを小ヤツカサ土器に盛り、木割は飛魚の細切り四切れを、別に小さい二切れを下盛りにして、小ヤツカサ土器に盛る。むしり物は飛魚七切れである。これらの神饌は二組調進し、二つの案にのせて供えられ、御黴と丸団子・丸餅団子はそれぞれ大ヤツカサ土器に入れ、円形脚高の朱塗高坏にのせて供える。これも二個つくられる。

内陣神饌・外陣神饌のほかに、本殿前の庭にも神饌が献じられる。それを「庭上《にわうえ》神饌」あるいは「庭積《にわつみ》神饌」という。「葉盤《ひらで》」という小さな浅い曲物に盛った、たくさんの神饌で、朱塗りの大櫃に納められて、二人の白丁によって庭に舁ぎ込まれる。この神饌は葉盤に一二〇杯もある。何重にも積み重ねて櫃に入れてあり、いちばん上を上盛といい一二種一二杯である。それは干鮭一杯、生貝一杯、塩一杯、鯣《するめ》一〇枚一杯、青海苔一杯、打鮑《のし》一杯、神馬草一杯、鰺一杯、和布《わかめ》一杯、梭魚《かます》一〇枚一杯、鰹一杯、煎海鼠《いりこ》一杯である。下に積んだ方を下盛といい、六種類一〇八杯である。それは鱓《ごまめ》一七杯、飛魚一七杯、煮染一七杯、蕗七杯、茗荷七杯、あざみ一三杯である。上盛は下盛よりもやや大きな葉盤で、松の葉を敷き、下盛りは檜葉を敷く。

県神社・大幣神事

あがたじんじゃ・たいへいしんじ

六月八日　京都府宇治市宇治蓮華

県神社は、木花開耶姫命《このはなさくやひめ》を祀り、商売繁昌・縁結び・安産などに霊験あらたかと、畿内広く信仰を集めている。その名が示す通り、古代の「宇治県」の守護を司ったが、後冷泉天皇の永承七（一〇五二）年、関白藤原頼通の平等院建立の際、同院の総鎮守とされて以来藤原氏とも縁《えにし》の深い神社である。毎年六月五日から六日未明にかけて催される県祭りは、「暗黒神事」と「梵天渡御」の二儀式で名高い。その祭儀にも、昔は「朝御饌・夕御饌の儀」がおこなわれ、神饌が大きな役割を担ったが、近年は廃止となっている。

毎年六月八日には、「大幣神事」がおこなわれる。これは、平安朝以来の道饗祭《みちあえさい》、つまりさまざまな災いや疫神に食物を饗し、土地への侵入をくいとめる祭儀とされるが、「離宮祭」ともつながりが深い。離宮祭とは、宇治上神社と宇治神社の祭礼で、五月八日に宇治上神社二基、宇治神社一基の神輿がお旅所に入り（お出で祭り）、一カ月の逗留の後、六月八日に戻る（還幸祭り）。県神社の大幣神事は、その還幸にさきだっておこなわれる。両祭り、そして宇治三神社の浅からぬ関係が窺える。

宇治離宮祭については、『中右記《ちゅうゆうき》』長承二（一一三三）年五月八日条を初見に、翌三年五月八日条、『兵範記《へいはんき》』仁平三（一一五三）年四月二一日条、『玉葉《ぎょくよう》』文治二（一一八六）年五月六日から八日までの記事、『勘仲記《かんちゅうき》』弘安元（一二七八）年五月八日の記事などによって、平安・鎌倉期におけるその大要が知れる。

御旅所に供えられた梅の実、楉、若布

田楽・競馬や猿楽が催され、貴紳の見物人も多かったという。その離宮祭の本質を最もよく示唆するのが、大幣神事であろう。

現行の大幣神事は、六月八日午前八時に県神社大幣殿に神饌を供して祭典がとりおこなわれる。正面奥には大幣が置かれる。神事にさきだち、宇治川岸の亀岩の背後から、三メートルほどの松の木三本を伐り、割竹を添木としてあてて、上端に黄色の笠を一蓋ずつ取りつける。これを「棚松」という。三本の本《もと》の方は交差させて幣串に相当する棒に取りつけ、その基部に長辺二メートル弱、短辺一メートル弱の長方形の枠をつくり、周囲に紙垂《しで》を一面に垂らす。これが神事の中心になる大幣である。

大幣の前に高机を置いて三方《さんぼう》にのせた神饌を供する。奥に御幣と盛塩と水・小餅多数・昆布とスルメと紅白の寒天・野菜類・果物の五台の普通神饌を据え、手前に青梅の実二〇個余りと若布《わかめ》とを三方にのせる。その手前右には玉串と幣《ぬさ》を、左には土器と梅の楉《すわえ》（若い小枝）三本を八脚案にのせる。若布は毒消しとされ、梅

左：御旅所から宇治橋まで大幣をひきまわす／　右：騎馬神人による馬駈け

の実とともに疫病除けになるといわれている。また大幣の左奥には「一つ物《もの》」と称される人がたたずむ。白衣白袴に白足袋草履ばきで、周囲に白幣を一面に垂らし山鳥の尾を立てた四手（紙垂）笠という特殊な笠を被った姿である。祭典は県神社宮司によって祝詞奏上や玉串奉奠など型通りに進み、梅の実は祭典後巡幸に奉仕する人々に分け与えられる。

　祭典が終わると鉾・杓鉾・翳《さしば》の供奉に猿田彦と奉行三〇人余り、つぎに大幣・騎馬神人・笠鉾・七度半の使者などが参道を巡幸し、宇治橋畔に至って再度祝詞奏上がある。杓鉾は一・五メートルほどの竹棒に籠二つを合わせて球のようにし、その周囲に七個の竹の杓子を車のように取りつけた特殊なもので、八幡大菩薩と書いた小旗をさげてある。この杓は水車の形で雨を呼ぶと伝承される。

　大幣は、大幣殿にまつられていたものを、白浴衣鉢巻姿の一二、三人が、根の方を先にして運ぶ。先端の棚松三本は八衢《やちまた》比古《ひこ》命・八衢《やちまた》比売《ひめ》命・久那斗《くなど》神の三柱であるといわれている。祭りの最後には宇治川に流されるが、明らかに神霊の依代《よりしろ》と意識され、市内巡幸ではよからぬものを祓う霊力があると信じられていた。

　祭典中、大幣殿の奥にたたずみ一つ物と称された人物が、「騎馬神人」となり馬で供奉する。『中右記』長承二年五月八日の記事に

「一物」として認められ、平安時代末の離宮祭には供奉していたことが知れるが、奈良若宮おん祭りでは馬上に稚児がのり、草津市下笠町の老杉神社の五月三日の例祭に、三〜九歳までの男童が「お馬の神」として社参列に加わるほか、祭礼に一つ物が出る例は多い。多数の白幣と山鳥の尾羽一本をつけた笠を被り、馬に乗ることに共通点が認められる。おそらく神霊の憑坐《よりまし》から発展したものと推定されている。

宇治橋畔で祝詞奏上が終わると、市内を巡幸して一の坂下に到着し、大幣だけは宇治神社御旅所の鳥居下へ入り、一同が坂下で待つ間、騎馬神人による七度の馬駈けがある。終わると再び列を整えて大幣殿へ帰り、その前の広場で大幣を四回ねり廻した後、大幣をかつぐ若者はこれに綱をつけて引きずりながら一気に宇治橋まで行き、そこで大幣をこわして橋の上から川にほうりこみ、あとを見ずに帰る。この綱を引っぱる役は「大幣座」に所属する人々である。最後に大幣を川に流すのは諸々の災いや悪疫をこれに托して払い、村落の安全を祈るものと解される。このあとから騎馬神人が大幣を追い、宇治橋上で大幣を流した人々とおち合い、大幣神事を終わる。

この行事は享保末年の『宇治旧記』に記録されているが、元来は宇治離宮八幡の神事で、棚松にまつられるのも離宮三座であるとされてきた。

神饌の梅の楉《すわえ》は、祭典終了後白紙に巻いて、七度半の使いが右手に持って巡幸することになっている。この小枝には、悪魔を祓う呪力があると信じている地方も多い。楉や実をとる梅は宇治の南方、蛇塚といわれる地の上にある一本の古木の枝を用いることになっている。

率川神社・三枝祭り

いさかわじんじゃ・さいぐさまつり

六月一七日　奈良市本子守町

奈良の街中、本子守町に鎮座する率川神社は、三輪の大神神社の摂社。古くから「率川の社」といわれ、神社の前の小川も率川の名を持つ。平城遷都以前からこの地に鎮座したらしく、推古天皇元（五九三）年に大三輪君白堤《おおみわのきみしらつつみ》が勅命によって祭祀されたと伝える。祭神は中殿に媛蹈鞴五十鈴姫《ひめたたらいすずひめ》命、右殿に父神狭井《さい》大神、左殿に母神玉櫛姫《たまくしのひめ》命の三柱で、本殿が三殿よりなる。『延喜式』に「率川に座す大神《おおみわ》の御子の神社三座」と記されている。狭井大神は大神神社の大物主大神と同神であり、その御子を両親が左右から守護するという祭祀形態から、「子守加護の神」とされ、子守明神としての信仰がひろまり、「子守の社」ともよばれる。またその地を本子守といい、町名も本子守町となっていて、安産・育児・延命息災の加護があるという。

この神社の「三枝《さいぐさ》祭り」は六月一七日。三輪山の麓からとってきた百合の花を、手桶や酒樽にさしめぐらして神前に飾り、神域は百合の花一色にいろどられる。主神の五十鈴姫は、幼いころ三輪山の麓の狭井川のほとりに住んでおられた。一帯は山百合のたくさん咲くところで、神武天皇がはじめて姫を訪れられたときも、山百合が見事に咲きほこっていたという。この神の祭りに山百合の花を飾るのも、清純な百合の花の中で生長された祭神を慰める意味をもつのであろう。すでに『神祇令』に「三枝の花を以て酒樽

神前に供えられた神饌一式

を飾る故に三枝といふ」とあり、この祭りはきわめて古くからのものと知れる。三枝というのは、葉が笹に似た笹百合であるが、昔は山百合といい、古典では「佐韋」とよんだ。三輪の狭井の語源もここにある。多くは茎の先が三つに分かれて三輪の花をつけるので三枝といった。したがって、三枝祭りも俗名は「ゆり祭り」とよばれている。

このまつりはまた、『大宝令』では孟夏《もうか》（四月）のまつりの中に入れられ、『延喜式』では大神神社・狭井神社と並ぶ「花鎮《はなしずめ》の祭り」とされて重んじられてきた。鎮花祭は『神祇令』にも規定されているが、花を立ててこれを依代とし、荒れすさびさまよいあるく疫神や祖霊を花に鎮めとどめるものであり、三枝祭りも百合の花を献じ、鎮花祭と近い行事であるが、三枝はサキクサで、幸草・富草・福草で稲であろうとも解される。したがって、本来の鎮花祭は率川祭りのほうで、三枝祭りは稲苗を献じる農耕の祭りであったとも考えられる。

祭礼は、午前一〇時頃から始まり、拝殿に神職、千《ち》早《はや》に緋袴を着た四人の巫女《みこ》、楽人、薄物をかぶった五人の乙女が着座し、拝殿前には参列者に混じって「七媛女《ななおとめ》」が着座する。この七媛女は、祭神である媛蹈鞴《ひめたたら》五十鈴姫命が大和の高佐壮野《たかさじぬ》であそんだ七媛女に由来するとされるもので、薄物を着た七人の乙女が手に造花の百合を持つ。祭式は毎年三輪の大社から神官がきて勤めるもので、まず修祓があり、宮司が由祝詞《よしのりと》を奏して開扉し、神饌の献供がある。

この神饌は、宮司が前夜半より当日早朝にかけ、古式にのっとって調理した熟饌であるが、その調理は非公開とされている。一三種類からなり、それは、御飯を一握り円錐形にしたもの・若布・長方形の餅を二枚重ねて縛ったもの・香魚《あゆ》の頭と尻尾を切り捨てたもの二匹・鯛の切身二枚・鰹節一切・腊《ひもの》の切身一つ・烏賊《いか》の切身二枚・鰒《あわび》一個・枇杷《びわ》三個・大根を薄く長方形に切って二枚重ねて縛ったもの・牛蒡《ごぼう》五本を縛ったもの・栗十数個の一三品をそれぞれ小皿に盛ったものである。それに箸を添えて四〇センチ四方ほどの折櫃《おりびつ》に納めてある。この折櫃は、昔は隅切りの長方形（八角）の曲物《まげもの》で、上下に廻しの側板がついており、底板はやや側《がわ》より大きくなった古い様式の御供櫃を用いていた。現在は正方形の隅丸の曲物になっているが、やはり古風をとどめた形である。この折櫃に神饌を入れ、柏の葉をいく重にも編んで竹の枠で押さえたふたをし、ふじの繊維で十文字に結び、両端に瓮《みか》を添えて黒木（皮付きの木）の棚にのせる。この棚は高さ約八〇センチ、幅八〇センチ、奥行五〇センチほどで、上部に注連縄を張ったものである。これと同じ御棚《みたな》神饌が三基作られて、祭典が始まる前に神前の隅に運ばれる。神饌献供の折には、まず宮司と権宮司がそのうちの一基の両端を持って中殿に供し、宮司が十文字の紐を解いてふたを少し開け、再び閉じて退下する。つづいて権宮司と第一禰宜《ねぎ》が右殿へ、第一および第二禰宜が左殿へ同様に神饌を献ずるのである。

つぎに優雅な楽《がく》の音にのって、百合の花が供えられるが、向かって右側に黒酒《くろき》を入れた「罇《そん》」を、左側に白酒《しろき》の入った「缶《ほとき》」を供える。罇は、三足の丸い台に酒樽を乗せたもので、酒樽の周囲は笹百合の花で一面に飾られており、中央を割って独特の形の曲物を用いた柄杓が黒酒の中に差し込まれている。これを権宮司が両手で支えて、第一と第二の御棚神饌の中間少し手前に供える。缶は丸い酒樽を三〇センチくらいの高さの机にのせたもので、酒樽の周囲を笹百合で飾ることや中央に柄杓が差し込まれていることは罇と同様である。これは第一禰宜が左側へ供える。ここで用いられる柄杓は檜材の曲物で、柄の部分と桶の部分の側板とが一枚の木で作られており、側板を左巻きにして桜の皮で綴じたものと、右巻きにして綴じたものとあり、ともに底板は別にはめ込んである。

　つぎに宮司がこの柄杓を持って、罇の中で醸された黒酒を中殿の御棚神饌の左側の瓮へ、缶の中の白酒

上：柏葉をかぶせられた折櫃の神饌
下：黒酒・白酒の献供

巫女舞

を右側の瓮へと、順次三基の神饌へ黒酒・白酒を献ずるという儀式がある。この神聖な酒は、祭礼終了後に祭られるものと祭るものが共に飲んで、古来神人和合の祭りがおこなわれてきたのである。

宮司が祝詞を奏し終わるや、四人の巫女が頭に華蘰《かづら》をつけ、手には百合の花を採り物として神楽を舞い、境内を百合の香でみたす。神楽が終わると玉串の奉奠があり、缶と罇を撤し、神饌を左殿、右殿、中殿の順に撤して閉扉する。かくて午前中の神前の儀を終えると、飾ってあった多くの笹百合の花は、疫病除けになるとの信仰があり、参詣者はきそって乞い受けて持ち帰る。

午後からは、かねて神前に供えてあった大きな甕に盛った笹百合を車に乗せて「花車」とし、百合の花を頭に挿した男女多数の稚児や、七媛女の行列が氏子地域をねり歩く。古都に百合の香をただよわせて、この風雅な祭りは幕を閉じる。

畝火山口神社・デンソソ祭り

うねびやまぐちじんじゃ・でんそそまつり

七月二八日　奈良県橿原市大谷

大和三山の一つ、畝傍山の山麓に畝火山口神社が鎮座する。もとは山頂に祀られていたが、昭和一五年、麓に遷座したという。この畝傍山は応神天皇が誕生された地と伝承されており、そこに祀られた畝火山口神社は安産の守神と信仰されている。この神社には二月一五日（昔は正月一三日）の「オンダ祭り」、四月一六日の「峰山のダイダイ」といわれる春祭りがあるが、夏祭りは俗に「お峰デンソソ」と呼ばれ、近年は七月二八日におこなわれている。近在の農家はこの日を目安に田仕事が終わるようにつとめており、当日の参詣者は多い。

この祭りの中心になるのは「お峰山の水取り」といって、神水を汲む行事である。かつて祭礼が二八、二九の両日にわたった頃は二八日に、近年は二六日の早朝に、宮司が吉野郡大淀町土田の吉野川畔へ水を汲みに行き、二八日祭りの当日、神饌とともに神前に供するのである。いまは宮司が電車で吉野川畔に行くが、幕末までは武装した一二人の供を連れて行列を組んでいった。代々の宮司は大谷播磨守を名のっていて、高取藩領を通る時も「播磨さんのお通り」といって、領民が道をあけて待っていたといわれる。明治になってからでも馬二頭に桶を積み、供三人を連れていったという。

さて、土田では区長らを中心に、前日より神饌などの準備をして待ち、二六日朝、宮司が到着するや一〇時半頃より妙見社の境内にある住吉社の祠の前で修祓式がある。もとは吉野川辺にある周囲四メートルほどもある榎の木を神木とし、その下の住吉祠の前でおこなわれたが、いまは住吉の祠が土田の氏神である妙見社へ、弁天・稲荷とともに合祀されているので、そこで営まれる。住吉さんの前には鯖一匹・三方にのせた二重ねの鏡餅・折敷にのせたスルメと瓶子《へいし》・脚付の折敷に胡瓜や椎茸、にんじんなどの野菜を盛ったもの・神酒・餅を供える。餅は、高さ二五センチくらいの櫃に小餅を七、八〇個入れ、その上に直径一〇センチ、厚さ一センチほどの平たい「笠餅《かさもち》」を一〇枚重ねたもので、弁天さんと稲荷社へも同様の櫃に入れた餅を供える。住吉社の前にはこれら神饌の中央に宮司持参の神水桶に紙垂《しで》を付けて供え、神饌の献上、修祓ののち、宮司がこの神水桶を奉じて先頭に立ち、一同列をなして吉野川の川岸へ行き、お水取りの神事に移る。

川縁には前もって雌竹・雄竹の二本を立てて注連縄を張ってあり、その前で修祓をし宮司が神水桶で水を汲む。

土田の住吉さんの祭りは四、五年前までは七月三一日であったが、畝火山口神社の水取り神事にあわせておこなわれるようになり、お水取りのあと神饌をおろして直会があり、夕方から盆踊りや、三社に供えた小餅と笠餅を撒く餅撒きの行事などがある。

この日に汲まれた神水は、いったん宮司宅へ運ばれて、祭礼当日の二八日の一一時頃に、畝火山口神社の本殿に山海の珍味といっしょに神饌の一部として供えられる。この日は参道に五色の幟《のぼり》が立てられ、近在からの参詣者が多い。かつて吉野川の川水がもっときれいであった頃は、直会のとき、参列者に神水を盃に一杯ずつ出し、御神酒として飲んでいたという。

この神社からは吉野川の水を取りに行くのに対して、大阪の住吉大社からは畝傍山頂へ埴土《はにつち》を取りに来る行事がある。毎年二月一一日の祈年祭と一一月二三日の新嘗祭の一〇日ほど前に、住吉大社より正使一人、副使一人が使丁一人を従えて来て、畝傍山の土を取って帰り、両祭礼の祭器にする行事である。おこなう日は両社の都合で決められるため、はっきりとは定まっていない。

昔は、埴使《はにづか》いの一行は騎馬で赴いたもので、『和漢三才図会』巻七三の畝傍山の項では「毎年二月朔日十一月初ノ子ノ日摂州住吉神供ニ取ニ当山ノ土ヲ祭レ之」と記されるのみであるが、享保一一（一七二六）年に写された『住吉大神宮年中行事記』や『摂津名所図会』などによって、江戸時代の埴使いの様子がかなり詳しく知れる。

昔は、二月一日に一行が出発し、奈良県高市郡雲梯《うなて》の川俣神社へ寄り、神社の前の曾我川で斎戒したの

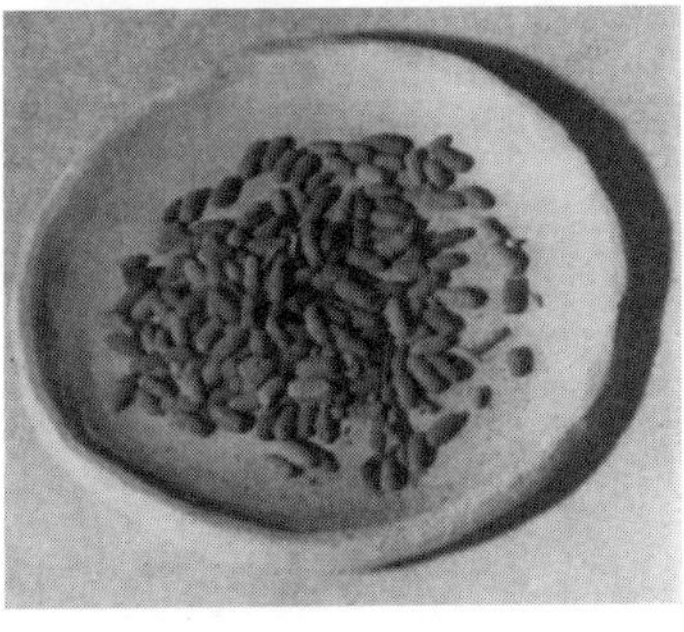

上：吉野川土田水取場での祭儀
中：本殿に神水を献供
下：畝傍山の埴土

ち、神社で装束を斎服に改めて祝詞を奏上する。そのため、川俣神社を「装束の宮」ともいう。ついで吉野街道を登って、畝火山口神社の社司大谷家に入り厚遇を受ける。この神社で祭典をおこなった後、大谷氏の案内によって登山、畝傍山の中腹に「馬つなぎ」というところがあって、そこに馬をつなぎ徒歩で頂上に登る。まず副使が祓詞を奏して修祓をおこなって、埴土を受くべき祝詞を奏上する。正使は「天の真《ま》名井《ない》」と伝えられる霊水で手を浄め口に榊葉を含んで、往古より定まった所で三握り半の淡墨色の埴土を取って山を下る。土を入れる容器は、昔は毎回新調されたが、今は唐櫃に収めて使丁に持たせて帰参する。騎馬行列の頃はもちろん、汽車の便になっても二日がかりで往還していたそうである。この土は住吉の土とまぜて、「埴司」と呼ばれる人に命じて、古来定まった諸種の土器を作らせて、祈年・新嘗両祭の祭器にするのである。それを「埴土の甕」と称して独得のものであり、一つ一つにその由来が刻み込まれている。『晴翁漫筆』には「扨其埴を得て帰り、神官瓮を造る事九十六、これを分ちて四十八づゝ二夜に供ず。大きさ径凡九分許にして円く平かに中に凹あり、俗に土団子と称す。尤も古へは是より大きかりしを、後世略して小形に造るものならんか」と記している。

このような土取りの神事は、『奥州秋田風俗問状答』にも、四月中の申の日に矢橋山王祭にさきだって「丹土迎え」の神事があったと記されているが、この場合は祭器に用いられることはなかったようである。

住吉大社の「埴土取り神事」について、神社の伝えによれば、神武天皇が天香具山の埴土を取って八〇の平瓮《ひらか》を作って諸神を祀り、天下を治め給うたという故事に倣って、神功皇后が当社の鎮祭にあたって、埴土をもって天平瓮《あめのひらか》を作り大神を祀ったことに始まるとされている。

倭恩智神社・シンカン祭り

やまとおんちじんじゃ・しんかんまつり

九月九日（現在九月八〜一〇日）　奈良県天理市海知

天理市海知《かいち》のシンカン祭りは、毎年海知町民の輪番制の大小の両当屋によっておこなわれる。行事は九月七日の当屋座神事にはじまり、八日の宵宮、九日の例祭と三日間にわたる。氏神である倭恩智神社に初穂を奉献する神事であるが、その神饌として「七色の御供」と「花御供」、「荷《にな》い餅」と呼ばれる珍しい三種の御供が奉献される。この神社は延喜式内社で建凝命《たけこりのみこと》を祭神とする。

海知では現在一〇月一五日を天理市全域の統合された本祭にしているが、かつてはシンカン祭りが重陽の節句の行事であった。シンカン祭りの名称についてはシンコウ（神幸）祭の転訛したもの。神竿祭。あるいはこの神事の座の献立に茄子の芥子《からし》あえをお菜とするが、この芥子味噌には芥子を多く用いてしんから辛い。ゆえに、シンカラカライが詰まってシンカンと呼ぶに至ったともいわれる。しかし、一年神主のシンカン（神官）の名称が残ったとするのが妥当なところであろう。なお、当屋には安永六（一七七七）年の『当村宮座神拝献立並ニ年中式法書控』、ならびに昭和一〇年と一六年の当屋記録が回り持ちされて伝わっている。

海知は現在約四〇戸の集落であるが、昭和一〇年までは特定の人たちが宮座講を組織していた。安永六年の記録では一四名の座員が認められるが、昭和に入って六、七軒に減少していたようである。そこで昭和一〇年に、倭恩智神社は全区民の氏神であるとの理由で従来の宮座を廃止し、新たに敬神講を組織して海知の全戸が輪番で当屋をつとめ、氏神祭典その他一切の奉仕をするという、いわゆる村宮座に改められている。かつて宮座は田地二反を所有し、その収益で神事・祭祀がまかなわれてきたのであるが、今日ではそれを失って、費用はすべて当屋の負担とされている。

当屋は「大当屋《おとうや》」と「小当屋《ことうや》」の二軒があり、一月一日から一二月三一日までの一年間つとめるが、この間、三月節句と五月節句に二升五合の蒸し御飯、九月の祭り、年末には正月の立松と鏡餅の準備などもおこない、一月一五日に次の当屋へ引き継ぎをする「当屋渡し」がおこなわれる。大当屋がもっぱら任に当たるが、小当屋は大当屋を助けて、氏子を代表して神に奉仕する。当屋は男子戸主に限られ、昭和一〇年に決められた順番に回りもちとなるが、家族に不幸があったとき、一年間は当屋をつとめることができないなど、厳重な禁忌が守られている。

シンカン祭りにさいしては、まず八月二八日に大当屋と小当屋の打ち合わせがもたれる。翌二八日には両頭人は、磯城郡田原本町法貴寺の神官へ勤仕の依頼にと赴く。

九月四日、両頭人は神社の境内を掃除する。そして、境内の榊の枝二本を持ち帰り、大当屋の門口の左右に飾る。この榊に祭神の分霊をお迎えするのである。

これは、かつては九月一日におこなわれた一連の行事の一環だった。その日早朝、両頭人は生駒郡斑鳩町龍田の御幣石という名の川縁で禊をし、小石二個を拾って帰る。それを、両当屋の井戸に入れて、井戸水を浄めたのである。

つぎに神社の掃除、榊立てがあり、つづいて、座衆一同を大当屋に招き、精進料理や神酒を振る舞った。これを「一日座」あるいは「初作座」と呼んだが、村宮座にかわった今では廃止されている。

右：神饌の図
左：七色の御供の調製

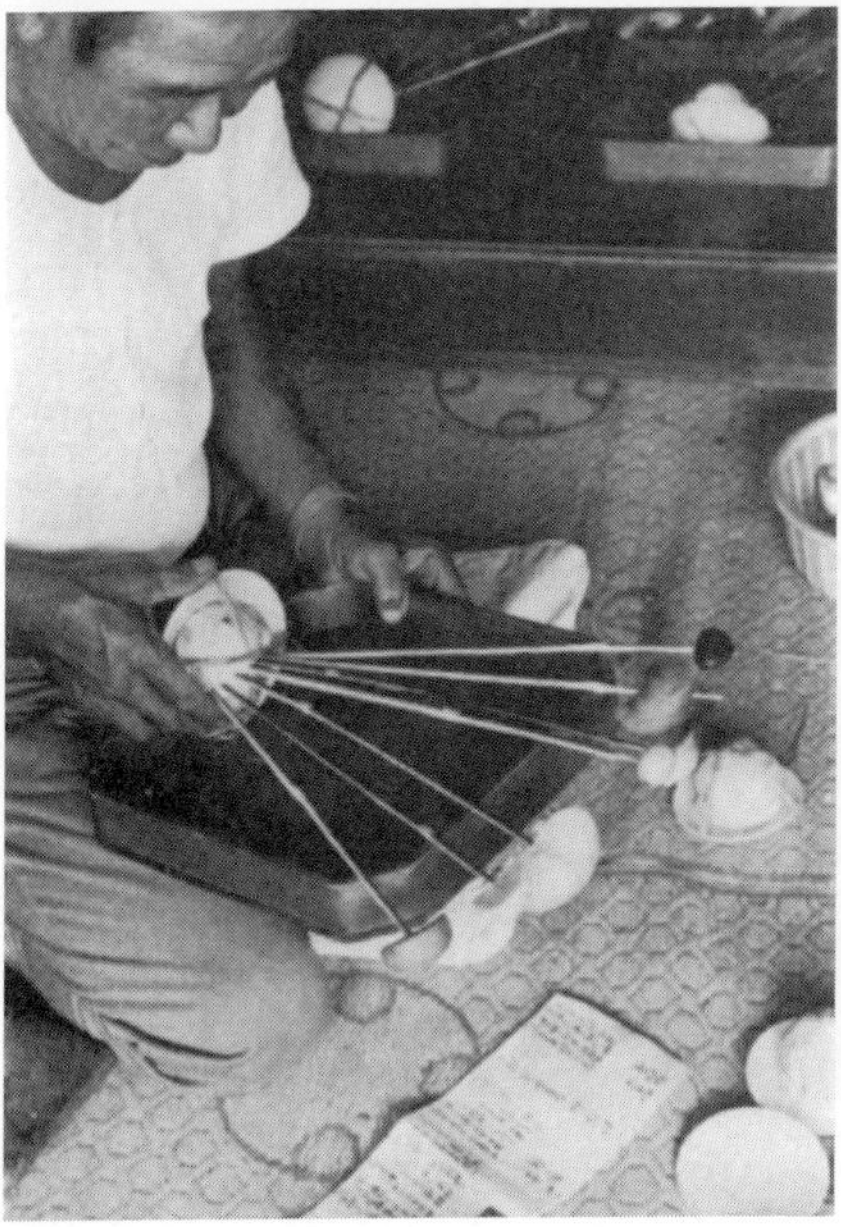

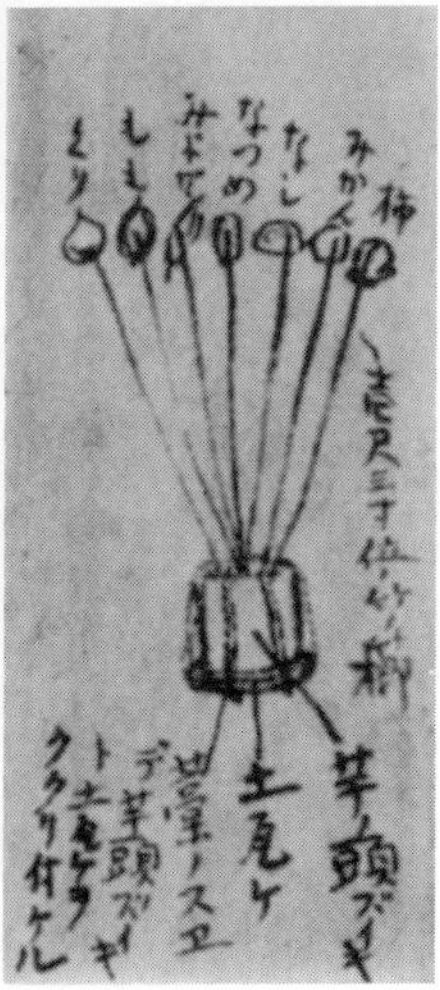

六日、大小の両当屋は神饌の材料をととのえる。その費用は両当屋折半である。湯立用の笹六本・柳の五〇～六〇センチのもの二本・川柳一メートル半の長さのもの二本・杉皮・青竹・稲束・蜜柑二個・梨二個・柿二個・桃二個・棗一〇粒・茗荷一〇個・栗一〇個・すぐり藁少々・紅白の水引六本・紙二〇枚・生漉《きすき》二〇枚・里芋《どろいも》の株（芋茎《ずいき》の頭《おや》ともいう）一〇個・甘酒五合、以上の品を大当屋の家にとりそろえておく。

　つぎに大小当屋は、神社から神饌箱を大当屋の庭に運ぶ。この神饌箱は長持型で四脚が付き、左右一四〇センチ、奥行五〇センチ、高さ五〇センチほどの大きさで、二〇センチの足高である。上部に担い棒を取り付けて前後から担げるようになっている。その他太鼓、チャンポと呼ばれる湯立の銅鈸子《どうびょうし》、提灯、神饌用の折敷《おしき》などを大当屋まで運んでおく。

　九月七日、朝九時頃に小当屋、前年の大当屋と翌年の大当屋の頭人の三人が大当屋に集まり、八日の宵宮に奉献する神饌の準備にかかる。宵宮の神饌は「七色の御供」、「荷《にな》い餅」、「花御供」の三種であるが、まず昼までに七色の御供を作る。

青竹を三六センチの決まった寸法に切り、細く割って両端を削ってとがらせた串を七〇本と、一五センチの長さに切り、一センチあまりの幅に割って両端をとがらせた篦串を二〇本作る。里芋の頭一〇個分を削って形を整え、五センチほどの高さにして切る。また杉皮を縦一三センチ、横九センチの大きさに切り、表面を鉈で削ってきれいに仕上げる。これは、表面に小さい餅をつけて花御供に用いるものである。

これらの準備がすむと、御供の取りつけにかかるが、七色の御供というのは柿・蜜柑・梨・棗《なつめ》・茗荷・桃・栗の七品であり、現在では柿・蜜柑・梨・桃の四品は小さく切ったものを用いているが、安永六（一七七七）年の宮座記録によればすべて八個ずつ用意しているので、かつては丸のまま用いていたようである。これら一個ずつに長さ三六センチの竹串を刺し、その竹串の下部をさらに里芋の頭に一列に突き立てるが、順番は右から柿・蜜柑・梨・棗・茗荷・桃・栗と決まっている。それを小さな土器《かわらけ》にのせ、里芋の頭と土器とを藁で十文字に結ぶ。これが七色の御供であり、一〇個調製して折敷にのせておく。

夕方四時頃、神官が大当屋宅へ着き、玉串や御幣を準備する。

右頁：頭屋から神社へ神饌を運ぶ行列
右：本殿に神饌献供
左：末社に供えられた神饌

御幣は八日にお渡りをする際に大小の当屋が捧持して神前に供えるもので、大当屋の御幣は一メートルほどの木を幣串として、紙の幣帛を下げて、中央に白紙を巻いて紅白の水引を結び、上部に洗米を白紙で包んだものを苧で結びつけたもの。小当屋の御幣も同様であるが、幣串には竹を用いる。

その間に大当屋と小当屋はモチ米を洗い、臼と杵を庭に据えて餅搗きの準備にかかる。昭和一〇年の当屋記録では、両当屋がモチ米を五升ずつと、粳米五合ずつを出し合っているが、いまはモチ米一斗と粳米五合ずつ、都合二斗一升の米となり、これを一臼分三升ずつ七臼に分けておく。

五時過ぎに餅搗きに関与する人の饗応が始まる。神官、小当屋、前年と翌年の大当屋、小当屋から搗き手一人、その他当屋付近の人たち都合一〇人ほどが大当屋に招かれる。村宮座になる以前は座衆全員が大当屋に招かれ、女房は小当屋に招かれて馳走をうけたという。献立には茄子を茹でて小さく切り、芥子《からし》味噌を混ぜた茄子のカラシアエが出るのを特色とするが、他に油揚・芋・茗荷・牛蒡などと決まっている。現在その際の着座順は定まっていないが、安永の宮座記録では「年重ニかぎら須同年一日ニ而もはやく座入座相勤め候を上座ニ罷在候事」と決められていたのである。

七時頃から巫女（ソネッタンという）の「御湯祓いの儀」が始まる。餅搗き臼を置いた横に湯釜を掛けて、千早《ちはや》（襅）に緋袴の巫女が湯立てをおこなうが、このとき大当屋と小当屋は烏帽子《えぼし》に素袍《すおう》を着て後方に着座し、大当屋は太鼓を、小当屋はチャンポ（銅鈸子）を鳴らして、巫女の鈴振りに合わせる。この湯立てが始まると女性はぜったいに餅搗き場に近寄ってはならないとされており、餅が搗きあがるまでは一切を男の手でおこなう。

湯立てがすむと「餅搗きの神事」となる。餅は三升ずつ七臼、一〇人ほどの搗き手が代わっては搗く。搗きあがった分は深さ一〇センチぐらいで、直径約五五センチと六〇センチの二個の「サイトウ」と呼ぶ半切桶に取り、規定の大きさにちぎって丸める。神餅の餅は七〇匁（約二六〇グラム）の丸餅を四〇個と、やや大きい九〇匁の丸餅を一〇個、その重さはきわめて厳密にきめられており、昔から当屋に引き継がれている私製の竿秤でもって計られる。この大小の餅御供は、当日は餅箱に入れたままで、翌朝両当屋が膳に並べる。これを、荷《にな》い餅と称する。七〇匁の白餅を長さ約一五センチの竹の篦串の両端に突き刺し、その二刺しを十文字におき、その中心に九〇匁の餅一つをのせて組み合わせる。この上にのせる餅は別に「押さえ餅」と称している。

つぎに花御供を作る。これは「杉皮御供」とも呼ばれ、搗きあがった餅を一つまみずつに切り、さきに用意した杉皮の表に三列三段に貼りつけたものをいう。昭和一〇年の当屋記録では「杉皮餅御供ハ弐拾枚コシラヘル　拾枚ハ八日祭典ニ　拾枚ハ九日祭典ニ」と記しているが、近年は八日の宵宮祭に用いる一〇

七色の御供を川に流す

枚のみを作る。搗かれた餅は荷い餅と花御供の分を取りよけ、残りを直径約五センチほどの小餅に丸める。この餅は翌八日早朝に海知の全戸に配られるものである。最後の一日分はモチ米二升と粳米一升とを混ぜたもので、この餅を「ドヤ」という。やはり小さく切って氏子に配られるものである。

これらの神饌ができあがると、八日午前中に両当屋が折敷に並べるが、荷い餅を中央に置いて左側に花御供を据え、その上に七色の御供を里芋の頭の部分を手前にして倒してのせる。この神饌は一〇膳分作られる。

八日早朝から、大当屋と小当屋は海知の各戸へ、昨夜搗いた小餅を二個と、ドヤを一個ずつ、両端から配る。つぎに神饌の膳をならべて神饌箱に三段におさめ、社殿の飾りをする。海知の地区より昔は神酒と昆布、現在は神酒一升と剣先スルメが持参される。これは氏子全体の神饌として供えられるものである。

午後二時からお渡りが始まる。神官を先頭にして大当屋の家を出立。両当屋が手に御幣を捧持し、烏帽子・素袍を着用してこれに続き、両当屋の家族二人が神饌箱を担ぎ、そのあとに海知の総代や議員などが従う、一二、三人の行列である。神社に到着すると、拝殿で神饌をひろげ、両当屋を前に着座、神官の修祓があり、本殿を開扉し、参加者が拝殿より本殿へ一列に並んで神饌を手送りして供える。本殿には、一〇台の神饌のうち七台と、村からの神饌一台を供え、他の三台は境内の八幡・春日・稲荷の各末社に一膳ずつ供える。次に神官が祝詞を奏上し、大当屋、小当屋の順に幣を持って本殿前へ進むと、当屋に代わって神官が幣を大きく左右に振って幣振りをする。当屋は幣を受け取って本殿前に立てて退下する。つぎに玉串奉奠、撤饌、閉扉し、宵宮の祭典を終わる。

神饌は、神饌箱に納めて大当屋へ運び、拝殿では剣先スルメを肴に直会がある。神饌に用いられた荷い餅、花御供は一膳分を神主に一膳分を巫女に呈し、他を両当屋で半々に分け、御供搗きを手伝ってくれた家々に配る。七色の御供に用いられた野菜・果物だけは、八日の祭典終了後両当屋が川に流す。昔は現在の社地の所を西門川が流れており、そこへ流したが、現在は法貴寺の大和川まで出向く。このあと倭恩智神社境内で巫女による「御湯の儀」がある。

九日は、朝から大当屋でこの日の神饌に用いる蒸し御供を調製する。この神饌は、二升五合の蒸し飯を素焼の皿に丸く盛ったもので、宵宮の神饌同様に、一〇膳分こしらえて折敷にのせ神饌箱におさめる。別に甘酒五合を用意する。一〇時頃に神官を先頭に、烏帽子・素袍姿の両当屋と神饌を担ぐ人が渡御をして神社へ向かう。祭典は閉扉のまま簡単におこなわれ、献饌のとき神官が柳の枝二本に稲穂をくくり付けたものを神前に供える。これは、重陽の節句が収穫祭に関係あることを伝えている。このオコワと称される蒸し御供は、祭典終了後、四角に小さく切り、バランの葉に盛って上に大豆を三粒ほどのせて村内に配って歩く。

荒見神社・おいで祭り

あらみじんじゃ・おいでまつり

一〇月一日（現在一〇月一～五日）　京都府城陽市富野荒見田

城陽市の延喜式内社荒見神社は、木花開耶姫《このはなさくやひめ》命など五柱の神を祀り、古来、木津川を守る神として信仰されてきた。昔は五社ヵ谷に祀られていたが、寛正二（一四六一）年にいまのところに遷座したという。この神社のある富野《との》には、東座と西座の二つの宮座がある。東座の座頭は森西氏、西座の座頭は城土井氏と、家筋によってきまっており、この両座が古来定まった様式の神饌を作って供えてきたのである。しかし、この宮座の家は現在二〇戸ほど残ってはいるが、本来の宮座行事はほとんど形態をとどめず、三月に社務所で年一回の会合がもたれているのみで、当屋の制度もなくなっている。したがって、今日当屋に代わって宮総代が神饌の準備から調製をいっさいとりおこなうようになっている。

この神社の秋祭りは、一〇月一日から五日までの長期にわたり、「おいで祭り」と呼ばれている。昔は、若衆が神輿を舁《かつ》いだことに由来する名称であるが、戦後は祭りの期間中御旅所に神輿を飾るだけで、神官による式典もいっさいおこなわれない祭りとなった。氏子はこの期間中随時参詣し、神饌料をお供えする。神輿の前に神饌が供えられるが、この中にかつて宮座が神事をおこなっていた時代の古式を伝える神饌がある。それは榧《かや》の実である。御供も昔は榧の実が主で、近在に多く自生するものを供えてきたが、いままでは乏しくなって、奈良県の吉野の山奥までも取りに行かねば手に入らない。そのため一時榧の実の御供は

廃止されたこともあったが、現在は辛うじてとりそろえて、栗と柿とともに串刺の状態で供えている。

一日、午前中から総代が四、五人社務所へ集まって、神饌二台を作る。新藁を株の方から三五センチほどに切りそろえ、直径一〇センチ余りに丸めたものを芯にし、その外側を、茗荷を一面に巻き付け、麻苧で三カ所縛ったもの二個を作り、神饌の「胴」とする。胴には三本の足が付けられる。社地の竹を二一センチに切り、三センチ幅に割って一方を尖らせ、藁の束の下部に三本突き刺して足とする。また竹を細く割った串を六〇本作り、その両端を削って、長さ七〇センチ、六〇センチ、三〇センチなど数種類のヒゴを作る。山の幸である御供は、この竹串に突き刺して一つの胴に三〇本取りつけるのである。椎の実・栗は丸のまま、柿は四つに切って刺す。この竹串の長いのを胴の中心に、短いのを胴の側面に刺して段々状にして飾りたてる。

この山の幸の神饌はいわゆる「百味御供」である。神饌二台ができあがると、一日の夕方六時頃から二〇〇メートルほど離れた御旅所へ持参し、そこに飾られ

右：百味御供の調製／中：御旅所に供えられた神饌／左：かつての寺田祭り神饌一式

た神輿の前に供えるのである。他に神酒や鏡餅・果物・野菜・榧の実と栗と柿を一盛りにしたものなどと一緒に五日までここに置かれ、祭礼終了後は荒見神社本殿のうしろの森に挿しておく。鳥に啄《ついば》ませるのである。

同じ城陽市の寺田祭りにも、昔は荒見神社と同様で、なお規模の大きな神饌が献供されることで知られていた。この寺田祭りは式内社水度神社の祭礼で、九月三〇日の御出《おいで》祭りに始まり、一〇月二日の還幸祭に終わる。この祭りには役割による座がたくさんあり、御太刀講・御膳講・鉾講・獅子講・花傘講など、神輿渡御にそれぞれの役割を分担していた。なかでも「栗榧座」には古制がのこり、大規模な栗と榧の神饌を供えてきたので、栗榧座が宮座の代名詞の観を与えていた。五、六年前まではそれの小型の御供を作ってきたが、いまでは神饌品目からまったく姿を消してしまったのは惜しまれる。

栗榧座は現在六軒になり、当屋は一年交替であるが、堀・田中・乾・田中・久米田・竹島の順に廻り、当屋に当たると門口に「オハケさん」を築く。オハケさんとは、粘土で壇を作り、上部に葭《よし》の軸の御幣を立て、周囲に青竹を削って垣をしたもので、ここに神を招くのである。

神饌調製を厳格におこなっていた戦前までは、八月二〇日頃までに小麦藁の長いのを吟味して四貫目ほど用意しておき、これを神饌の「胴」に用い、九月二五日に座衆が当屋に集まり「胴結い」の仕事をはじめ、二七日に御供の盛りあげがおこなわれていた。この盛りあげは座衆が中心になるが、それだけでは人手が足りず、手伝いとして近所から三〇人ほど出てもらい、栗御供・榧御供が作られた。当屋の座敷に「籠子《ろうじ》」という白木の曲物を二台置き、その中に先日作った胴を据える。栗御供の方は胴の中央に六尺の葭を一本立て、その先を三つに割って栗を一個ずつ刺す。その周囲から下部まで、一尺七寸から一寸まで一一種の長さの丸竹を半分に割ったものの先端を尖らせて突き刺し、その先に栗を一個ずつ刺して傘状の盛りあげをする。また榧御供の方は同様に胴の部分に五尺の葭を「正真」にして、先を三つに割って榧の実を三つ付け、その周囲を五尺二寸から一寸まで一一種の長さの竹串を刺し、各先端に榧を一個ずつ突き刺したものである。この竹串はすべて寸法と数量が決まっており、いずれも四二四本に正真一本という厖大な数量になる。

この神饌ができあがると、神職を招いて御幣を切ってもらい、御神楽をあげ、床の間に「水度大神」の神号軸を掛け、瓶子《へいし》に御幣を立て並べて祭礼当日まで当屋で祀られるのである。御供の盛りあげには五〇人以上の人手が必要であったといわれ、御膳の献立も決められており、当屋の負担は莫大なものであったという。二九日には鏡餅を搗くが、これも祭りの御供である。三〇日の神輿渡御には、宮座は御幣・瓶子と御鏡餅と一緒に栗と榧の神饌を持参して御旅所へ向かう。その道中は各御供を四人ずつが竹の棒で周囲から差しあげて運ぶ方式であり、竹串が四方へ出ており非常に危険であるため、各御供に二人が付き添い、さらに警固の役がたてられて供えられてきた。

この栗榧座の作法は古式を伝えるものがあったが、いまでは古い神饌も廃止されており、明治・大正の当屋記録や伝承に頼らざるをえない状況になってしまった。

北野神社・瑞饋祭り

きたのじんじゃ・ずいきまつり

一〇月四日（現在一〇月一〜五日）　京都市上京区馬喰町

北野神社の瑞饋《ずいき》祭りは、一〇月一日神輿が神社を出て御旅所に渡る神幸祭にはじまり、四日正午からの還幸祭に終わる。この間、神輿は中京区西ノ京御輿岡町の御旅所に鎮座し、「瑞饋神輿」と「甲の御供《かぶとごく》」と呼ばれる神饌の献上がある。

現在の瑞饋神輿は本体が木で作られており、棟上に千木《ちぎ》がのった形である。屋根は里芋の茎で二段に葺き、唐破風・柱・鳥居・勾欄などには麦藁を延ばして唐草文や菱繁文が一面に施され、木鼻は大きな芋茎《ずいき》の株をえぐって獅子鼻とし、赤ナスビやトウガラシをたくさん吊り下げて瓔珞《ようらく》とする。四面には巌流島の決闘や豊臣秀吉など、伝説や英雄武勇譚などの場面を、毎年その意匠を変えて作るが、すべて茗荷・白胡麻・トウモロコシ・青海草・干瓢《かんぴょう》・千日草の花など自然の品目を用いて、色を塗らずに技術趣向をこらし、美しい外観を呈することが、この瑞饋神輿の特色である。

いまは瑞饋神輿保存会が結成されその技術を伝えており、早くは二月頃から材料のこしらえにかかり、九月中旬から御旅所で作り始め、祭礼中は猿田彦の導山《みちびきやま》とともに飾られる。その精巧な技術は見学者を大いに楽します。

瑞饋神輿は、元来は新穀・疏菜・果物などに草花を飾りつけて神前に供えたのにはじまるというが、神輿が御旅所に神幸するようになってからは、もっぱら神輿に神饌を供えてきたようで、応仁の乱で神輿渡御が断絶した際にも、社家が九月四日に神饌献上のみをおこなってきたという。その神饌も、古くは社家ごとに曲物に盛って一台ずつ供えてきたが後には一台の神饌を二、三家ずつの合同で調進するようになり、さらに大永七（一五二七）年からは社人総がかりで一台の大型の神饌を作るようになった。その神饌は、野菜・果物などで人物や花鳥獣類の形を作り、御供槽にのせて二本の棒で担いで献進するものであった。

瑞饋神輿の狛犬

しかし江戸時代初頭から、「瑞饋神輿」と称して、社人と西ノ京付近の農家とが協力して、供物を装飾した葱《そう》花輦《かれん》型のものを作り、本社・氏子町内を巡幸するようにかわって、現在の瑞饋神饌の原形ができあがった。瑞饋の音の相通じることから、芋茎でもって神輿の屋根を葺き、その飾りには例年の神饌品を用いたことから、古くは「芋茎祭」と書かれていたのである。以後年を重ねるごとに新規精巧を競って壮観を呈するに至り、この祭りに倣って、他の氏子地域からも同様の神輿を作る風が生まれ、趣向を凝らし、荘厳化された神輿が数台巡幸するようになり、天保年間には仙洞御所に神輿を担いで、光格天皇の叡覧をたまわるほどであったという。

　このように、瑞饋神輿は本来神饌品の変形であり、神輿と称してはいるが、神霊をこれに移すことなく、神幸

甲の御供の調製

祭にも列外供奉として後部に巡幸する。
　昭和になってからも変遷を重ねたが、西ノ京の神輿だけが瑞饋神輿として、一〇月四日の還幸祭に氏子の若衆に担がれて本社まで巡幸し、夕方五時頃に再び御旅所へ帰ってくる。翌五日朝には、美しく飾られた瑞饋神輿も取り壊され、用いられた野菜などは希望者に与えられる。
　瑞饋祭のさなか、一〇月三日には「甲の御供」が供えられる。甲の御供とは、勝栗とともに赤飯を兜形《かぶと》に調製したものをいう。これを調進するのは、明治維新までは「北野神人」とか「社家」と称された家で、北野神社の別当職・祠官・目代・宮仕の下に位置した職制である。西ノ京に住む俗体ではあったが、おのおの世襲制で寺号をもち、従六位より従四位まで位を有した。幕末には二六軒あり、「七保」と称していた。現在は七軒が残って「七保会」を結成してその伝統を今日に伝えている。この七保会は、甲の御供だけでなく、二月二五日の北野梅花祭の菜種御供も作っている。

三日の午後二時過ぎ、七保会の人々が御旅所に集まり、御供の調製にかかる。まず奉書紙を正方形に切り、中に栗を三〇個ほど包み込んで、四隅を持ち上げて水引でくくり、八脚の案に榊枝を敷いた上にのせる。これが「栗の御供」である。

「赤飯の御供」の方は、木のカタに布を敷いて、上から赤飯を入れて押し込んで、やはり案に榊枝を敷いた上に裏返すと、直径二〇センチ、高さ一〇センチほどの饅頭形の赤飯になる。この上に直径七センチ、高さも七センチほどの小さい饅頭形の赤飯をのせ、二段の兜鉢とする。その中央に菊の花を一本挿し、兜の下は三センチ幅の奉書紙を巻きつけ、前の部分でひねって端を上にはね上げ兜の鍬形とする。この白紙の上はさらに稲藁で巻き、前の部分で結んで穂先を前に垂らす。これが甲の御供であり、二膳作る。

御旅所神輿に甲の御供献供

この御供が調うと三時過ぎ、本社から神官を迎えて祭典がある。神職が神酒・鏡餅・野菜などと一緒に神輿前に甲の御供を献じ、祝詞、七保会代表の祈願文が奏上される。このあと甲の御供は神官が一基、七保会の奉仕した人が一基に分け、直会に用いられるのである。

この甲の御供の由来は、大永七（一五二七）年に阿波の三好長基が京へ攻めのぼったのを、北野の神人が朝倉孝景の軍勢と共に桂川で破り、その戦捷に対して感状をたまわったことを記念し、五月一二日に甲の御供を供えたのに始まるといわれている。

『北野社家日記』天正一七（一五八九）年の九月九日条に、

一、御供地《（知）》行事ニセン《（詮索カ）》作候て今日昼過ニ参候、能満ニ禅永弟より被申付候て仕候、かぶと《（兜）》御供数以上

二十一、おりくり《（折栗）》参せ、御供色〻せん作候て参候、

とあり、以後断片的ではあるが、三月三日と九月九日に甲の御供を供えていることが数例記されている。江戸時代を通じて桃花御供・菊花御供として、甲御供七つと栗一つとを供えてきたものらしいが、明治中期に祭礼を統廃合したさい、瑞饋祭に合わせて供えられるようになった。

住吉神社・舞踊の神事

すみよしじんじゃ・ぶようのしんじ

一〇月五日（現在一〇月四〜五日）　兵庫県加東市上鴨川

播州上鴨川《かみかもがわ》は、播磨・摂津・丹波の三国の境に位置する谷間の村。この辺りは、鎌倉時代には摂津住吉神社の社領であった。そのため、住吉を名のる神社が数多く、古い神事・芸能をよく伝えている。なかでも、上鴨川住吉神社の歴史は古く、室町時代に建立された本殿は、重要文化財に指定されているが、その宮座行事の神事舞踊は、古態をとどめた民俗芸能として、つとに近年注目を集め、昭和五二年には重要無形民俗文化財の指定をうけている。

住吉神社は、上鴨川の集落の南方約一キロに鎮座する。街道から石段を登りつめた境内には、右に舞堂、その奥に七間の長床《ながとこ》があり、左には末社が四祠並んでいる。奥に進むと、一段と高くなって、割拝殿と重要文化財の本殿、そして割拝殿の左隣に一祠、本殿の両隣に二祠、都合三祠「小宮」という摂社がある。さらに本殿の右側には、間口二間で奥行三間半の、「御供部屋」または「ヒツジ堂」と呼ばれる建物がある。ここで祭りの御供が作られ、神事にはきわめて重要な役割を担う。

住吉神社は八〇戸ほどの上鴨川の氏神であり、もとは左右二つの宮座があって、二四軒の若者の中から輪番で「一年神主」を出し、一〇月四日の晩から五日にかけて例祭をおこなってきた。現在では両座制も二四軒株も廃止されて村宮座となっているが、そのしきたりは厳格に守られて今に神事を伝えている。

宮座は、村の長男のみに限られ、八歳になった時に「宮座入り」をする。次男・三男や他から養子に来た人は、「ギオン座」と呼ばれる別の座に入るが、祭儀の末端的奉仕役をさせられるだけで、組織の上部には一生のぼれない。年齢による座の組織は次のようである。

若衆《わかいしゅ》　宮座入りをしてから次の「清座」になるまでで、二五、六歳までをいうが年齢の上限は定まってはいない。神事の中心になって諸役を課せられ、年齢階梯によって神事舞踊をする役割が決まっている。最も上の人が若衆横座で一年神主役をし、次の人が若衆副横座で禰宜の役、これらの控えの役、当屋など八段階に分かれている。

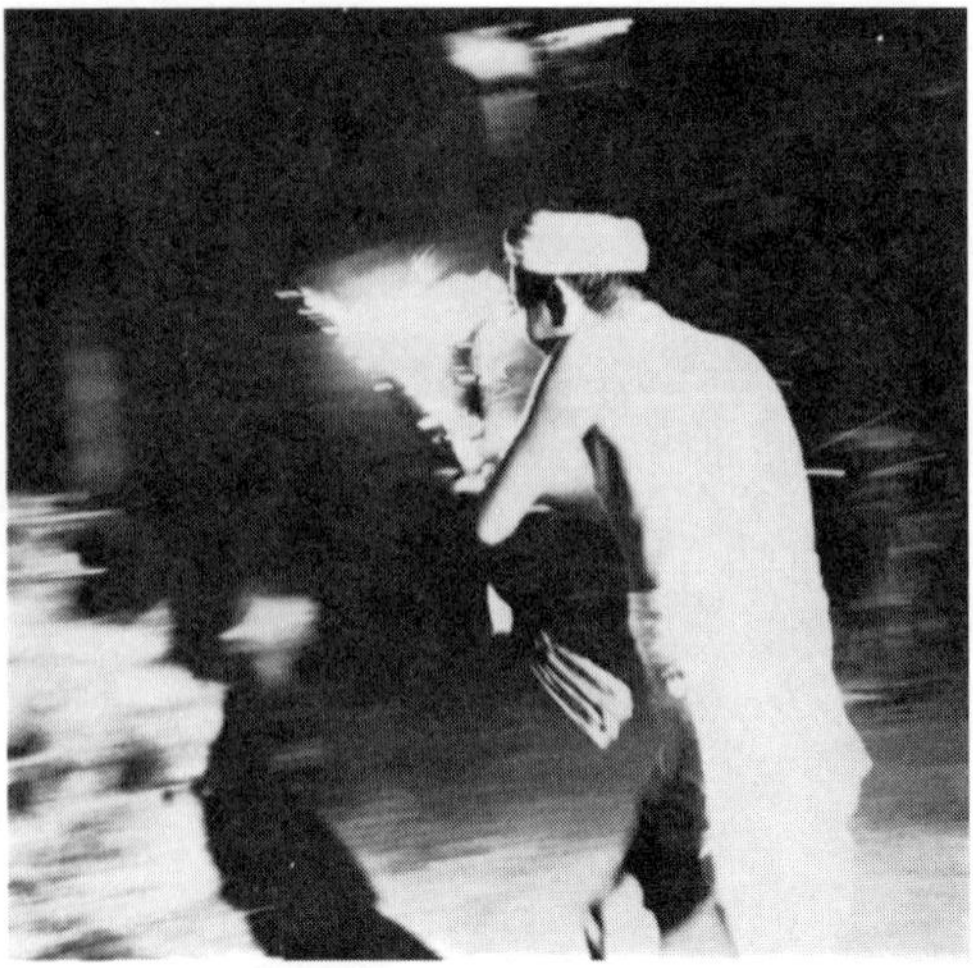

上：宵宮の斎灯に点火
次頁：宵宮の田楽

清《きよ》座　八人と定まっており、若衆を終えた者が毎年一人ずつ入り、代わって最年長の一人が次の年老になる。若衆の指導や神事の助言などをする。

年老《としより》　清座を終えた者全員が年老役になり、神事には直接関与せず経済面などの協議にあずかる。

横座　正横座と副横座があり、神事の最高責任者。年老の中から宮座入りの順でなる。

このいくつかの神役をつとめてこそ村人として

一人前と認められる。
宵宮祭は一〇月四日で、本殿に幔幕《まんまく》が張られ境内にも大幟が立てられる。夕方になると、若衆たちが清座役の先導で宮へ入り、御供部屋で装束をつける。若衆・清座とも侍烏帽子に素袍・袴で素足である。松明を持った清座役を先頭に口に榊の葉をくわえて、各小宮と本殿を一巡して長床へあがる。小宮の前には筵の四隅を柱に吊り垂らしてあり、ここへ少しずつ洗米を上げては立揖《りつゆう》（敬意をあらわすために、立って両手を胸の前で組む）する。長床では中央に石を置いて炉の代わりとし、若衆が年輩者を上に着座して盃事が始まる。これが終わる頃には、当屋の頼んである八人の男たちが長床の炉の火を移して斎灯の火をつける。境内中央に二股になった木を立てナマ木の束を多数燃やし続ける。その火勢は凄まじい。
このあと、一年神主が禰宜を補佐にして拝殿で神楽を舞い、次に若衆たちは舞堂に集まり、

右上：本殿への献供
右下：神饌一式
左：末社に供えられた神饌

衣裳をつけて神事芸能が始まる。その頃は見学者が人垣を作るまでに増えている。まず舞堂の前で「リョンサン舞」が始まる。鳥兜に独特の鼻高面を被り、大太刀を佩《お》び矛を持ち舞楽装束に似たものをつけて舞うが、これは、舞楽が地方に残存する一例として、芸能史上注目されているものである。「太刀舞」とも呼ばれ、上鴨川神事中最も重要なものとされている。次に獅子舞い、つづいて「ガッソウ」と呼ぶ幣の輪を被った若者が、太鼓三・鼓一・ササラ四・チョボの鉦一の九人で田楽を踊り、最後に手に扇を持った者が一人ずつ出て扇の舞を踊る。

　以上で宵宮祭は一段落するが、つづいて「ガンサイ」といって、願の叶った人々の申し込みによって、一口について太刀舞・獅子・田楽舞・扇舞を一番ずつおこなう。このガンサイがすむと道具を改め、一同が長床へ上がって盃事があり、神主・禰宜・当屋役を残して帰る。

中立烏帽子に白麻の浄衣を着た神主と禰宜は、ガンサイの途中より神社の坂下の「塩掻場《しおかきば》」と呼ばれる場所でミソギ潔斎をし、御供部屋で御供の調製にあたる。モチ米一斗二升を囲炉裡の火で炊いて蒸しあげ、直径二二センチ、総高八センチの剞物《くりもの》の椀二四膳に盛りあげる。禰宜は、枝つきの大豆を一合ほど煮、その他「オモサイ」と呼ばれる大根に生のアジを入れたナマスを作り、直径一〇センチの小さい椀にのせる。これら三品を二四膳に盛って神饌として供えるが、できあがるのは夜中一二時頃になる。御供を作りはじめてから撤饌までは無言で進められ、神主と禰宜のみ御供部屋に入ることを認められており、他は一切御供部屋へ近づくことができない。

静まりかえった中で、神主と禰宜は、本殿と小宮にまつる「ヨトギサン」という御幣を一本一本とり替える。二人は塩掻場で体を浄めたのち、神主が素足で本殿へ上り、禰宜は縁の高欄の所まで御供を両手に捧げて来、神主はそれを受け取って本殿へ一膳ずつ供える。膳は先述のごとくモチ米の蒸したもの・大豆・大根とアジのナマスを配したものであるが、主神の神功皇后の分だけは大根が多くて魚は加えない。供え終わると神主は「モウシアゲ（祝詞）」を唱える。次に長床で待つ当屋を御供部屋へ呼び上げて、三人で無言のうちに盃事をする。終わると当屋は自宅へ帰り、神主・禰宜は素足で撤饌にかかる。撤饌後禰宜は帰るが、神主は無言を守るため御供所に泊まる。

翌一〇月五日は本祭で朝一〇時頃に神事関係者が参集し、直会があり、つづいて太刀舞・獅子舞・田楽・入舞・高足の順に神事舞踊がある。直会には、小さく握って豆などをそえた神饌の蒸し御飯が、肴として出される。

河内神社・秋祭りの頭

かわちじんじゃ・あきまつりのとう

一〇月八日（現在一〇月七・八日）　兵庫県たつの市新宮町牧

播州の姫新線西栗栖駅から西北へ約三キロ。山間の集落に河内神社は鎮座する。応神天皇と天児屋根命《あめのこやね》を祀る。天安二（八五八）年に宇佐八幡より遷座して以来、栗栖の庄二四カ村の産土神とされ、一時は境内に摂末社七五社を数えたという。いまでは上・下莇原《あざわら》、相坂、時重、牧など八カ村を氏子区域としているが、そのうち牧の集落には特色のある「頭《とう》」の祭礼が伝えられている。

この神社の例祭日は一〇月七日、八日。社伝によればこの祭りは人身御供より発生したものとされている。すなわち、南北朝の時代、神社のうしろの岩室に棲む妖賊が、神託と偽って二四カ村から人身御供として一四、五歳から二四、五歳の女性を出させた。その難をのがれるために、千本村・平野村は村内に分神を祀るようになったという。すると河内国枚岡《ひらおか》（大阪府東大阪市）神社の神霊が飛来してその妖賊を成敗してくれた。以後人身御供は止み、人々は喜び感謝の意をこめて九月八日に七五台の神饌を供えるようになったのだと伝えられている。

祭りの中心となり、御供などを調える役を「トウボシ」と呼び、一年に二人ずつ選ばれる。牧は散村で、北から福原・角ケ鼻・麦子・南・谷口・森脇・樋口《といぐち》・竹の内・沢の口の「カイチ（小字）」があるが、戸数の少ない森脇と樋口とを一緒にし、都合八つの区分から上の頭人と下の頭人が一人ずつ選ばれる。これを互いに「アイトウ」と呼ぶ。頭に当たるものは一六、七歳の長男で、父親の健在なものでなければならない。これを選ぶのは「トウザシ（当差し、または当座師の字を充てている）」と呼ばれる本家筋の四軒で、この家はかつて神霊を勧請したときに神に従って来た家筋だという。もとは竹の内に住む二軒だけであったが、のちに森脇の集落から二軒加わって、計四人になった。

このトウザシが、九月三〇日の下の部の「口アケ（明け）」の儀式のときに、翌年の上の部のトウボシを名指し、一方下の部のトウボシは、一〇月一日の上の部の口アケに指名される。この上の部・下の部は、先の八カイチの内より無秩序に選ばれた二人の頭人の住むところより、北のカイチに居住するものを上、南にあるものは下の部と呼んでいる。したがって、もっとも北の福原や角ケ鼻は、頭人が出ると必ず上の

神の膳（杉板御膳）を作る

部になり、もっとも南の沢の口は必ず下の部になるが、途中のカイチは、アイトウ次第で上の部にも下の部にもなる。トウボシに指名された家では、祭礼終了後、河内神社の分神を床の間に一年間祀り神事に多く用いる芋類を植えるなどの準備をして、翌年の秋祭りを迎えることになる。

祭礼にさきだって九月一日には、トウボシを出したカイチではトウボシの家で初寄合をし、祭礼の諸役の人選をする。トウボシが祭礼の重要な役を担っているわけであるが、そのカイチ全戸がなんらかの役割を負わされるのである。実際に祭礼の準備が始まるのは九月二五日の「木ひろい」の行事からとなる。

前日までにトウボシの家では、直径一五センチくらいの杉の木数本・青竹・稲藁・松の肥えた部分・縄などを用意する。当日早朝よりカイチの戸主がトウボシの家に集まり、杉の木の柿《こけら》膳や菰を作り、お渡りの準備をする。

膳は、まず杉の木を二五センチくらいに切り、ヨキ（斧）を用いて厚さ一・五センチほどに割り、幅約一〇センチにこしらえた板の四隅をナタで削って隅切りにする。表面は鉋を用いず割ったままの状態である。この板の四隅と長い辺の中央に穴をあけ、竹を細く割ったヒゴあるいはツヅラカズラという蔓で膳の周囲を縁どりし、六カ所の穴の所でツヅラカズラで止める。このような荒板の膳は近江の『莿萩峯邑風俗問状答』に「御膳、栗の木の荒板、同木の皮付箸也」とあり、同じく『信楽庄多羅尾の村之風俗』には「神に奉れる御膳御箸は、荒木のまま用ゆ、凡長八寸、巾五寸半、厚八分の栗木の打割たる荒板を、皮付まま足なしに用ゆ、御箸も栗の小枝を末の処を、少し押けづりたるまゝなり」とあり、荒板の膳に御供・栗・柿・山梨・餅をのせた例がある。これらは、より素朴な神の膳を今日に伝えているものである。牧では、この膳を昔は七五末社に用いるものと、直会用とを合わせて一〇〇膳ほども調えたが、現在では四〇膳ほどになっている。また膳を取った残りの木は、小さく割ってタイマツにする。タイマツは杉を小さく割ったもの一束と、肥《こ》え松を小さく割ったもの一束を、一メートルほどの竹の両端に取りつけたもので、かつては直会の煮焚き用にしていたのであるが、現在ではお渡りに持参し、その形式だけを伝えている。また一方では新菰を二枚編み、一枚は神官の着座用に、一枚は神饌の米を包むのに用いる。その他、杉の木を削って刀にして竹の柄を嵌め込んだ長刀二本、「ヘイノモト」三本、幟の杭を作り、お仮屋の竹囲いにする竹を割るなどの準備をする。これらができあがると、お渡りに用いるものはトウボシの家の神床にならべる。この間、昼食は村持ちとなるが夕食はトウボシの負担となる。また当屋は、この日に糀《こうじ》六枚に白米四升を炊いて、甘酒を仕込んでおかねばならない。

九月三〇日は下の部の口アケの日で、翌一〇月一日が上の部の口アケである。口アケとは、トウボシが昨年指名されて以降、床の間の隅に祭壇を設けて祀っている河内神社の分神を、トウザシの庭に設けた「お仮屋」に移す日である。なお、この分神は現在は御堂箱を用いているが、昔は床の間の上の長押に、供物を杉板の膳二枚で挟んで挿し、これを神体としていたのである。この日早朝から、トウボシを出したカイチの男たちが集まってお仮屋作り、芋掘りなどの作業をする。お仮屋は一メートル余りの杭に幣と榊を結びつけ、それを中心に

トウザシの庭の番傘をつけたお仮屋

直径八〇センチの円形に盛砂をして、川原より拾ってきた小石を敷き、周囲に杭三本を交えて四つ割りの竹で垣をし、内側をツヅラカズラで編み、上部には注連縄を張り、前部に御供台をつける。このお仮屋は祭礼翌日まで祀られる。同時に神饌や客膳に用いる山芋・里芋・牛蒡・海布・コンニャクなどの調理を進める。

これらが整うと、午後、新宮町から宮司がトウボシ宅へ来て準備し、三時頃より分神をお仮屋へ移す儀式がある。家の中で穢れてはいけないので、祭りが近づくと家の外に出すのだという。神が外へ出ると、お仮屋のうしろの長い杭に番傘を広げて結びつける。この番傘をさしかける例は近畿地方でも数少ないが、風流傘や傘鉾などと同様に、この中に神が憑《よ》る意味をもつものであろう。

この神移しのときの御供は塩・洗米・スルメ二枚を土器《かわらけ》に盛り、杉の木を割った御膳に、山芋と牛蒡の煮物と海布・コンニャクと煮た里芋を二切供えたものである。

このあと四人のトウザシのうちから交替で代表一人・神官・宮総代・アイトウの父親・部落総代が、トウボシの家で三献の酒の儀式をする。初めの二献は神酒を飯椀の蓋で飲み、三献目は飯椀で口アケの日に仕込んだ甘酒を飲み、次の二献はまた神酒を飲む。昔は造り酒（濁酒）の口を開いてアイトウをもてなしていたが、現在は清酒に代えている。このとき、トウザシが三献目の甘酒を口に含んだとたん、明年のトウボシの名前が一度だけ口から出る。下の口あけで上のトウボシが、上の口あけで下のトウボシが指名されるのである。もちろんあらかじめ四人のトウザシの間で取り決められていることだが、この時まで決して口外せず、このトウザシの指名は絶対でどんなことがあっても苦情は言えない。

一〇月七日は、下の頭人が中心になって上の頭を招待して、神を河内神社へ送って神饌を供える。翌八日は、逆に上の頭が中心になって、ほぼ同様の儀式がおこなわれる。下の頭は七日朝、三升三合のモチ米

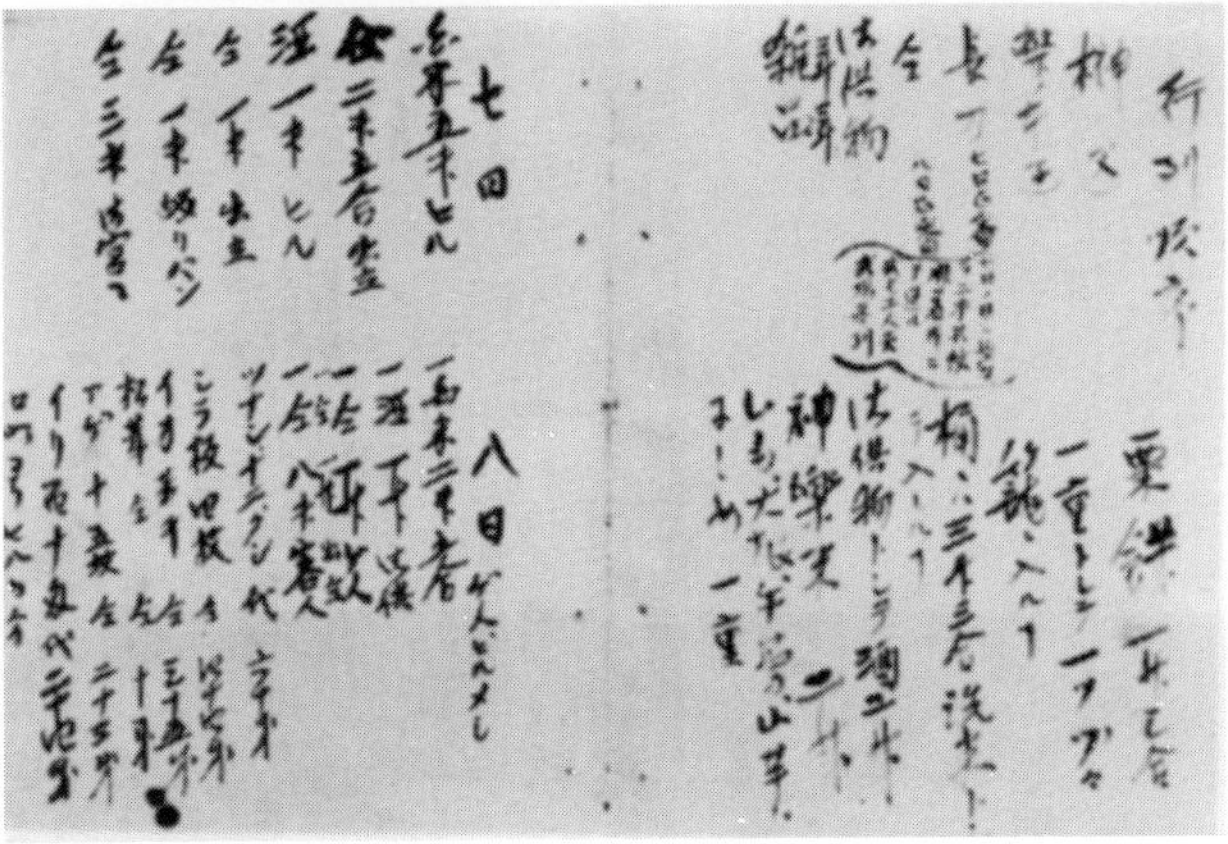

頭屋記録『氏神当番総当』

を搗いてお膳にのせる小餅を作り、一升三合の鏡餅一重ねを作る。午後一時頃、トウボシのカイチのものが簡単な酒宴をし、午後二時、下のトウボシがまつる御堂箱と榊をお仮屋からはずし、鏡餅を竹籠に入れるなど、「宮たち」の準備をする。出立の用意ができたときの式がおもしろい。トウボシの父親が囲炉裏のヨコザの炉縁に手をかけてひざまずき、外にいる宮たちの衆の方に向かって口上を述べる。すると村の人はこれに合唱する。

トウボシの親　「あともさきもかりもそー」
村のもの　「よいよいばー」
トウボシの親　「今の声よかったー」
村のもの　「よいよいばー」
トウボシの親　「もう一声たのむわー」
村のもの　「よいよいばー」

このようにトウボシの家の庭先で唱えて、トウボシの父親は縁先からおり、宮たちとなる。

神送りの行列の順序は、

①長刀　七日の相伴役が持つ。
②榊　トウボシの父親。

③御堂箱　本来は膳二枚で供物を挟んだものであったが、近年は木の箱に変えられている。

④ヘイノモト　一升三合の洗米を二つに分けて白紙に包み、二本の女竹に結びつけたもの。トウボシが持つ。

⑤小餅　桶に詰め菰に巻いて両端を縛り、竹棒に吊るして前後を二人で担ぐ。

⑥長刀　八日の相伴役。

⑦鏡餅　竹籠に入れて棒に吊るし前後を手伝人が担ぐ。

⑧松明と薪

⑨神事道具　ケラという大籠に入れて手伝人が担ぐ。

⑩神饌　頭の芋と呼んでいる里芋・山芋・大根などの神供や杉板のお膳などを手伝人が運ぶ。

このお渡りは道中「よいよいばー」を数度唱えて神社へ向かうが、この唱詞は村では意味不明になっている。奈良市高樋町の春日神社の一〇月一四日の宵宮祭と一五日の例祭の行列に、御幣・稲束二把・竹筒二組・四尺の大御幣・頭人子・当屋・村人の順にならんで「ヨイ、ヨイ、ワァイ」と囃し、笑いながら行進するものと同様、神を送るさいの囃し詞であろう。

渡御の列が二時半頃に河内神社に到着すると、宮総代と部落総代が出迎え、拝殿において御供を杉板のお膳に盛るなどの準備をし、御幣などは拝殿奥に並べる。そこへ上の頭のカイチの人々が正装して、トウボシの親を先頭にして到着し、新宮より宮司を迎えて宵宮の式典が始まる。修祓に続き、持参の神饌を宮総代・下のトウボシの関係者が順次伝供する。これに用いられる神饌は、籠に入った鏡餅一重・山ノ芋・里芋・大根を数個ずつと「杉板御膳」とである。杉板御膳には両端に土器《かわらけ》を置き、一方に小餅一重ね、他方には「タイモ」の煮たものを薄く切って二枚のせ、中央には直《じか》にコンニャクと牛蒡と山ノ芋の煮たもの

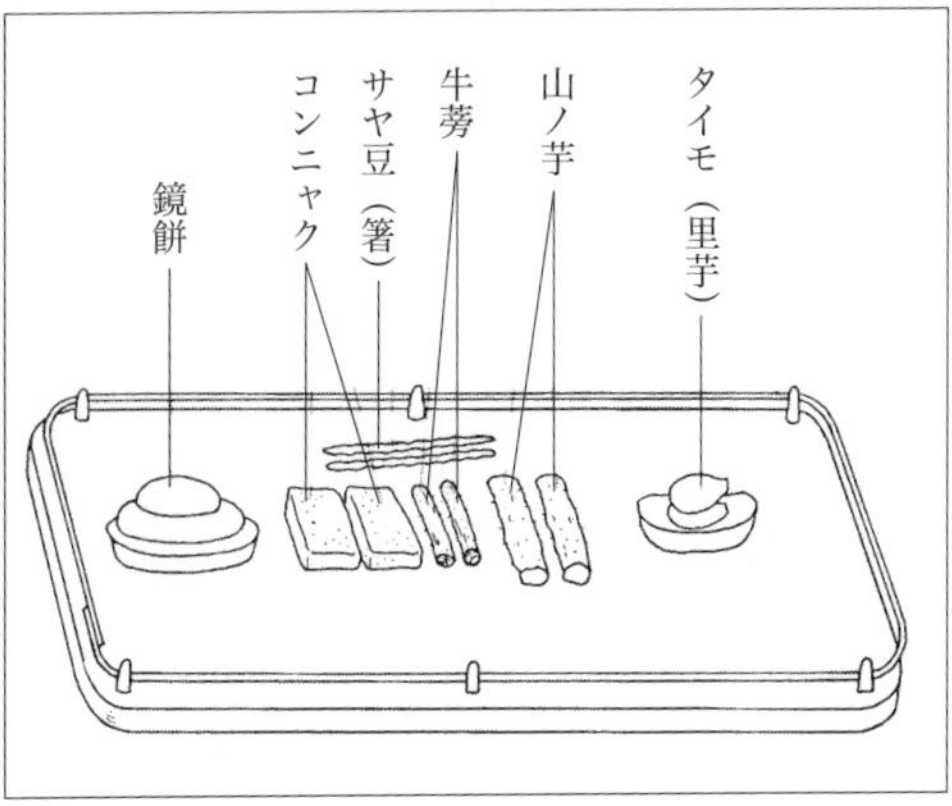

上：本殿に供えられた杉板御膳
下：杉板御膳配膳図

を二個ずつあしらう。また膳の手前には、ササゲ豆を莢のまま塩漬けにしたものを二本添えて箸代わりにする。この膳は神前に一〇膳供えており、お仮屋に供える分も、このあとの直会に使われるものも同じ内容の物である。以上が下の部のトウボシよりの神饌で、当日は村より別に神酒・洗米・果物・生魚が供えられる。

杉板の御膳は近年まで摂末社の分として七五膳も供えられてきた。この七五という数については不明であるが、他にも七五の神饌を用いている例は多い。徳島県板野郡板野町矢武《やたけ》の八幡神社の例大祭、同県吉野川市川島町の川島神社の例大祭には七五膳の神饌を供えるという。岡山県加賀郡吉備中央町の吉川八幡宮の当番祭りでは七五膳の神供を「オハケ」に供えて、闇夜の中でそれを神が食されるのを確かめる行事がある。諏訪大社の毎年三月酉の日の御頭祭《おんとうさい》に、俗に「御《おんまないたぞろ》俎揃え」と称される神事が前宮《さきみや》であり、本膳が七五、酒が七五樽、一五の俎に七五の鹿の頭を載せて供えるという。愛知県北設楽《したら》郡東栄《とうえい》町の花祭りでは、天狗祭りに七五個の粢《しとぎ》を供えたり、神降した太夫が舞殿の上に祭壇を築いてところ芋を七五膳供えている例もある。七五は一般に目に見えない犬神や祖霊の数とされており、これと河内神社の七五膳との関係は今後の問題として残る。

祭典が終わると、午後四時頃より舞殿で下の頭が上の頭を招待して直会が始まる。舞殿は拝殿の手前にあり左右に分かれており、左側には上の部の招待者と本年のトウザシが、右側には接待役である下の部のトウボシの関係者が列座して杉板の膳を並べ、まず神酒を椀で廻し、その後は酒で酒宴が始まる。神社のショタイベヤと呼ばれる棟では、手伝人が同じ膳で酒宴をし、また社務所では神職・宮総代がやはりこの膳で酒宴に入る。

翌八日は本祭りに当たり、上の頭が下の頭を招待する儀式がある。上の頭では午前中から準備し、午後二時頃に長刀を先頭に「よいよいばー」を唱えながら宮たちの儀がある。その際の行列順は下の部と同様である。一升三合の鏡餅が栗餅になる点が異なる。なお、この日の祭典には神職は来ないが、献饌や舞殿での直会は前日同様である。

この式が終わると、下の頭はトウボシが分神を祀った御堂箱を捧げ、相伴役が神酒を持って、口アケの日に決まった来年の上のトウボシの家へ神送りし、上のトウボシと相伴役は、同じようにして来年の下のトウボシの家へ神送りする。来年のトウボシの家では御堂箱を床の間に祀り、持参の神酒で酒宴をして頭渡しを終わる。これ以後は河内神社の分神は新しいトウボシの家で、翌年の祭礼までの一年間祀られることになる。

なお、以前は七日の宵宮には神輿を担ぎ、時重の村にある御旅所へ遷御し、屋台がこれを迎えたといわれ、また八日には、神社境内で沢の口の獅子奉納や地方相撲などがおこなわれ、相当な賑わいをみたそうであるが、明治晩年からはいたって質素な祭礼となっている。

談山神社・嘉吉祭　たんざんじんじゃ・かきつさい

一〇月一一日（現在体育の日）　奈良県桜井市多武峯

多武峯《とうのみね》の談山神社は藤原鎌足を祀り、多武峯社または大織冠《たいしょくかん》社とも称されるが、そのはじまりは妙楽寺という寺であった。多武峯街道から談山神社の神道に通じる路傍には、華厳滝《けごんのたき》・阿含滝《あごんのたき》があり、その上に大きな山門がそびえる。それが多武峯妙楽寺総門、すなわち東大門で、その脇に「女人堂」の石標が建つ。門から内の路傍につづく石垣内は寺院跡である。

藤原鎌足の死後、その遺骸は摂津国（大阪府）三島郡の安威山に葬られていたが、唐から帰った鎌足の長子定慧が、白鳳七（六七八）年鎌足の霊を倉梯山に改葬し、十三重の塔を建て文殊菩薩を安置したというのが、この寺の縁起である。ついで講堂を建て観音菩薩を納め、神殿聖霊院を建て鎌足の像を祀ったのである。古来なにか変事があるときは、鎌足の像の頸部が破裂し、妙楽寺背後の御廟山が鳴動するという神異があったという。だから、この山を御破裂山とも称する。鳴動が山の東辺より起これば朝廷に、南辺は藤原の長者に、北辺は藤原の氏人に、西辺は万民に、中央であるときは多武峯の寺に異変が起こるものと信じられた。

妙楽寺は当初法相宗であったが、平安時代に天台宗となり、藤原一門の尊崇をうけて隆盛し、広大な所領と多数の衆徒を擁し、鎌倉時代には東大寺・興福寺と相拮抗するまでにいたった。だが、明治の神仏分離にさいし、一山こぞって神社となり、聖霊院が神社本殿、護国院が拝殿、十三重塔が神廟、講堂が拝所、常行三昧堂が権殿とされ、談山神社と姿をかえた。談山の称号は、藤原時平右大臣のときに総社が造立されて、「談山権現」の勅号をもらったことによるのである。

この神社の例祭「嘉吉祭」の起源は、古く室町時代にさかのぼる。南北朝合一ののち、永享七（一四三五）年南朝の遺臣が多武峯に拠って兵を起こしたため、同一〇（一四三八）年八月、足利幕府の大軍がこれを攻め、その兵火により一山が焼失し、神霊も一時は橘寺に遷された。だが三年後の嘉吉元（一四四一）年九月に、もとの多武峯に奉還され、寛正六（一四六五）年に勅使が派遣され、嘉吉元年の神霊奉還の日をもって永世祭祀を営むことになり、祭りの名も嘉吉祭となったのである。したがって祭日も九月一一日であったが、新暦になってから一〇月一一日におこなわれるようになった。『多武峯年中行事』の九月一一日の条には、

御祭礼　四ケ法用　講演　神供　伝供　伶人舞楽　神馬十疋　細男　相撲　猿楽等様々　神拝アリ
検校三綱出仕等在之　皆出

とあり、その盛大さを伝えている。

祭礼はまず一〇月一日が「事始め」で、大字多武峯の氏子が当屋（頭屋）に集まり、準備物の集め先や神事の打ち合わせをする。当屋は当番とも称し、昔は旧社家が毎年輪番で奉仕していたが、現在は大字多武峯の一七軒が、地理的に下よりの家並順につとめている。

神饌の材料のうち銀杏や栗は毎年定まった所で拾い集めるが、野菜や果物は個人から寄付してもらう。五日が「御供盛り始め」で、この日から山内の氏子が斎戒沐浴して、日々当屋に出向いて「御供盛り」をし、八日、九日に大方終えて、一〇日に調製いっさいを完了する。米や豆を選定し、八、九日に盛りつけ

る作業であるが、村人の祭礼とされているため、調製中他見はいっさい許されない。ここで作られる神饌は「百味の御食《ひゃくみのおんじき》」と呼ばれ、きわめて精巧優美なものである。稲の籾《もみ》を一粒ずつ選って五色に染めて盛りあげた御供や、大豆・柿・栗・榧・樫の実の盛飾りなど、相当な手数と熟練を要する。

一〇月一〇日は午後四時から（昔は午後七時から）宵宮祭がとりおこなわれる。神社の鼓報を合図に、祭典当番の家から列を正し、当番は甲冑を具し、以下浄衣に威儀を正して社頭に参進する。渡御の列順は、松明二名（白丁）・祭文捧持者（浄衣）・当屋・太刀持ち一名（白丁）・大字総代・氏子一同の順である。本社では、石之間左右に庭燎《ていりょう》を設け、祭典が始まる。その次第は、まず「手水の儀」があり、宮司以下神職氏子は拝殿に着座するが、当番は太刀持ちより太刀を受け取って座の側に置く。修祓があり奏楽の中で禰宜以下が神饌を伝供するが、宵宮の神饌は和稲・御酒・海魚・海菜・野菜・塩水の五台である。つぎに宮司が祝詞を奏し玉串を奉り、当番が石の間に進んで祭文を奉戴し、禰宜以下氏子が拝礼し、神饌を撤して退出する。当番や氏子は再び行列を組んで当番の家に退下して、宵宮は終わる。

翌一一日が本祭りで、午前一〇時に山内の氏子らが浄衣を着し、当番は狩衣着用で社頭に参進する。

その祭儀次第は、まず「手水の儀」があり、宮司以下当番氏子が拝殿に着座して修祓があり、宮司が昇殿して御扉を開き、禰宜以下が神饌を伝供する。つぎに当番が捧持した白幣を宮司が禰宜より受け取って奉幣をおこなう。ここで宮司が祝詞を奏し、終わると神職氏子が拝礼し奏楽の中を禰宜以下が神饌を撤し、宮司が御扉を閉じ本座に復して一同は退下する。現在は以上の次第で本祭りを終わるが、その昔は鞍上に榊を立てた神馬数頭を斎場に牽き入れ、神馬をひき廻す行事、巫女神楽や大神楽の奏舞などの古神事がおこなわれていた。

本祭りの神饌は、三五品種ほどで、その詳細は次の通りである。

一　無垢人《むくにん》　高さ四〇センチくらいの浄衣姿の人形で、細男《せいのお》とも呼ばれ先達の意味をもつ。もとは右方、左方の二組用いたといわれている。

二　鶏頭花　一組

三　菊花　一盛

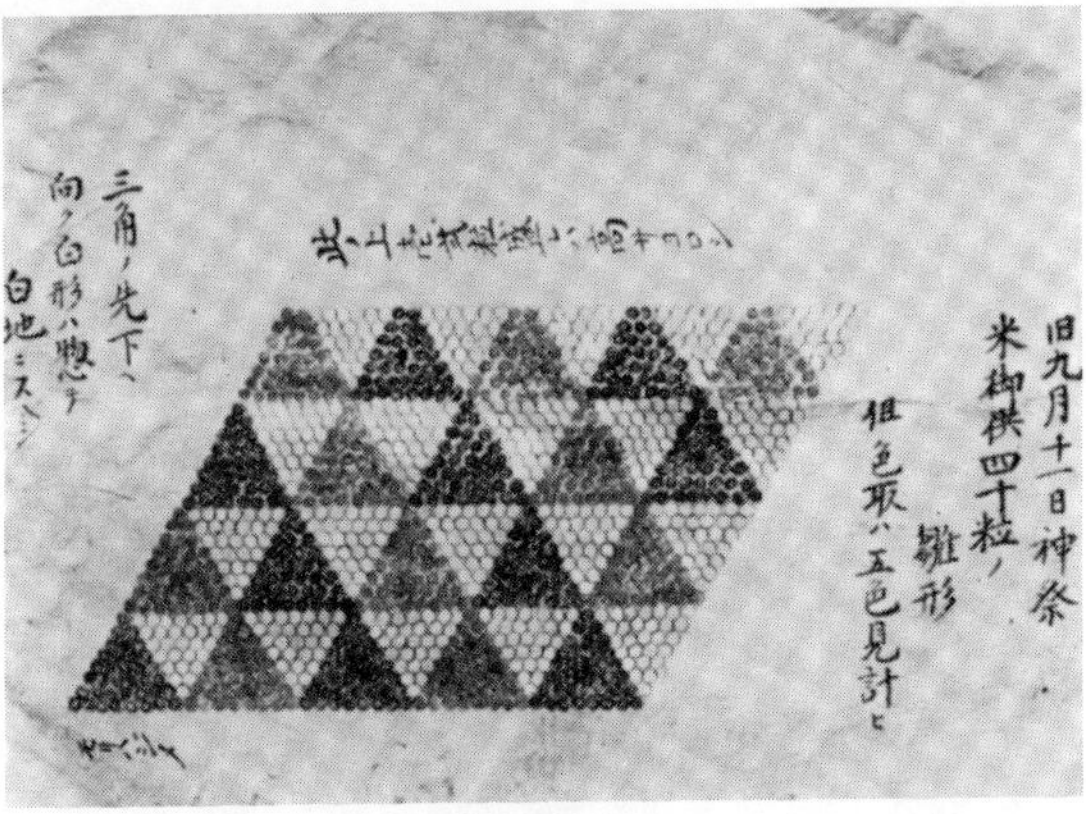

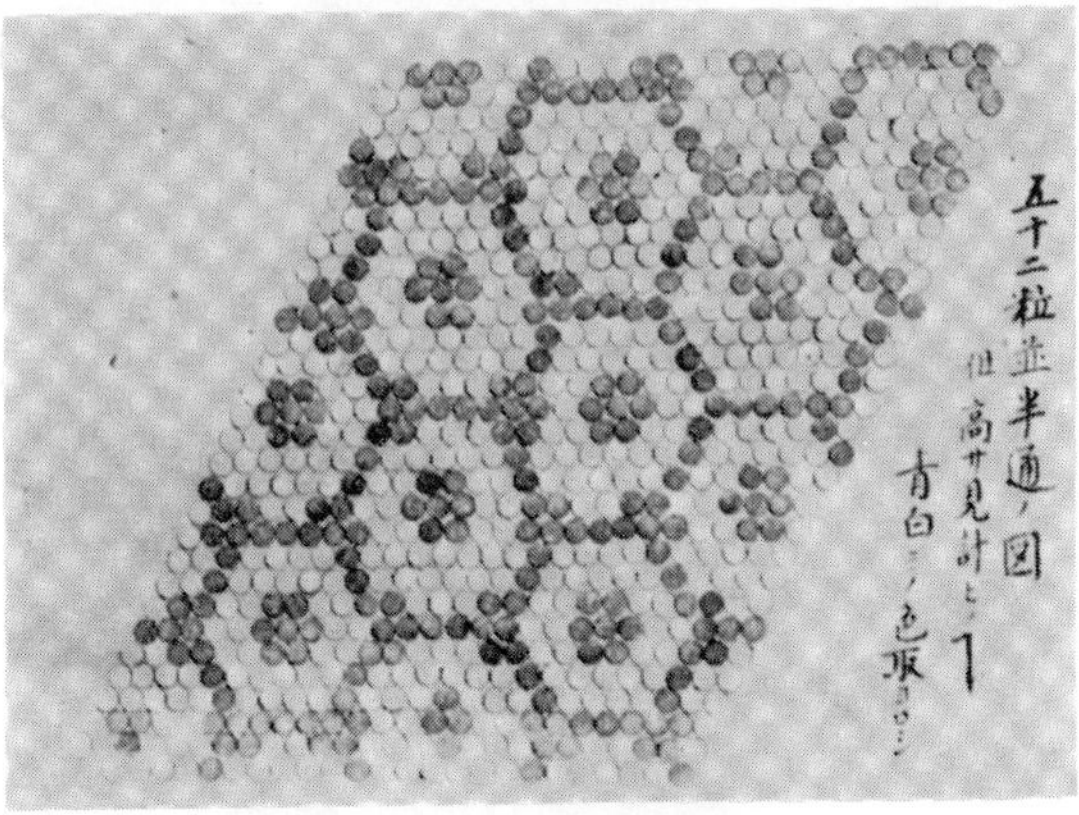

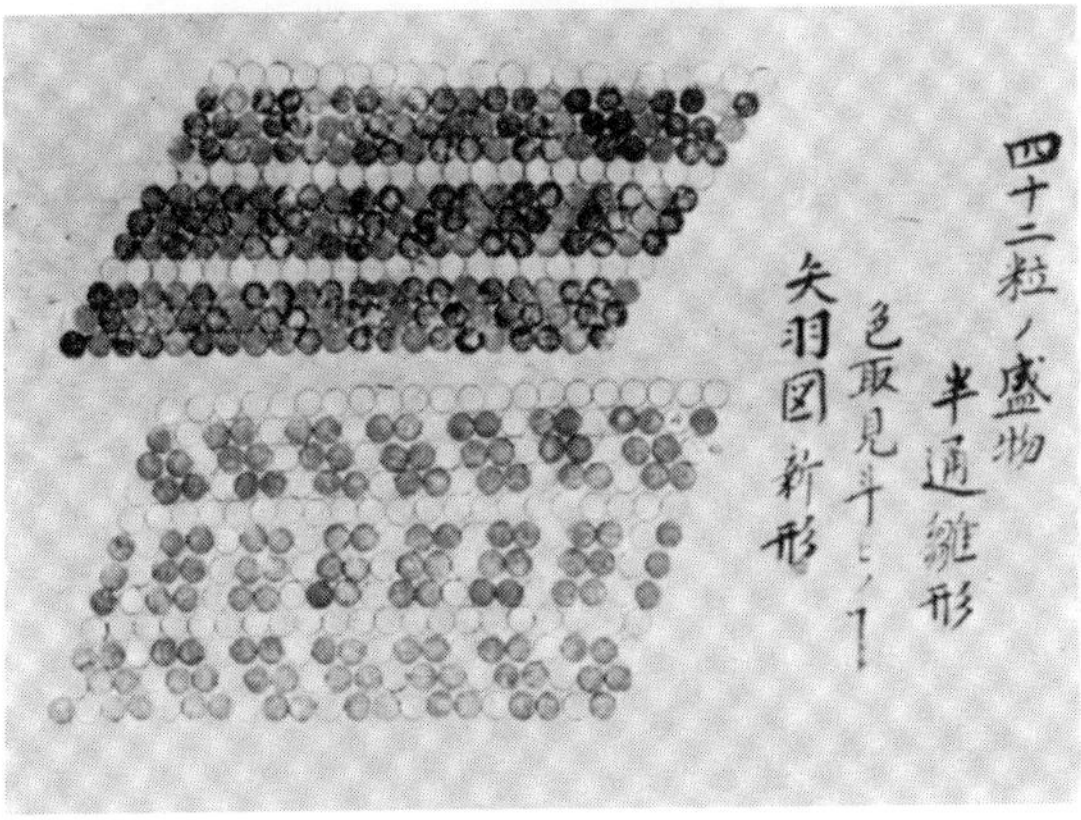

百味の御食調製図

四　御盃

五　御酒

六　御箸　杉の丸箸を用いる。

七　和稲《にぎしね》　四台　白米の粒の完全なものを選んで、赤・青・黄の食用紅で染めて乾かす。中心に高さ一五センチほどの木の棒を置き、その周囲にカンバイ粉（粳米を蒸して乾燥させ、粉に挽いて晒したもの）を練って作った糊を用いて、一周に四〇粒あるいは五二粒並べ俵積みの状態で仕上げる。作業は上部から所定の色の米を所定の粒数ずつ取りつけていくのであるが、その絵紋形にウロコ型・マンジ型・「神社」の文字などがあり、多くある雛形のうちから四種類を選んで、一台に約三〇〇〇粒を一粒一粒糊で付け、忌箸で押さえていくという根気のいる作業である。その丸くなった上部に一〇センチほどの竹棒を挿して、先端に小さい人参と赤青のトウガラシ・畦豆を取りつける。これを盛台にのせて高坏に盛ったものが和稲である。見た目にも非常にきれいな神饌である。

八　荒稲《あらしね》　白穂一台と黒穂一台。白穂は粳の芒《のぎ》が付いた状態で、さきの和稲と同様に穂先を揃えて上部から芯棒に貼りつけて俵積みの状態にする。下部は椎の実を四段に付け、上に酸漿《ほおずき》を一個のせる。黒穂というのは、モチ米の芒が付いたものを同様に取り付けたもので、下部は銀杏を三段に付け、上にはやはり酸漿を一個のせる。この荒稲は芒が全面に立っているので俗に「毛御供」と呼ばれており、特に黒穂の方は芒が長く伸びて異様な形をしている。

九　栗　生栗七合を、下が円筒形で上部が脹れて張り出した状態に積み上げる。丸い米倉である囷《こん》（まるくとり囲んで収穫物をたくわえておく）のような形である。頂上部に深山《みやま》シキミの赤い実

百味の御食　上右：榧子／　上左：酸漿／　下右左：和稲

を円く並べ、その中心に竹棒を挿して先端にトウガラシをつける。高さ二〇センチほどで盛台にのせて高坏に盛る。
一〇　零余子《むかご》　零余子を栗と同様の形に盛り上げ、先端に茗荷をつける。
一一　櫧子《かし》　櫧の実を栗と同様に盛り、先端にトウガラシをつける。
一二　榧子《かや》　榧の実の先端を外側にして栗と同様に盛り上げる。上部中央に丸く深山シキミの実を配して、その中心に立てた竹棒の先に茄子を刺す。
一三　豆莢　畦豆（大豆）の莢に二個入ったもの一五〇個と三個入ったもの五〇個とを用意し、三個付の豆莢で下部の円筒形の部分を、三個付で上部の張り出した屋根のような部分を積み上げ、上部中央に深山シキミの実を配し、竹棒の先にはトウガラシをつける。
一四　梨子　梨子を用い、先端にササゲをつける。
一五　柿子　シンタラ柿七合を用いて栗と同様の形を作り、先端に人参を刺す。
一六　銀杏《みかん》　銀杏七合を同様の形にし、上部に深山シキミの実を配して竹の先端に茄子をつける。
一七　柑子　柑子三〇個を積み上げ、上部に「深山シキミ」を並べて竹の先端にトウガラシをつける。
一八　棗《なつめ》　棗七合を盛り先端に茗荷の葉を刺す。
一九　鏡餅
二〇　倉餅　モチ米二升を一〇月八日の午前中に搗き、四角に取って表面を五色に染める。これを箱に入れて供える。
二一　飯御供《いごく》　白米五合を当日の早朝に蒸し、長さ四〇センチくらいの細長い木箱に入れ、四隅に青竹を半割りにしたものを添えて新藁五把で包装したもの。

二二　海魚　鯛

二三　川魚　鯉

二四　海菜　昆布・海苔

二五　野菜　紫芋梗《ずいき》・芋子《さといも》・莱菔《だいこん》・胡羅蔔《にんじん》・牛蒡など、ときによって異なる。

二六　果物　梨子・林檎・甘藷

二七　塩水

二八　楓枝　紅葉した枝と青葉の枝を交互に四本供える。いずれも枝に数カ所、赤青の飛行機のような団扇を吊り下げる。これは楓の果実を模したものという。

このうち果物は特殊な盛御供であるが、年により若干種類も異なり、木の実も包橘《きんかん》・酸漿《ほおずき》などが加えられることもある。現在では数は少なくなっているが、明治維新前は一組五〇台あて、一〇〇台を献進したもので、これを「百味の御食」と称している。春には木の芽・筍子・ウドを採集し、塩ゆでにして本祭りまで保存したり、夏に干瓢《かんぴょう》を干して残したり、豆腐を凍らせたものやコンニャク・寒天を作り、秋に豆や果実など時の物を種々集めるなど、年間を通じて神饌のとりそろえがなされてきた。それらは百味と呼ばれるが、実際は一〇〇以上あったそうで、一二〇とも一一四種ともいわれる。しかし現在は一〇月に集められるものだけに限られている。

翌一二日は後宴《ごえん》の日で、氏子一同が当屋に集まって後始末や経費の精算などをし、「当屋渡しの盃の儀」がある。祭具一切を翌年の当屋に引き継ぎ、午後から直会が催される。なお、本祭りの特殊神饌は、一年間神社に保管して埋められる。

ところで、嘉吉祭は寛正六（一四六五）年の祭文によれば、

惟当年嘉吉元年歳次辛酉九月十一日天告旬時中午艮辰以為寺家恒例之事検校三綱山内上下諸人等慎美恐礼掛生忝幾当社談山大明神宝君乃広前仁脆幾惶幾賽志奉弖儼擣節之礼於設餚饍之備於給婦処於聞召天

とあり、寺家恒例の行事として餚饍《こうぜん》（酒菜、つまり肴の膳）の供えとしてきたものである。したがって明治の神仏分離以前は非常に仏教色の強い行事で、その神饌もまた年忌のご馳走に相当するものであった。

「百味の御食」については諸説あるが、寺院の大法会のさいなどに、百味飲食と称して種々の供物を仏前に供えた例があるし、葬送儀礼として、葬場に供えたり、別中陰の間に用いることもあったという。こうした諸般の慣習からみても、百味の御食というのは、元来仏教の供物を称したようである。それがもともと寺院として営まれた多武峯の談山神社や、仏教的色彩の濃厚な神社に、実際にかつて百味の御食とされたものの一部が、その名称とともに、神社の特殊神饌として伝わったと考えられる。

なお、百味の御食の神饌は、今は談山神社のものがもっともよく知られるが、実際には宇治市白川の白山神社をはじめ、随所に伝わっているのである。

倭文神社・蛇祭り　しずりじんじゃ・じゃまつり

一〇月一〇日（現在体育の日）　奈良市西九条

　大安寺のムラの西南の西九条というところは、中世より辰市《たついち》庄の一村として奈良一条院の支配をうけていた。ここの氏神を倭文神社といい、慶雲二（七〇五）年中臣時風・秀行によって勧請され、武羽槌雄《たけはづちお》命・経津主《ふつのぬし》命・誉田別《ほんだわけ》命を祀るという。この神社の宮座は、かつては神饌調製を受け持つ「大頭屋」と、角力を受け持つ「小頭屋」に分かれていたが、昭和四一年からはそうした区別がなくなり、ムラ全体で宮座を運営している。また明治初年までは、旧八月二四日が秋祭りの日であったが、のち新暦の一〇月一六日になり、さらに一〇月一〇日にかわった。

　祭日が一〇月一六日のころは九月八日が「御神入」の日で、お仮屋の屋形をつくった。この屋形は松材三駄とたくさんの小麦藁を用い、大工が一工半（一人で一日半）かかって、三尺四方の面積に九尺の高さのものをつくる。またこの日、土用三郎の日に氏神の外堀の菰草《こもくさ》をあらかじめ刈っておいたのを用いて、頭人子《とうじんご》と宮司の草履、屋形に吊るコモを編む。そして九月一六日が「神迎え」で、御神体が神社からこのお仮屋に移され、この日から三〇日まで、頭人子がお仮屋の御神体に奉仕した。いまは一〇月六日に神社の境内にお仮屋を造り、神を迎えて隣組が交代で祀ることになっている。

　一〇月一三日は「御供洗い」で、若連中が三斗五升のモチ米を竜田川で洗うが、雨のときは隣ムラの八

土御供・花御供一式

条の小橋家の井戸で洗い、洗い米を持ち帰るときは、伊勢音頭でムラ中をねり歩く。また頭屋の者も竜田川に行って身を浄め、小石を持ち帰りお仮屋に供える。

一〇月一四日は「御供搗き」で、来年の頭屋と世話方六人と村の役員が寄って御供を搗き、神饌の調進をする。「コシキドリ」の役は若連中から二人選ばれ、コシキ水は八条の小橋家の井戸水を使う。たくさん搗く餅のうち、最後の二、三日だけは女の手伝人が寄って搗くので「オンナモチ」という。餅を搗く杵は「六尺杵」「千本杵」といい、長い棒の竪杵で大勢寄って搗くのである。

戦前までは、御供搗きが終われば、若連中は餅のついた杵をたばねて、世話人の家の柱や長押《なげし》に餅をぬりつけたりして暴れた。そして六尺杵で臼をかつぎ、臼には烏帽子《えぼし》をかぶったコシキドリが乗り、餅搗歌で音頭をとりながら、来年の頭屋の家へ「ウスオクリ」をした。迎えた家では御供搗きの手伝人も含めてみんなを御馳走した。また、この日にムラへドロ芋を売りにきたものがあれば、芋屋のいいなりの値で全部買いと

左：末社に供えられた神饌／　右：花御供一対

り、芋屋を頭屋の家の中に連れ込み、頭から餅取粉をふりかけ、顔に鍋墨を塗りたくってから風呂に入れ、本膳で御馳走し、祝儀餅を持たせて帰したという。

御供搗きのあと、「御供盛り」がおこなわれる。御供を「サオモチ」といって、細長くして五センチぐらいの長さに切り、五色の御幣に差し、それを何本も「ケバ」という檜の曲物に差す。この曲物は吉野郡天川村洞川《とろかわ》の「益源」からとりよせた。これに里芋の頭に人の顔を描いたものを添え、海藻をつける。これを「人身御供」と呼んでいる。昔、毎年幼児を人身御供に出すことになっていたが、ある年のこと一人子の家が頭屋にあたり、その子が人身御供になることになって悲しんでいたところ、一人の僧（弘法大師とも理源大師ともいう）がきて、その子のかわりに人身御供となった。僧は大蛇の体内から大蛇を三つ切りにして退治した。そこで身体を三つに分けて葬り寺を建て、竜頭・竜腹・竜尾寺と名づけた。その竜頭を埋めたところが神社近くの蛇塚で、神社の境内には竜頭寺の跡をのこしている。こうしたところから、御供も「ヒトミゴク」という。またこの祭りには径一メートル、長さ五メートル余の大松明をつくり、これを蛇と呼ぶ。

祭りの当日は午後にお渡りがあり、町内を一巡りしたのち神饌が奉献される。それは盃・徳利・花（マツリバナ・コウショウシンゴン）・箸（柳）・汁（ナスビ汁）・飯（円錐形）・五エカ（板に餅を五つ並べたもの）・クズ餅（楕円形）・花御供・袋米（二合一袋）・御酒（一升）・稲（一升）・大御幣（一本）で、本社と若宮に同じ種類のものを供える。供え物はわざわざ落とした方がよいといい、幾度も落とすから、神前に供えられたときはもうはじめの姿はなくなっている。また大御幣を供えるときも大暴れし、暴れるほど神様はよろこばれるのだという。ときには参詣の幼児をとらえて神前に供えることもあり、それは人身御供の名残りだともいう。若宮に供える花御供には、里芋の芋茎《ずいき》で蛇をつくったものをつけ、この御供を供えるとき、境内におかれた大松明が点火される。

昭和四〇年まではこのあと奉納相撲があった。小男（小学生）・中男（中学生）・大男（青年）の三組にわかれ、小男組は一番・二番……九番・十番、中男組は十番・二十番……九十番・百番と、順番に呼ばれたのち、ふつうの相撲をとって勝負をきめるが、大男組の相撲は「矢角力」といい、茣蓙を敷いて土俵とし、その上に九〇センチぐらいの刀に丸帯をまきつけておき、さらに日の丸の扇を開いておき、二人がそのまわりを三回まわって、「勝負」というかけ声で手に持った矢を扇に突きさす。早く突きさした方が勝ちとなる。

祭りの翌日が後宴で、神饌を分けて町内に配り、頭屋やその親戚のもの、祭りの手伝いをしたものが宴を張る。

八幡神社・秋祭り　はちまんじんじゃ・あきまつり

一〇月一〇日（現在体育の日）　奈良市大安寺・東九条・八条

大安寺のムラは、昔の南都七大寺の一つ、大安寺の地で、平城京の左京六条四坊にあたる。大安寺八幡神社は、元石清水八幡宮と称した。明治一二年に八幡神社の社名となった。式内社で大同二（八〇七）年八月一七日大安寺の僧行教和尚が遣唐使として唐に留学した帰途、筑紫の国宇佐八幡宮に籠り、一夏九旬の間大般若経を転読し、神託に依り上洛し、同寺本房第七院石清水房に八幡宮を勧請し、同寺の守護神として崇拝した。後、松永弾正の兵火に罹り、その後将軍家光公が再建したが、文久三（一八六三）年大破のためまた造営せられ、附属建築物など種々改築された。拝殿の柱は大同年間そのままのものと称せられているが、たんなる伝承にすぎない。

『大和名所記』添上郡大安寺の部には「鎮守八幡あり、其辺りに石清水の跡とて松一村あり、行教和尚宇佐八幡宮を勧請の時大菩薩本房に移し給ひて御手水の為に清水召しけるに水なかりければ自ら傍の石より清水流れ出づるより御手水に奉る。是石清水の名の初めとなり平安城男山の石清水に大安寺より通はしけるとなり、然れども石清水の名は大安寺より以前男山にありと云ふ、大安寺には男山は後と云ふ、二義互ひにあり。（「石清水末社記」）」とあり、『朝野群載』によると、「貞観九年八月八幡大菩薩を男山に移し奉る」とあり、大安寺はその本宮であるとムラ人たちの間に唱えられている。

八幡神社本社は、仲哀天皇・応神天白・神功皇后を祀り、若宮は仁徳天皇を祀る。そのほか武内神社・命婦神社・春日神社・猿田彦神社・稲荷神社・厳島神社・菅原神社・加茂神社・祓殿などの祠がある。現在大安寺・八条・東九条・杏《からもも》の郷社であるが、杏は氏子数ごく少数のため、権利を放棄した。大安寺・東九条・八条にはそれぞれ三人の氏子総代がおり、これを大安寺の総代が統べている。宮の氏子の負担は、大安寺が全体の六割、残り四割の内の六割が東九条、またその残りの四割の内の六割が八条、その残り四割の内六割が大安寺というように以下同様で負担する。しぜん大安寺は最も力をもっている。

大安寺宮座には、「大頭屋」、「小頭屋」があり、前者は本社の祭りを司り、後者は若宮の祭りを司るものとされている。

大頭屋には、左座・右座・屋敷頭屋がある。左座は、宇佐より勧請されたときしたがってきたという仲氏の子孫、仲野・武野・市川の各氏で、右座は、遷座の当時ここに住み御出迎え申しあげたという坂井氏の子孫、酒井・大西の各氏で、これらの家を座筋という。左座は右座の上位にあり左座の「一老（最年長）」が全座衆を統べている。座衆として順席に入るには「名換え（元服）」をしなければならない。

名換えはだいたい一〇年おきぐらいに「左右両老合十一人衆」（一老と左右両座各五人衆）の会議の上おこなわれる。これは境内に筵を敷き、左座一老を中心に十人衆が左右に別れて座を占め、その下に新入者が左右に別れ年長順に座す。このとき左座は左、右座は右に坐る。まず神主が祝詞をあげ、一老の名換えの挨拶があり、一老の酌で神酒をいただく。そのあと新入者は謡曲など一芸をする。この名換え式の費用はいっさい新入者で負担する。

座衆の隣席は名換えした順番で、同時に名換えした者は年長順になる。

屋敷頭屋というのは、「頭屋屋敷（西の町といい村の西北で、遷座のとき氏人の住んだ地）」に住んでいる座衆以外の者で、宮座における一切の権利はなく、ただ頭屋の順がくるとそれをつとめるだけの義務がある。

座衆であっても、分家すると一切の権利義務は認められない。分家するとできるだけ早く（三年以内、経済上頭屋を営めない時はその旨申し出て猶予を乞う）頭屋を営まねばならない。頭屋を営むことにより権利義務が生まれるのである。座衆の家で本人が死亡し、後継男子のない場合でも座衆家族として権利義務を認められる。

十人衆にして移転または寄留《きりゅう》などにより他に居住する者は、十人衆を失格すると同時に座衆としての権利義務がなくなる。再び帰住する場合は、十人衆に挨拶の上、加入しなければならない。十人衆以外の者も同じで、この場合年長先順の者といえども後席になる（名換え同時者内において）。頭屋の番になって、十一人衆が正当な理由でないとするにもかかわらず頭屋を営むことを拒むときは、宮座ならびに頭屋屋敷より除名されても一切苦情はいえず、除名されたものは、宮座における財産の既得権一切を放棄しなければならない。

頭屋前の御仮屋

当屋の順は、四七軒（左座一八軒、右座二二軒、屋敷頭屋八軒）が一順廻ると、希望者を三人くらい選んで、十一人衆が神社で「フリクジ」をして決める。もし頭屋施主宅に不幸忌事の起きた時は、即時次番へ御神器を送らねばならないから、毎年三軒ずついつでも営めるように準備しておかねばならない。

昔から、宮座は「頭屋田」と称し、相当の土地をもち、その収得をもって年々交代で当屋神事を営んでいたが、明治初年に大池構築のためこれを村に売却せねばならなくなり、以来各戸より玄米二升ずつ出し合い、かろうじて営んでいたが、その後各自二〇円ずつ出金し大安寺出合大坪において田地一反九畝五歩を取得し、昭和六年よりその収得で営むことになった。

頭屋田は年番頭屋が耕作し、その年の収穫後ただちに次年頭屋に引き渡す。耕作者は租税およびその他の費用にあてるため、玄米一石を宮座へ上米する。この上納米は毎年一二月二五日現在の価格にもとづき金納する。収穫皆無の場合は、規定の上納米の免除はもちろん、頭屋を営む費用等についても、十一人衆において適当に処置する。これ以外の凶作の場合は、耕作者の損失となる。

年番頭行事の営みを述べると、七月三一日は「御仮殿建て」。頭屋施主の家に御仮屋を建てる。材料は小麦藁二〇束・青竹一〇貫目・棕櫚縄・檜葉・乾菰二束で、この菰は六月初旬梅雨に入るまでに、菰川の葦を苅り晴天に乾かし編んでおく。この日の手伝人は、左右両一老・見習い（次番頭屋）、その他頭屋の心まかせで、前日より呼び使いをしておかねばならない。

八月二日は「御神入り」。八幡神社本社から御神体を頭屋に移し、御仮屋にお招きするのである。御神体（小さい御幣）が移られると、ただちに洗米・神酒を供える。奉迎者は神官・老合六人衆（左右両座より長老三人ずつ）・頭屋施主・見習い・警護二人・供で、錫の徳利に御神酒を入れて捧持する。頭屋は紙付草履（鼻緒と踵に紙を綯い込んだ藁草履）一一足を用意し、前日呼び使いのとき、六人衆に一足ずつ持参する。

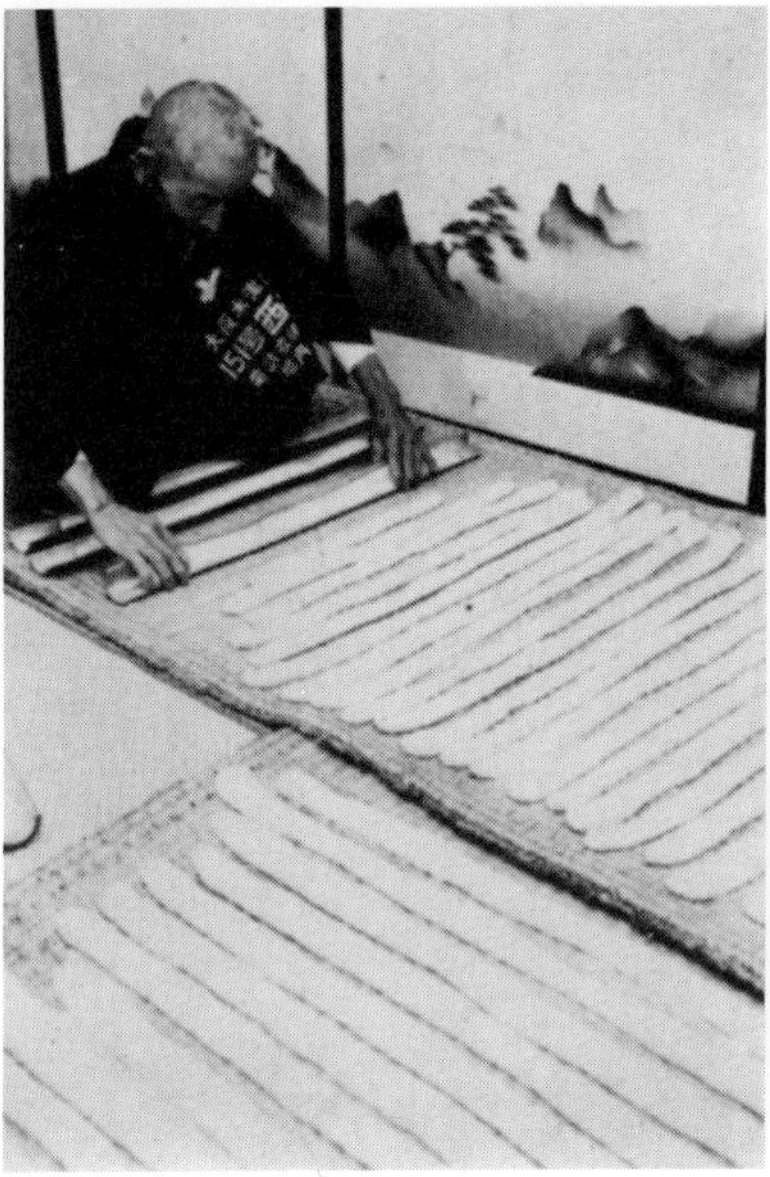

左：竹流し／　右：千本杵による御供搗き

お神入りから祭り当日まで、頭屋施主は毎朝正装で御米・御酒・御塩・御水を供え、神拝詞を唱えねばならない。

旧七月一五日は「若宮御神入り」。本宮お神入りと同じく、御仮屋へ御神体を奉迎する。奉迎者も本宮御神入りと同じである。

九月一日は「八朔《はっさく》」。ムラ中総出で八幡神社に風の祈禱に行き、御馳走を持参し、午後境内で各町内（垣内）にわかれて弁当にするのであるが、頭屋の町内ではみな頭屋の家に集まり、御仮屋で祈禱し、その庭で筵を敷いて弁当にする。

一〇月六日頃に「御供搗き」。早朝から左右両老合十一人衆・見習い・一般手伝人（親戚・知友）によりおこなわれるが、左座一老が万事指揮する。手伝餅は普通の杵で搗くが、御供餅は千本杵で多人数で搗き、中休みには各自存分に酒を飲み、各々の隠し芸を出し、いたって和やかなうちに進められる。十一人衆と見習いは、餅搗きの間に、手伝餅をまるめたり、御供餅を作る。座筋・屋敷頭屋、都合四七人に配る餅は白米四斗で、一個四三〇匁（約八合取り）、一般手伝餅は一個三合取りの大きさに作る。御供餅は白米二斗五升で搗き、直径四寸、長さ三尺の竹を半分に割ったものに流し込み、型をつける。これを「竹流し」といっているが、この竹は神具として伝わっている。

御供搗きの千秋楽は、頭屋施主がアキの方角（暦上の良い方角）を向き、千秋楽の言葉（謡曲の千秋楽）を唱えると、みないっせいに千本杵をさし上げる。これで御供搗き行事を閉じるのである。

一〇月八日には「御供盛り」。矢御供・餅御供・献花幣・土御供などを作る。十一人衆・見習いの手でおこなわれる。まず矢御供・餅御供・献花幣の台は、木輪《きわ》に長さ一尺二寸の麦藁をつめ込み（この中に菰草を一本入れる）、細縄でしばり、竹流し餅をこまかく切り、串につけ九個ずつ五段に四五個つける。風邪ひきの時これを焼いて食べると治るといわれている。そして上に茄子を縦に半分に切ってのせ、矢御供はその上に紫紙と、めろ竹で作った矢を差し、餅御供は九本の竹に餅をつけて差す。献花幣は、竹を九本差しその上に御幣紙・茗荷・栗・柿・ざくろを二個ずつつける。茗荷は鳳凰（羽に檜葉・口に色紙をつける）、栗は蟹、柿は魚、ざくろは海老を象徴しているといわれている。これを忘れないように、木に鳳凰・蟹・魚・海老を刻み込んで神具として伝えられている。

矢御供一杯は、頭屋筆頭神主筋の武野氏へ、餅御供七杯は、祭り当日宮に奉仕する氏子総代らへ贈る。献花幣一四杯のうち四杯は、祓殿・命婦・加茂・天満の四社に捧げ、これは頭屋・左右一老・武野氏にそれぞれ一杯ずつ贈られる。土御供は粘土で、花立・土瓶子・御汁注ぎそれぞれ二杯ずつと、御箸箱・御盃三重を作り、赤白の紙に包み、小角（小さい折敷）にのせる。花立には鶏頭花をさし、御汁注ぎには茄子のむきかけを盛り、御箸箱には柳の箸を入れる。このほかに「からぶく」といって、木輪に赤白の紙を入

献花幣の調製

れ、紫苑花をさし、芽蓮・茗荷をそれぞれ赤白の紙で包む。そして「まぐさ」といって稲の株一株に水引をかけ、玄米一升入りの俵を作り、八合御飯を炊き土器に盛って御飯箱に入れ、御瓶子（御壺）に濁酒八合を入れて、口を赤紙で包み、御幣串（長さ八尺五寸）に大きな蓮花二つと、御幣紙をつける。御飯箱は寛政元（一七八九）年八月吉日寄贈され、御瓶子は寛文一一（一六七一）年六月吉日森田新三郎氏より、御幣串は天和二（一六八二）年八月一七日法印忠義和尚より寄進されたものである。

一〇月九日は「宵宮祭」。若衆は太鼓台を担いでムラをねり歩く。乗り手はムラ中から年頃の子供を募る。頭屋施主は青磁壺に御神酒を八合入れてお供えし、おさがりを御仮屋でいただく。

渡御は十一人衆、見習い・当人子・頭屋施主・警護二人でおこない、午後一時一の鳥居を入る。大安寺の渡御につづいて東九条・八条の順で入る。渡御入御に続き、太鼓台の乗子は若衆の肩車で境内に入り拝礼し、これは直ちに引きさがり、また一の鳥居から太鼓台でムラ中廻るのである。

渡御が境内に入ると、直ちに「渡御到着の儀」がおこなわれる。これは神官・当人子を中心に、左側に左座老合、頭屋施主、右側に右座老合、見習いが座を占める。そして御神酒・御供餅を拝受する。

渡御到着の儀が終わると、拝殿で楽が奏され、その間に十一人衆が拝殿にのぼり、順番に並んで、矢御供・餅御供・献花幣・土御供などの御供をあげる。東九条・八条の御供も大安寺老合の手であげられ、東九条・八条の老合は拝殿にのぼらず、下からお渡しするだけである。御供は前もって人夫によって宮に運んでおく。

一〇月一〇日は祭り当日。正午に渡御列式が出御する。列式順は布令《ふれ》太鼓・警護・御幣（長柄傘）・まぐさ・御瓶子・当人子・頭屋施主・老合・御供・見習いでムラ中廻るが、この後に太鼓台も続く。途中で小頭屋の渡御列式と合流する。ここから御幣は大頭屋左側・小頭屋右側で差し向かいになり、幣頭はそれ

土御供

ぞれ外側に向ける。そして、小頭屋渡御人は大頭屋老合の後に続く。これまでに大頭屋から小頭屋へ七度半の使いをやることになっている。

東九条・八条の渡御は早く来て待っていなければならない。そして、大安寺の渡御が一の鳥居を入御してから、東九条・八条の順で入御する。そして神主が先導して境内に入るのである。昔、大安寺の渡御が一の鳥居まで来たが東九条・八条の渡御が早く来て待っていなかったから、怒って大安寺の渡御が引き返してしまったことがあったと伝えられている。

渡御が境内に入ると、宵宮渡御のときと同じく渡御到着の儀がおこなわれるが、このときは御供として、御所柿二個、おぼろ饅頭紅白を当人子の前に飾った後いただく。このとき小頭屋は大頭屋の下に座を占め、別におこなう。

到着の儀がすむと、神官・大安寺老合により、宵宮の時と同じく御幣をあげる。東九条・八条の老合は拝殿にあがらず、大安寺老合によりあげられる。この間、小頭屋では若宮・武内社に御幣御供をあげる。

この御幣の紙は安産の御守だといい、妊婦は祭りがすむと宮へ御幣の紙をいただきに行き、コヨリにし、縄に綯って腹帯の中に入れておく。まったくよく効くものだと伝えられている。御幣串・御供はあとで頭屋から下げて行く。

一〇月一一日は「御幣串《おたけ》渡し」。御幣串・長柄傘・灯籠・御瓶子・頭屋箱などの神器を次番頭屋へ送るのであるが、これは左右両一老・前頭屋・次番頭屋・警護二人によりおこなわれる。

以上で頭屋の一年間の行事は終わるのであるが、このように頭屋制は非常に厳重なもので、格式のあるものであるから、絶対に他者の加入は許さない。ムラ一の資産家熊木家が全盛の頃、この頭屋に加入を望み財をいとわず、勘定町の同家から八幡神社まで約一〇町の間、米五斗俵を横に並べてこれを寄付するからと申し込んだが、加入を断わられたとの伝えもある。

なお、左座武野氏（現戸主武野義正氏）は頭屋筆頭として、その祖先紀ノ良舟（左座元祖）は神主の職をもって、石清水八幡宮に奉仕し、その氏孫二六代間断なくつづき、応仁より享和まで一六代の間、わずかに一代同職をもって奉仕するだけであったが、くだって文政七年より明治八年まで、四代の間また同職に奉仕し、子孫前後合わせて三一代、武野信雄重光にいたって止んだ。その長子松太郎氏はまた大正一一年より昭和七年まで同職を務め、神主筋として尊崇されている。

小頭屋は若宮の祭りを司るもので、その起源は大同二年といわれるが不明である。小頭屋は屋敷頭屋・小頭屋屋敷（中在家町）に居住する者をもってしている。もとは九軒あったが、現在は転出その他のために七軒で営んでいる。小頭屋の順は毎年家並順である。年番頭屋行事は旧八月一五日は「昔祭の宵宮」。頭屋衆そろって八幡神社に参拝し、年番頭屋の家に集まって飲食を共にする。

一〇月八日午前「御供搗き」。頭屋衆と近所の若衆の手伝いでおこなう。屋敷餅・手伝餅は普通の杵で搗き、御供餅は千本杵で搗く。屋敷餅は七軒に配るので、二重のお鏡餅にするが、白米一斗で一軒あたり約一升五合取りにまるめる。手伝餅は約一合取りである。

一〇月八日午後「御供盛り」。頭屋衆により矢御供二杯、献花幣七杯を作るが、これは大頭屋とまったく同じである。つぎに御幣紙をつけるが、これは美濃紙六〇枚でする。そして上に慰斗《のし》をつける。ほかにもう一つ小さい御幣を作る。大御幣と献花幣二杯は若宮、小御幣と欠御供二杯は武内社にあげ、あとの献花幣五杯は、小頭へ寄付した者に贈るのである。

一〇月九日は「還幸の拝詞」。年番頭屋の床の間に御幣・御供など御祭器を飾り、早朝神主が拝詞をあげに来る。神主には礼として二合取りの餅・米三合・封金を贈る。

一〇月一五日は、「祭当日」。頭屋衆で渡御をするが、大頭屋から七度半の使いが来る。すなわち七回使いが来て、八回目使いが途中まで来た時に、大頭屋の渡御と合流しなければならない。渡御が境内に入ると「到着の儀」がおこなわれるが、これは大頭屋の下に別に座を占め、神主と挨拶をする。

大頭屋が本宮に御幣をあげている間、小頭屋は若宮・武内社にそれぞれ御幣・御供をあげる。

一〇月一一日は「御幣串《おたけ》渡し」。前頭屋施主が次番頭屋へ御幣串と長柄傘を送る。大頭屋のように盛大ではなく次番頭屋で饗応するだけである。

御上神社・相撲御神事　みかみじんじゃ・すもうごしんじ

一〇月一四日　滋賀県野洲市三上

「近江富士」の名で呼ばれる秀麗な三上山は、野洲《やす》川の東に開ける野洲の平野の中央にそびえる。標高四二七・六メートルで高山とはいえないが、湖水を隔てた湖西からもよくその姿が望まれ、近江の国のシンボルといえる。田原藤太秀郷《たわらのとうたひでさと》のムカデ退治の伝説でもその名が知られる。この山の頂上、天御影命《あめのみかげ》を祀ったのが御上神社の起こりであると伝えられ、『古事記』開化天皇条にも、「近淡海之御上祝《ちかつおうみはふり》がもちいつく天之御影神」とみえ、由緒古い神社である。養老元（七一七）年には山下の三上の森に遷座し、山頂には奥宮が祀られた。

神域正面にそびえる門は、弘安五（一二八二）年の墨書が発見されており、拝殿ならびに摂社若宮神社本殿とともに重要文化財に指定されている。本殿は方三間の入母屋造り、建武四（一三三七）年の築造、鎌倉建築として国宝に指定されている。

この神社の祭礼行事として五月初旬の御田植祭、祭神の出現した七月一八日に三上山上でおこなわれる「影向祭《ようごう》」があり、一一月一五日には本社ならびに摂末社の祭神の神衣を取りかえる「神御衣祭《かみおんぞ》」などもあるが、一〇月一四日の秋季古例祭は華やかな芋茎《ずいき》神輿が出ることで知られ、相撲神事がある点でも特異なものである。この祭りは、「ソウモク」、「相撲御神事」、「秋の御神事」とも、また俗に「ズイキ祭り」

ともいわれる。

祭りをおこなう野洲市三上は、山出・東林寺・前田・小中小路・大中小路の五つの小字に分かれており、戸数約二〇〇戸の農村である。神事は行政的な字とは関係なく、古くからある三つの座によってなされる。長之家《ちょうのや》・東座・西座がそれであり、長之家は現在一八戸であるが、神主・社家・侍筋の家といわれ、神主座に相当する。東座は村の住人によって構成され、属するもの最も多く約一二〇戸、西座は浪人筋であるといわれ、五三戸である。この三座はそれぞれ「若宮神事○座公文」という一種の首長をもち、この人は一般に「公文《くもん》」とよばれ、その家筋は古来定まっていた。いま、長之家の公文を「総公文」または「祝公《はふり》文」といい、東西両座の公文を「下司《げす》公文」と称するが、それは本来長之家が神主座で、東西両座が平座の関係にあったことを示している。この公文が座人帳をあずかって毎年神事の頭人を決める。いずれも正頭人である。

各座から毎年二人ずつの神事頭人を出す。一人を「上座《かみざ》頭人」、他を「下座《しもざ》頭人」と称するが、いずれも正頭人である。長之家では上座の家筋と下座の家筋が決まっており、二五年ほど前まではそれぞれ頭人を出したが、戸数も少なく棄権する家が出たために、合併して一基の神輿を出すようになっている。東座では戸数が多いため一代に一度しか頭人をうけられない決まりで、その順は前戸主の死亡順に新戸主が頭人となり、籤取りして勝者を上座頭人、敗者を下座頭人とする。西座は古来定まった家順で頭人が遡り、年長者を上座頭人、年弟の人を下座頭人とする。二人の正頭人に対して、翌年に頭人となる人が「介頭《すけ》人」とよばれる二人、その翌年の「其介《そのすけ》頭人」が二人、さらに「其又介《そのまたすけ》頭人」二人と計八人が定まっており、これらは年ごとに順次昇格する形になる。頭人が服喪などで欠けることがあれば順次操りあげ、いかなる場合でも神事に支障をきたさないための用意をしている。選ばれた五人の頭人は、一年間潔斎して祭礼に奉仕することになる。

秋祭りはまず一〇月九日の「甘酒行事」から始まる。当日午前七時ごろ五人の頭人が社参し、甘酒を神前に供える。この甘酒は前の晩に新穀で作られるので、「初穂酒」とも「一夜酒」ともいわれる。そのほか長之家・西座の頭人は芽《め》ずし・洗米・青漬け・清酒を神前に供える。芽ずしは、ジャコと、川に生える蓼《たで》を夏季に採って干しておいたものを挟んで、すしの中に入れたもので、これを重箱に一杯用意する。青漬けは大根を浅漬けにしたものである。これにたいして東座は鮒ずしを供える。一方、神社の神饌として、必ず鯇《あめのうお》（アマゴ）を芋の葉に載せて供えることが古例とされており、この神事を「献江鮭《あめ》祭」というのはその神饌に由来するのである。この魚は古来、野洲川北流の河口吉川《よしかわ》という所から献上した。

寛文文書『三上大明神之事』では、

九月九日ニ大明神ヘ備二鰍ノ魚ヲ一此魚ヲ野洲川ニテ取也此魚ヲ取リ備ル二明神ニ一故ニ上ハ横田ヨリ下ハ吉川迄他所より之制二禁ス簗之猟ヲ一三上神舘并社家斗簗打也吉川ノ簗ハ三上大明神ヘ運二送スル鰍ノ魚ヲ一故ニ赦スレ之ヲ今ハ吉川ノ簗公儀ヘ立ル二運上ヲ一故ニ明神ヘ不レ備レ魚ヲ然共吉川之者其所ニテハ于レ今三上明神ヘ備レ魚ヲ其後食スル由申也三上明神之氏子此故ニ九月九日迄ハ不レ食レ鰍ヲ

と記している。ここにいう鰍ノ魚がアメノウオであり、『延喜式』内膳司に「阿米魚」、同書主計上に中男作物として「阿米魚鮨」が記され、古くから近江の特産品とされてきた魚が神饌として供えられてきたことが知れる。

鯇を捕るには簗《やな》という定置漁法によったのであるが、近江の簗と神供との関係は注目される。たとえば高島郡（現・高島市）安曇《あど》川町北船木の簗は、賀茂別雷社（上賀茂神社）の御厨《みくり》に設けられたもので、毎年一〇月一日には紅鱒と生鮎を、葵祭りには干した小鮎を神供として届けていた。これも安曇川に設けた簗によってとっていたもので、同所北船木の若宮神社所蔵の応永五（一三九八）年の下文《くだしぶみ》によれば、当時権

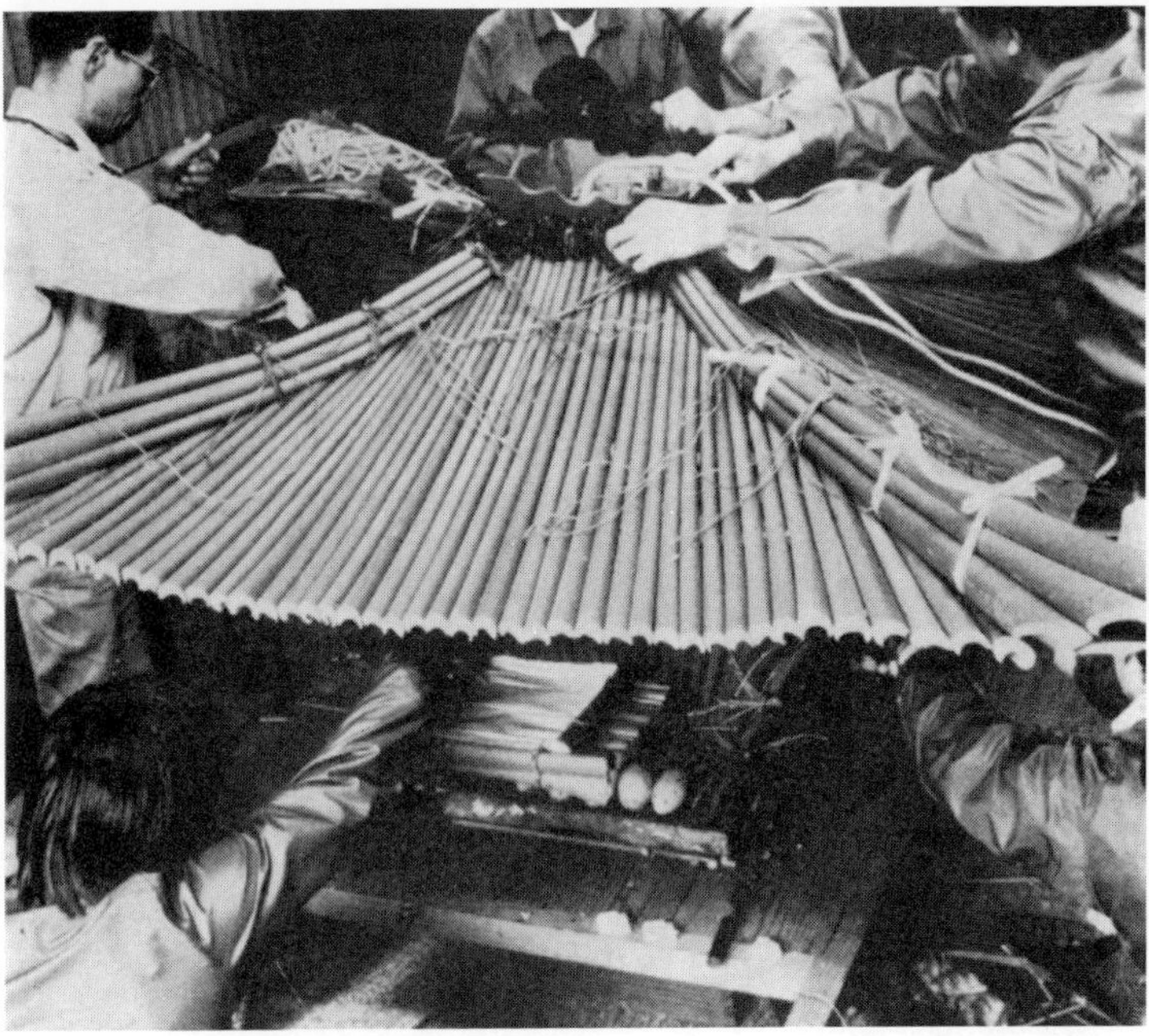

門勢家庄園の妨害により神社への日別供祭物滅亡の危機にさらされていたことを伝えており、その古さが知れる。近江にはそのほか野洲川簗は八千矛神《やちほこ》を祀る兵主神社《ひょうず》への神供、犬上川と芹川は多賀神社の簗があり、近江の簗漁法の特殊性を認めることができる。

さて、当日これらの神饌を供えて神官による祭典があり、終わると各頭人は供えた甘酒を持ち帰って、一三日の芋茎神輿製作を手伝ってもらう人や親戚を招いて酒宴を開く。またこの日は三上地区全戸が甘酒を飲む日ともされている。頭人は甘酒と一緒に、神輿に据える相撲猿を受領して帰り、床の間に飾る。

一一日は「湯立式」の日で、御上《みかみ》神社宮司が頭人に招かれ、五軒の頭屋で清祓をする。明治初年までは巫女《みこ》が湯神楽をあげて廻ったのであるが、今日では神職が神棚・

竃・家の出入口に注連縄を張って、床の間に神籬《ひもろぎ》を供えて大神を招《お》ぎおろすことになっている。

一二日は「芋茎《ずいき》苅り」の日で、頭人の家へ親戚などが集まって、春以来栽培した芋茎を苅り取り、洗って芋茎神輿を作る準備をする。神輿を飾るには三〇〇本の芋茎が必要で、各頭人に指名されたものは、前もって芋茎を相当に植え、苦心して成長させて秋の祭りを待つのである。

一三日は、芋茎を神輿の形に盛りあげる。五人の頭人の家へ朝からそれぞれの親戚七、八人が集まり、公文《くもん》の指導で夕方までかかって作りあげる。木製の担架状の台に三〇センチ角の折敷《おしき》を置き、一辺一メートルぐらいのあたかも八面体のような木枠を据えて、その外側全面を芋茎を切り揃えて細い竹串で止めたもので包み込む。四隅などはマメヅルで縛り、屋根は軒先の部分をきれいに切り揃え、隅棟の部分は別に芋茎六本をマメヅルで縛ったものを勾配をもたせて取りつける。神輿の本体ができあがると装飾の部分にかかる。四面の屋根には「違い釘抜紋」をつけるが、木の台に糊をつけ、粟粒と菜種とをつけて白黒に色分けて取りつける。側面には四面とも、芋茎で作った棚状のものを刺し込み、栗・柿・秋の七草をのせ、下部の折敷の上には四面に柿を五個ずつ竹の串で通したものを下げ、正面には芋茎で作った鳥居を立て、下に白い砂を敷いた上に相撲人形を供える。これら飾り物や相撲人形は、モミジ、アヤメ、菊の造花など座によって多少の違いがあるが、それぞれ頭人が種々技巧を凝らしてきれいに仕上げる。

このような神輿の形を作ることを「御菓子盛り」というが、菓子とは唐菓子、あるいは蒸菓子・干菓子・点心・羹《あつもの》に対して木菓子のことであり、草木の果実をいうのである。洛南の水度《みと》神社の秋祭りには、栗と榧《かや》の実を竹の串に刺して供えるが、氏子の城陽町寺田（現・城陽市）では賓客に栗や榧の実を供してきたと伝えられるのも、これが本来の菓子であった民俗を残しているのである。三上の場合も芋茎神輿に飾られる柿・栗・菜種・粟・秋の七草が菓子にあたり、芋茎があまりにも優勢になり、柿や栗が従属的にな

右：芋茎神輿の渡御
左上：芋茎神輿に飾る猿の相撲人形
左下：力士と行司の相撲人形

っているが、本来はこれらが同格で、高く盛りあげて神前に供えられた時代があったろうと思われる。芋茎もたんなる装飾品で美観を添えるためのものでないことは、その神輿を折敷の上に組むことでも知れ、芋茎神輿は神饌が変転したものといえる。ここで特に芋茎が選ばれた理由は不明ながら、秋の収穫物を象徴してのものであろう。なお、芋茎の株、つまり里芋については多くの節を有する点で、カブすなわち一族が増える意味で祭りに用いる例が多いので、たんなる副食物以上の意味をもって供えたとも考えられる。

芋茎神輿ができあがると、頭人の家の座敷に飾り、床の間には注連を張って神籬を立て、その前に甘酒神事に用いたと同様に、芽ずし・青漬け・スルメ・酒を供える。この場合も東座では鮒ずしである。御菓子盛りに奉仕した人々は、それを前に夕食をとる。この日の晩には「頭渡し」の式がある。午後七時の太鼓を合図に、それぞれの公文《くもん》の家に上座下座の両頭人・翌年の頭人である介《すけ》頭人が集まり、九時頃から頭渡しがなされる。正面に公文が坐り、上座と下座は向かい合って坐ると盃が出るが、三座で盃の作法に多少の相違があるようで、長之家は三献、東座・西座は二献である。いずれも公文がまず飲み、上座頭人へさす。上座頭人がこれを飲み、上座の介頭人に「確かに渡しましたぞ」と言いつつさす。介頭人は盃を公文へ返す。公文はそれを受けて「よろしいか」と念をおし、再び上座頭人・介頭人に盃を廻す。ついで下座に対して同様の盃事をして、めでたく翌年の頭人を決定して式は終わる。もっともこれは形式のみで、其又介頭人に任命された時点でほぼ決定していることであるから、ここでは頭人の再確認がなされるだけである。頭渡し式での肴も長之家と西座はスルメ・芽ずし・青漬けであるが、東座は鮒ずしである。

翌一四日は、秋祭りの当日で、各頭人の親戚は頭人の家に集まり、一〇時の社参の太鼓の音を合図に、神社へお渡りをするが、出立ちにあたって芋茎神輿を頭屋の庭に据え、竈で沸かした湯を用いて、笹で神輿を祓う儀式がある。今日それをするのは親戚の一人である。行列は子供二人が羽織袴を着て青竹を持って先導するが、これを「警護役」という。次に各頭人の最も近い親戚二人が芋茎神輿の前後を舁《かつ》ぎ、他の近親らがそのあとに従って列を正して進み、神社の楼門前へ着くと台を敷いて五台を一列に並べる。頭人は社務所でいったん休憩して神輿五台がそろうのを待ち、一一時ごろに斎館前で頭人と公文の修祓がある。つづいて神輿五台が、長之家・東上座・東下座・西上座・西下座と、決まった順に楼門から拝殿へあがって、所定の場所におかれる。頭人は各神輿の前に着座し、本殿前の幄舎《あくしゃ》に公文・公文の使者・神社の役職者が、反対側には招待者が着席し、祭儀が終わると、宮司が拝殿で各頭人に神賜を廻して、古例祭を終わり退下する。昔は祭典が終わると、西下座より芋茎神輿をおろし、社参のごとく列を整えて退下し、頭屋ですぐに神輿を破毀してしまったが、いまは四、五日拝殿に飾る。

相撲前に猿田彦の祓い

この日の晩は、「芝原《しばはら》相撲神事」がおこなわれるため、夕方から準備がなされる。神前には相撲像を据える。これは、四つに組んだ力士と行司をセットにしたもので、力士は総高二四センチ、行司は二九センチほどの木彫である。楼門の外の芝原という所に神殿に向かってコの字形に筵を敷き、燎火《にわび》二基が用意される。門前には、案上の板折敷に「花びら餅」あるいは「牛の舌餅」という、長径が二〇センチほどの楕円形の餅四つがのせられ、目の荒い竹籠がかぶせられる。これは蛇籠《じゃかご》といって、昔は「牛の口籠」に使った籠だそうである。

午後七時の太鼓を合図に、五人の頭人は大角力・小角力を連れ、公文や公文の使いなどと一緒に神社へ集まってくる。このとき、神酒一升・芽ずし重箱に一杯・青漬け一重・酒をつぐ土器三組・蛇籠一個などを持参する。この場合も東座は鮒ずしを用いる。燎火に点火され、一同は所定の座に着く。楼門の方に向かって宮司・長之家の頭人・総公文・総公文の使いが坐り、社殿に向かって右には東座の公文・公文の使い・東上座頭人・東下座頭人の四人が、左側には西座の公文・公文の使い・西上座頭人・西下座頭人の四人が着席し、それぞれ道中に用いた提灯を席の前に置く。

すると、所役が正面に進み出て、これから芝原相撲をする旨告げていったん楼門の前へ退く。この所役を「猿田彦」とよび、裃を吊りあげた恰好をして素足である。この猿田彦が楼門前に供えてある花びら餅を顔の高さに持って来ては宮司・長之家の総公文・東座の公文・西座の公文の順に据える。つぎに猿田彦は東公文より翌年の頭人の書き付けを受け取り総公文に渡し、同様に西公文よりの書き付けも総公文に渡す。所役は、いったん楼門脇に退き、猿田彦の鼻高面と木鉾《きぼこ》を左脇に抱えて再び現われ、面をつけてまず本殿を拝し、総公文に一礼して右に三遍廻り、総公文の胸のあたりを木鉾で突く真似をし、右手をあげて長い鼻の先をつまみ、総公文に鼻をかける真似をする。このとき総公文も深く一礼する。同様に三遍廻っては東の公文と西の公文を突き、鼻をかける真似をする。この所作を公文に「ハナクソをやる」という。

ハナクソをやるとは元来ハナクソを与える、つまり花びら餅の供献を意味したものであったはずであるが、やがて転じて実際に鼻糞をほじくって公文にかける所作をともなってきたのである。花供を受けるべき公文は神とされた時代があったはずである。神とされたからこそ、それをまつるべき頭人を選ぶ義務があったのである。その花びら餅を供える所役である猿田彦は、三上の山にまつられる神の具現である。すでに『日本霊異記』下巻第二四話に、御上の峰にまつられる神（陀我《たが》大神という）が、小さい白猿となって示現した話が語られており、古くからこの山の神は猿と考えられていたのである。猿田彦は神の来訪を実際の人間によって再現しようとしたもので、芋茎神輿の正面に飾られる小さな猿もまた同じ神の姿である。

行事は、猿田彦が公文にハナクソをやる所作を終えると、面を外して本殿脇へ去る。その間に一同は神酒を出し、公文の使いの者が供盤に芽ずしと青漬け（東座は鮒ずし）を広げて、各座ごとに酒宴を開く。ほどよく酒が廻されると最後に相撲神事があり、まず東の上座と西の上座より「小角力」を出す。両頭人の血縁の濃い四、五歳の小児が、化粧廻しをつけて中央に進み出、公文の補助で四つに組み、猿田彦が行司となって「ヤートウ」と七、八回唱えるだけで、勝負はおこなわない。つぎに一七、八歳の青年が両頭人より出され、「大角力」となる。この青年は、白布の締込みの端を一〇メートルほど垂らし化粧褌をつけた恰好で、最初は刀を持って出て両手で突き出して合わせる所作をし、引き返して刀を頭人に渡していったんさがり、締込みの端を腹に巻きつけて再び中央へ歩み寄り、猿田彦が行司となって両手を相手の肩にかけ、やはり「ヤートウ」と七、八回声をかけあって退く。つづいて東西の下座から同様に小角力と大角力が出されて、芝原相撲神事を終わる。昔は実技をおこなったそうであるが、諍《いさかい》を招いたので止めて、現在は形式だけとなっている。これについて寛文文書『三上大明神之事』では、「十二番之神ノ相撲有リ其外少々儀式有之是ハ地主若宮ノ御神事之由申伝」と記し、本来一二番おこなわれてきたらしい。

ところで先の史料にこの儀式を若宮の神事としている点は注目に値する。公文を正式には「若宮神事〇座公文」とよび、同市の妙光寺の集落も一〇月一四日が「神事《じんじ》」とよばれる秋祭りの日であり、白蒸しの御供を三上神社とともにこの若宮神社に一組供えている点からも、この秋祭りが若宮神社の祭礼であることは疑いない。若宮神社というのは御上神社本殿の西にある摂社であり、伊弉諾尊《いざなぎ》を祭神とするといわれている。若宮とは今日の民俗学では御霊《ごりょう》とされており、荒れすさび人々に害をなす荒魂《あらみたま》（新魂《あらみたま》）をなだめ鎮めるのがその祭りである。その鎮めの行事として相撲がなされてきたのである。相撲は今日では競技か職業的な興行と考えられているが、元来は悪霊を鎮め追い祓う意味があったことは、七夕相撲や大山祇神《おおやまづみ》社のひとり相撲に痕跡をのこしている。したがって土俵で踏むシコも力を込めて悪霊を踏み鎮めるものであった。今日大角力の方だけが刀を持って出てすぐに引きさがるが、もとは刀を抜いてふるう所作をともなっていたものと想像される。

白山神社・秋祭り　はくさんじんじゃ・あきまつり

一〇月一八日　京都府宇治市白川

宇治の平等院と天ケ瀬ダムとの中間から、西へ山道を登ると白川の里へ出る。ここは京都の北白川に対して南白川、すなわち宇治白川で、物静かな山村の姿をとどめている。

この地に藤原頼通の山荘があったといわれており、頼通の娘で四条の宮とよばれた皇太后寛子も永く居住し、ここに文殊菩薩を本尊とした金色院という一寺を創建した。その金色院は早く廃れ、地蔵院と金色院の鎮守であった白山神社に名残りを伝えている。

白山神社は、旧金色院の総門といわれる黒門を入り、渓流を渡って右手に小高く茂る森の中に鎮座している。加賀の白山の神を勧請した神社で、久安二（一一四六）年の創立といわれ、重要文化財の伊邪那美《いざなみ》命坐像一体と十一面観音立像一体を所蔵する。

現在、白川の集落は一二五戸に増えているが、白山神社の氏子となっているのは六五戸である。この神社の祭礼は一〇月一八日。朝九時過ぎに神官による祭典があり、五穀豊穣を祈願した後、若衆による太鼓台が氏子区内をねる。しかし、この祭礼にさきだって、一八日の未明に「百味の御食《おんじき》」という神饌を氏子が供えることは、近年まで公開されなかったこともあり、知られていない。

この神饌を作って供える役を「当屋」あるいは「御膳番」という。全氏子のうち、川によって東の組と西の組とに分け、順番に地域的に近い三軒ずつがその役にあたる。近親に不幸があると翌年に回ることになるが、すでに準備にかかってから不幸があった場合は、残る二軒で勤めることになる。三軒のうち一軒を「ヤド」として、一七日の夕方までに三基の百味の御食と、赤飯を三盛と、豆腐の神供と小餅・洗米・神酒とを用意する。

百味とは山林田畑でできる食料すべてをいい、当屋が作ったり山林で取ってきたものが主であるが、当屋以外の氏子も、自宅の珍しいものを当屋宅へ持参する。その種類を挙げると、

本殿に供えられた神饌一式

稲穂　大正餅・琵琶光・越光・日本晴など一三種類

豆類　金時豆・黒豆・大豆・三度豆など一〇種類

芋類　薩摩芋・自然薯・むかご・馬鈴薯など一二種類

茸類　椎茸・松茸・いぐちなどの五種類

種実類　栗が盆栗・柴栗・丹波栗など六種類と銀杏と胡桃

果実類　柿が御所柿・お寺柿・平種柿・鶴の子柿・富有

柿など一一種類と梨類・蜜柑類をはじめ棗《なつめ》・鷹の爪・柚子・橙・野葡萄・柘榴《ざくろ》・花梨《かりん》など
三一品

野菜類　大根が鼠大根・大蔵大根・尾張大根など六品、百合根が山百合をはじめ本百合・鬼百合・鉄砲百合の根、菜類が菊菜・水菜・山東菜など八品、その他牛蒡・時なし人参・茄子・蓮根・茗荷・トマト・ソーメン南瓜や、ウド・蕗《ふき》・蕨《わらび》などの山菜類に至るまで、五〇
数品

これらは精進料理ともいえるもので、都合一六〇余品にのぼる。もっとも年によって集まる種類が異なるが、少ない年でも一二〇品には達する。集まった種類は当屋が帳面に記載しておき、七月一八日の当がわりの際に翌年の当屋に引き継ぐ。

百味の御食の調製は、あらかじめ草原に自生するマンボという蔓草の固い茎を多く採集しておき、一七日の午後から、当屋三人がそのうちの一軒に集まって作る。まず直径二〇センチ前後の南瓜を三個用意し、蔓

前頁：百味の御食の調製

百味の御食と一緒に供える豆腐

を二〇センチ余り残した状態にし、南瓜の下部は少し切り取って安定をよくし、三方《さんぼう》に白紙を敷いた上に据えておく。つぎに百味を一個ずつ、大きいものは小さく切って、三〇センチから四〇センチに切ったマンボの茎に刺していき、その下部を南瓜の上部に刺し込んで立てる。そのさいに中心部に五穀をおき、渦巻き状に外側へ野菜や果物などを刺していく。また中央をやや高くし周辺を低くして、見た目にも恰好よく仕上げる。なお、中央の稲穂一〇数品種だけは南瓜の蔓に縛り、三カ所を水引で結びつける。御供の全体の高さは六〇センチほどになる。これらを刺し終わると、南瓜の上の周囲には一面に茶の葉を刺し廻らす。茶はいうまでもなく当地方の特産品で、その種類も三〇数種あるものすべてを集めて用いる。この百味の御供は、当屋の数、つまり三基作るが、すべて同じ種類の数だけ刺すことになっている。元来は当人（頭人）の男手だけで調製されてきたが、その種類も多く時間がかかるため、近年は女性にも手伝ってもらっている。

　百味の御食を作り終えると、夕方から他の神饌を作り始める。豆腐の神饌は、白豆腐二丁を重ねて水を切り、包丁で角を落として八角形にし、半紙に包んで水引をかけたものである。この八角豆腐も三組作る。またモチ米二升を蒸して赤飯にし、三等分にして折敷《おしき》に盛りあげる。その他小餅と神酒とが用意される。

　以上の神饌ができあがると、御膳番のヤドの座敷に長机を用意して、しばらく飾っておく。この御供は夜中の一二時以降に当屋が神前に供えて、夜が明けるまでに撤下する決まりになっている。近年は一八日の午前四時半頃に、当屋三人と家族が神饌物を手に持って神社へ向かい、神前に供えている。本殿前に二段の棚を設け、奥に百味の御食と赤飯を三基ずつ交互に供え、手前には向かって左より神酒・八角豆腐・小餅・洗米の順に据えて、一同は拝礼する。家族の者は帰るが、当屋三人はそこに留まり、参詣に来た一般氏子に対して、神酒をいただいてもらう世話をするのである。

午前七時から七時半頃になると、神饌をさげて当屋へ運び、九時過ぎから神職による祭典がおこなわれる。下げた神饌のうち、赤飯と小餅は直ちに等分して村中へ配る。また百味の御食は、各当屋三人が自宅へ持ち帰って当分は床の間に飾っておき、萎《しな》びた頃に近くの宇治川に流してしまう。

百味の御食については談山神社の嘉吉祭にも認められ、元来神仏習合時代の風習を濃厚にうけついだ神社に伝わっているものであるが、白山神社の神饌の作り方は、蓋《かさ》状に広がっている点に注目すべきである。

城陽市水度《みと》神社の栗の実・榧の実の神饌、同市荒見神社の古式神饌と称されるもの、五條市西阿田・東阿田の七ツ御膳、天理市の倭恩智神社の七色の御供は、いずれも竹串に神供を刺して、それを胴ガラに先を広げた状態に突き刺したもので、これらにその形についての伝承は聞かれないが、修正会《しゅしょうえ》の花にも同様の形式をもつものがある。奈良県吉野郡野迫川《のせがわ》村弓手原の徳蔵寺のオコナイでは、里芋にキナ粉をまぜたものを五、六個ずつ串に刺し、一〇本ずつを先端を広げた状態で藁苞《わらづと》に立てたもの一対を仏前に供えている。これを「カブマツリ」と称しており、同根から分かれた一族の繁栄を祈るものと解されている。この形の神饌は同族の祭りに供えられた重要な意味をもつ供え物であったといえよう。

鼻川神社・無言の神事

はなかわじんじゃ・むごんのしんじ

一〇月一七・一八日　大阪市西淀川区花川

鼻川神社は、神功皇后と素戔嗚尊《すさのおのみこと》を祀り、福島区海老江の八坂神社の分社といわれる。この地は淀川水系旧中津川口に生成した三角洲上に発達しており、たびたびの水害に、社殿はいく度も修復・改築して、今日に至っている。対岸に突出したその地形は、あたかも鼻のようであるところから、地名を「はなかわ」と称したという。この花川町は海老江の枝郷新家にあたる半農半漁の集落である。

鼻川神社の毎年一月一七、八日の秋祭りは、「無言の神事」と呼ばれ、神饌にハマチの熟饌が用いられていて、この地の地域的な性格を反映している。加島の香具波志神社・野里の住吉神社・海老江の八坂神社など淀川下流のデルタ地帯の神饌には、特殊な魚を用いる例が多い。これらの神饌は、大阪近郊の海浜・河川や市中の川にも魚介類が多く棲息していた頃の漁業や、市民の食生活の一面をよく物語る。

昔は宮座組織があって、「トヤ（頭屋）」を選び、トヤが神事いっさいを主宰し、御供物を調達し熟饌を献ずる風習を受け継いでいたのであるが、宮座が解体した現在では、氏子崇敬会の代表を当屋とし、神官の指導のもとに社務所で調製する。

一〇月一七日は宵宮の日。午後八時頃から宵宮祭がおこなわれ、神饌は大鯖一尾と小魚二尾一台・小餅一台・甘酒一台とが供えられる。この甘酒は、承久三（一二二一）年神前に豊作を祈願したところ、稀にみる豊作を得て、常例の御供のほか初めて甘酒を献じたと伝えられ、昔は村の人全員に甘酒を振る舞ったといわれる。

同日午後一〇時過ぎに、当屋をはじめ氏子総代など二〇余名が神社の社務所に集まって、無言の神事用の神饌の調理を始める。かねて調達した材料を検分し、宮司の調理始めの挨拶があって全員でとりかかる。神饌には「精進の御膳」と「生臭の御膳」との二膳が作られるが、精進の方は、

○白蒸し　オコワ
○平　松茸・小芋・焼豆腐・牛蒡を煮たもの
○汁　白豆腐・大根・小芋を味噌汁にしたもの
○ナマス　大根・柿・栗

の四品を椀に盛って、所定の配置にしたがって三方にのせて箸を添えたもので、生臭の御膳は、

○平　焼豆腐・ハマチ・牛蒡・松茸・小芋の煮物
○汁　大根・小芋・白蒲鉾の味噌汁
○ナマス　大根・ハマチ・栗・生姜・芹

の三品で、やはり所定通り三方にのせて箸を付ける。そのほかに「よそい替え」というものがつく。三方にお替わり用の白蒸し一膳のみのせて箸を添えたものである。できあがると一同は休憩し、やがて神饌を拝殿へ移す。

一八日午前零時をもって、「無言の神事」は始まる。本殿ならびに拝殿の灯火、照明はすべて消して、わずか二灯の雪洞《ぼんぼり》の明かりだけにし、拝殿の扉などは一切閉めきられる。以後の神事は全員無言で進められる。

精進の膳（上）と生臭の膳（下）

宮司ならびに氏子総代などはいったん拝殿に着席するや、浄闇の裡に伝供で生臭と精進の二膳を神前に献供、宮司は祇候座に着き、ついで給仕が一度おこなわれる。これは宮司が本殿へ再びのぼって精進の膳から白蒸しと箸をさげて、よそい替えの分と取り替える作法で、それは、神様に本当に召し上がっていただく気持ちからである。つぎに宮司の祝詞奏上があるが、これも声をたてずに黙読され、つづいて稲穂幣をもって奉幣行事があり、宮司・当屋・氏子総代の玉串奉奠がある。そのさいの拍手もすべて忍び手でおこなわれ、それがすむと撤饌があり、無言のうちに退下して式典を終わる。

つづいて社務所で直会が始まる。祭員一同が着席すると、膳には甘酒と白蒸しと小餅とが配膳され、まず宮司が勧盃役となって冷酒が一通りつがれる。この酒は神前に供えられたもので、本来の直会のお神酒であり、神と同一のものを飲む、いわゆる神人共食である。二献の儀は、宮司が勧盃役となって順に酒を注いで回るが、これは普通の酒である。先のが「宴座《えんのざ》」に相当するのに対し、これは「穏座《おんのざ》」で、いわゆる自由にくつろいだ宴会である。以後は自由に注ぎ合って酒をくみかわすことになるが、このとき、撤饌した神饌と、神饌の残りを一緒に一つの鍋に入れて、ゴチャダキにしたものが椀に盛って出される。ハマチ・柿・松茸・大根・焼豆腐・栗などを煮たもので、調味料は一切用いないが、果物である柿なども入っていて味は非常においしくなる。これも神人共食に叶った直会であり、これを食べることによって神の霊力、すなわち「ミタマのフユ」にあずかれると考えられた。五穀豊穣・無病息災を願う無言の神事も、午前二時頃に終了する。

岡田国神社・秋祭り

おかだくにじんじゃ・あきまつり

一〇月二一日（現在一〇月第四日曜日）　京都府木津川市木津大谷

旧木津町の岡田国神社は、以前は天満宮と称していた。ここには、天勢座・末広座・泉座・天明座・末吉座・永楽座・相生座・扇座・末長座・住広座・神楽座・高砂座・翁座・安永座・老栄座・天栄座の一六座が古くからあり、大正年間に八千代座が新設されて以来一七座となっている。一座は二、三〇戸で多い所で五〇戸ほどであるが、先の一六座は地域的に入り混じっている。組織や行事は座によって若干の差異があるようであるが、男子が生まれると「一老」に届け出、年長順に「十人衆」が決まる。この十人衆は、昔は三月一〇日、現在は四月第一日曜、秋の大祭、年末の三回会合をもち、「春勘定」の際に当屋を決定する。当屋は座帳順に五人ずつ選ばれる。その最年長者である「本当《ほんとう》」と「相当《あいとう》」四人の五人衆で、別に「ヨケダシ」という補欠一人が準備されている。当屋は大体義務教育を終えるまでに廻ってくる。

岡田国神社の秋祭りは一〇月二一日であるが、一カ月前の九月二一日を「釜定め」と称して各座の一老が集合して打ち合わせをおこない、終わると会食するのを例としてきたが、それは神官と「イチ（巫女）」が各当屋を廻る順番を決めることが主目的であり、その風習がなくなった今日では会合自体もなくなって、一〇月一〇日夜に座ごとに当屋に集まって買物の相談がなされている。

一〇月一七日になると、午前八時頃に相当は本当の家に集合し、買物をし、一老家より什器《じゅうき》を借りてきて、餅搗きの準備をする。門口に竈を築き、その前に二本の斎竹《いみ》を立て、注連縄には三カ所紙垂《しで》をつけて釜をかける。その昔は蒸籠《せいろ》や杵などの諸道具を木津川に運んで洗い浄めていたが、次第に簡略化された。この日の朝方に神社で「イチの湯立て」があり、当屋はヤカンなどでその湯を持ち帰って釜に入れて、蒸籠を伏せてモチ米を蒸しあげるが、これも元来はイチが各当屋を廻って湯を浄めていたのである。モチ米は、各当人が五升ずつ持ち寄って二斗五升ほどの量を一六日の夜から搗き、三合取りの大きさにして八一個作るのが古例である。現在は、一臼二升三合ほどにして三臼分搗き、五合取りの大きさにして小判形に

上：湯立図絵馬
下：神饌一式

丸めた御供餅を六個作り、他は昼食用と土産とに適当に丸める。この小判形餅を二枚ずつ重ねて白紙で包み、藁で結んで各座名と一老名を書き添えて神前に供えるのである。当日は五〇センチほどの御幣を三本作って紅白の水引を結んでおき、「ワジメ（輪〆）」も三本作る。ワジメは藁で直径一〇センチほどの円形を作り、両端から藁一〇数本を垂らしてその中央を一結びしたもので、高さは四〇センチぐらいにそろえる。

二〇日はこれも旧木津町の氏神である御霊神社の祭りで、代表者が午前六時に参拝し、餅一重ね・柿二個・御幣一本・ワジメ一本と銚子に入れた神酒とを供える。翌二一日が岡田国神社の祭礼で、午前七時頃に当屋は鏡餅を藁でしばった御供一対と神酒・御幣一対・ワジメ一対を供えるが、その際、くるみ・栗・なつめ・ザクロ・柿・榧の実を紙に包んで一対供える。これら種々のものを「万味の御食《おんじき》」と称している。一〇時頃から式典があり、神楽を奏して神官より神酒をいただく。つづいて一一時頃から座小屋で直会となる。座小屋は猿楽の舞台で、地理的に興福寺などとも近く、かつては猿楽がおこなわれていたといわれている建物である。座によって上下があって座席が決まっており、建物の左右に各座の十人衆が詰めるため都合一七〇人が、当屋の準備した酒肴で飲食を共にする。それは、一七座同一の折詰・かます二枚・昆布・柿二個とお酒とである。

八幡神社　御霊神社・秋祭り

はちまんじんじゃ　ごりょうじんじゃ・あきまつり

一〇月二〇日（現在一〇月二〇日より前の日曜日）　奈良県五條市東阿田・西阿田

奈良盆地の西南部にあって、吉野川の流域に位置する五條市は、北は金剛山脈、東北は奈良盆地、西北は大阪平野、西南は和歌山県橋本市に接し、起伏に富んだ地形で、段丘の間や川沿いに点々と盆地が広がっている。そこは、古くから紀伊・河内両国の文化とも交流し、大和における一文化圏を形成してきた。五條市内より伊勢街道沿いに六キロほど北東に進んだところに、旧大阿太村の東阿田・西阿田の集落がある。吉野川で造られた阿田盆地の北側に位置し、なかでも東阿田では稲口遺跡・切畑遺跡という縄文時代の遺物が出土した。近辺には吉野川に沿って弥生・古墳時代の遺跡も多く、緑深い山に囲まれ、吉野川やその支流の豊かな水に恵まれ、早くから人の住んだ地域である。『日本書紀』では、神武天皇が熊野から八咫烏《やたがらす》に導かれて大和に足を踏み入れた最初の土地として、「阿田」のことが記されており、吉野川・紀の川に沿って、文化が吉野・大和平野に伝播した要衝であった。

五條市には、現在一〇数カ所に宮座の行事が伝承されているが、旧大阿太村に特に顕著である。旧大阿太村でも東阿田・西阿田では類似した行事がよく伝え守られており、この地方の典型的な祭りを見せている。

東阿田は現在三八戸の集落で、うち二一戸が座を組み、八幡神社の祭礼に向けて神饌などの準備がなさ

トウヤの庭のお仮屋

れる。神社は集落の北部の高所に鎮座するが、この地は応神天皇が吉野行幸のさいに休憩せられた所と伝えられ、のち貞観二年（八六〇）に村民が仮神殿を建て、品陀和《ほんだわ》気《け》命（応神天皇）を祀ったことに始まると伝えられている。

祭礼の諸準備は、座員二一人のうち一人ずつ順に「トウヤ（頭屋）」を勤め、このトウヤを中心におこなわれる。まず九月二八日には、当年のトウヤと前年・来年のトウヤの三人が奉仕して「お仮屋さん立て」がある。トウヤの座敷の前の庭に、三メートル四方ほどの場所を設定し、四隅とその中間ぐらいに六〇センチほどの杭を打ち、横に竹を渡して神社境内の檜枝を一面に立てて斎垣《いみがき》を作る。四隅には忌竹を立てて注連縄を張りめぐらす。正面は五〇センチほど開けて両端に鶏頭花を立て、下には吉野川で拾った小石を敷き、その奥に鳥居形を立てて中央に屋形を築く。屋形は青竹を骨にして四角に組み、神社の檜葉でもって一面に覆って、屋根の部分は外へ張り出した形にする。高さは二メートルほどである。このお仮屋はこの地方に一般にみられる形であるが、これがさらに進んで白木の組立式の祠型になった所もある。お仮屋の外には「スズキ提灯」を二本供えるが、これは三メートル余りの棒に、弓張提灯を上から二個・四個・六個と三段に吊り下げたもので、心棒の先端には御幣をさした角灯がついている。スズキ提灯は、この日の他にも祭りの宵宮、「八朔」、「芋の名月」と、年四回供えられる。

一〇月一日には「神うつし」がおこなわれる。夜半にトウヤが本社に参り、榊の枝にミタマを移して帰り、お仮屋の中心の竹筒にその榊を挿し、これ以後神が神社へ帰られる宵宮まで、トウヤが毎日給仕して祀ることになる。

神うつしには「清盛」と呼ばれる盛り御供と大根・人参・牛蒡などの野菜・汁・レンコダイ（黄鯛）かカジなどの魚を供える。清盛は、一升枡の恰好の底の抜けるものに御飯を詰めて、枡から上に高く盛り上げて枠を抜いた御供である。昔はこの日に座が営まれ、座人が全部集まってナマス・平・汁で酒盛りがあったという。

一方、西阿田は七二軒の集落で、東阿田の八幡神社とならんで、阿太峰の南麓に御霊神社が鎮座している。この神社の祭礼も昔は座組織で運営されていたが、座員の減少と新規加入希望者の増加でいく度も変遷を経た。昭和四〇年頃より五つの「カイト（垣内）」単位の組織に変わっている。毎年順番に、カイトの一つが昔の宮座組織の祭礼を受けついでいるのである。

ここでも東阿田とほぼ同様のお仮屋が建てられるが、日は一〇月九日に改められ、やはりスズキ提灯が一対立てられる。この提灯は南大和一帯の祭礼に認められるもので、神祭場の標示物である。翌一〇日午前九時より座員が集まって座が営まれる。このとき、神饌として白米五合、稲の穂、神酒、餅、鯛・鯉・スルメと昆布などの海草、大根・人参・牛蒡・山芋などの野菜、果物、塩水を供える。

一〇月一七日は、東西の阿田とも「御幣挟み」と呼ばれる日で、前後のトウヤと両隣りの座人がトウヤに集まって、「日の丸御幣」などを作って祭礼の準備をする。日の丸御幣は一五〇センチほどの青竹の先を割り、白紙を三角状に折ったものと、日の丸と鶴二羽を配した末広とを円形に組み合わせ、紙垂《しで》と白米を白紙に包んだ「フングリ」を下げた大御幣である。これは本来座員の数だけ作ったが、近年は五本に略している。

つぎに「七ツ御膳」の枠を作る。竹の割ったものを芯に、直径二〇センチほどの円形に藁を巻いて仕上げたもので、一九日にこの台に七種の神饌をとりつけるので、七ツ御膳と呼ばれている。東阿田では中心に田芋（里芋）を輪切りにしたものを置き、これに二〇センチくらいの竹の串を十文字に刺して、さきの

上：九ツ御膳
下：八幡神社神饌米俵

御膳の台の中心に取り付け、中央の田芋の部分に一五センチの竹の串六本を、上が広がった状態で刺す。その先端に柿・餅・カキマメ・柚子・栗・茄子の六種類を小さく切って刺す。これが七ツ御膳と呼ばれるもので、五組作って祭礼当日に持参する。西阿田でも七ツ御膳を作るが、藁の丸い台に竹串七本を刺し、その先端に柿・柚子・栗・大根・人参・餅・田芋の七品を刺したもので、東阿田とは若干異なっている。

東阿田では別に「九ツ御膳」を作る。一五センチ四方の四分板を一〇枚用意し、九枚分に「サオモチ」と呼ばれる餅を小さく刻んで、三列三段の都合九つずつ並べ、これを九枚重ねて残りの一枚を蓋にする。それを三本より合わせの紙縒《こより》で十文字に結び、紙縒の端は上部に立てておく。これが九ツ御膳と呼ばれるもので、祭礼当日までトウヤの座敷に飾られる。

つぎに米俵を一つ作る。四斗俵にかたどってやや小ぶりにしたもので、きれいな藁で美しく作る。これも祭日までトウヤに置かれる。この俵の意味は不詳であるが、俵は穀霊とされる。穀霊あるいは祖霊の祀り方として俵を用いる例は多い。

西阿田の場合は一七日の夜、トウヤの主人は本社に参り、開扉して並御膳を供える。そこへ若者がお仮屋に立てたススキ提灯二本をかついで献灯する。太鼓を叩いて伊勢音頭で宮入りをするので非常に賑やかで、他の氏子もこれに従って神社に参る。神社境内では夜九時に御神楽の行事がある。神前に神酒一升を供えて、氏子一同が本社前の白砂の所に座をとる。トウヤは二メートルほどの竹棒に新穀稲穂二本をつけたものを持って、舟漕ぎ姿で立っている。他の座員は次の神歌をうたう。

船漕等哉乎《ふなこぎともや》　栄耀哉栄耀《えようやえよう》
天牛所領者《てんのじのじょろは》　御馬之甘草《おんまのまぐさ》
猿目哉球玖《さるめがききよう》　可咲哉面白《おかしけらおろろ》

天原《あまら》哉《や》神楽《かぐら》　可咲《おかし》哉《けら》面白《おろろ》

上の句は座員の一人がうたい、下の句は全員でうたう。うたい終わると、皆で枝豆を肴にして朱塗の盃で神酒のおさがりをいただく。御霊神社には神武天皇と天鈿女命《あめのうずめ》を祀っており、この前で舟漕歌をうたってトウヤが舟を漕ぐ所作を演ずる。これは神武天皇が吉野巡幸のさい、吉野川を舟で行く情景を伝えるの

上：八幡神社本殿覆屋の梁に供えられた七ツ御膳／　中：御霊神社の末社屋根上に七ツ御膳を供える／　下：御霊神社境内地蔵に供えられた七ツ御膳

だという。

一〇月一九日が宵宮で、青年団がトウヤへ集まって、お仮屋立てに供えたススキ提灯を再び組んで、点灯して夜の道を照らしながら本社まで担いでいって供える。トウヤはこの日神社へ餅・栗・茄子などの供物を献じる。ススキ提灯は帰るときに次のトウヤ、つまり「受けトウヤ」の家へ納める。その他の道具は祭礼の翌日に、前のトウヤまで受けトウヤがもらいに行くことになっている。西阿田でも同日ススキ提灯をトウヤから神社へ持参し、トウヤはこのとき本御膳を神前に供える。御供は神酒と牛蒡と大根ナマスであり、神酒のおさがりを青年団や氏子にいただかす。ススキ提灯は再びトウヤへ帰り、若者は太鼓台を担いで村中かけ声をかけながら廻る。

一〇月二〇日が祭りで、東阿田では昼過ぎに座員がトウヤへ集まり、五條市霊安寺町より神官を迎えて、まずトウヤの家でトウ渡しの式がある。トウヤと受けトウヤの二人が白衣に烏帽子姿で盃事をする。神官が勧盃役となってまずトウヤに酒をつぎ、返盃されるとつぎに受けトウヤに酒をつぎ、これが返盃されたあとは順次出席の氏子に廻す。この盃事がすむとお渡りとなる。その順序は浄水・お仮屋にまつっていた榊の枝を持つトウヤ・神官・俵・七ツ御膳・九ツ御膳・神饌物・日の丸御幣・太鼓の順で、このあとに一般の氏子が続いて神社へ向かう。本祭りの神饌物はサオ餅・酒二升と山海のもの一〇種ほどである。

行列が神社へ着くと、神官は祝詞奏上などをおこない、祭典が終わるとサオ餅の御供を境内で撒く。七ツ御膳の方は五つとも本殿の覆屋の左右の梁の上に上げ、翌年までそのままにしておく。これも、本来は鳥に供えるなどという伝承があったのであろうが、今では聞かれない。祭礼が終わると、受けトウヤがあとかたづけをし、神霊を移した榊は本社の裏に納め、翌正月の篝火として燃やす。

西阿田でも一〇月二〇日が例祭である。トウヤはお仮屋へ本膳を上げ、神官が東阿田と同一人であるため時間は多少変わるが、午後二時頃に氏子はトウヤへ集まり、講中の賄いがある。酒と大根ナマス・牛蒡・コンニャク・煮豆などの肴が出され、これがすむとお渡りとなる。その順序は神官・お仮屋に祀ってきた榊を持ったトウヤ・金幣を持った受けトウヤ・神饌物・日の丸御幣・氏子総代・一般の氏子の順である。神社では献饌して神官の祝詞奏上など祭典がある。

当日の神饌は大根五本・牛蒡五本・山芋五個・人参五本・松茸またはシメジ一撰・柿五個・洗米五合・食塩五合・鏡餅一重ね・目の下八寸の鯛一匹・一尺の鯉一匹・スルメ一把・清水一合の一三品である。その他七ツ供えを当日朝より準備して供える。先述の藁の円形台に柿・柚子・栗・大根・人参・餅・田芋を竹の串に刺したものである。この七ツ供えは祭典終了後、本社の屋根の上に二個と小宮さんの屋根の上に一個ずつのせて翌年までおく。

献饌後に東阿田と同様に餅撒きの行事がある。各戸よりモチ米五合ずつを寄米して、五つの隣組単位に当番を決めて餅を搗き、祭典中は社前横に供えておき、祭典が終わると各戸主が撒く。

これらが終わると、直ちに本社前で「トウ渡し」がおこなわれる。式は御幣をトウヤから翌年の受けトウヤへ渡し、昨年のトウヤが勧盃役となってトウヤに神酒をつぎ、ついで受けトウヤにつぎ、一般の参詣氏子にも盃を廻す。このとき、記録帳と本殿の鍵も受けトウヤに引き渡す。そして皆で乾盃をして翌年のトウヤを祝福する。

天満宮・御膳持ち　てんまんぐう・ごぜんもち

一〇月七日・一〇日（現在一〇月第一日曜日）　京都市左京区北白川

京都市の北白川の地は、清楚な白川女《しらかわめ》の風物詩で知られる。小倉町や一乗寺向畑町には縄文遺跡が存在し、このあたりは京都盆地でも早くから人々が生活を営んだところである。この北白川一帯の産土神とされるのが、仕伏町の天満宮（天神宮社）である。往古は白川の西字久保田宮ノ前に鎮座していたが、文明年間（一四六九〜八七）に現在の地に奉遷されたという。少彦名命《すくなひこな》を祭神とし、日吉大神・春日大神ならびに八幡大神の三座を合祀し、悪疫退散の神として近在に広く信仰されている。

この神社の例祭は五月二三日である。大祭は明治までは九月一〇日が神事祭、一三日が還幸祭で、新暦採用後一〇月一〇日、一三日に改められ、つぎに愛宕《おたぎ》郡一八カ村全部が祭日の統一をすることになって一〇月二〇日と二三日になり、さらに昭和四六年頃より一〇月七日に神事祭、同一〇日に還幸祭がとりおこなわれるようになった。神輿も昔は三基、近年までも一基の渡御がつづいたが、現在はそれも中止されている。しかし、「高盛り」という神饌の調進は昔ながらに伝えられている。

北白川は、祖先より住む約四〇〇戸の氏子が三組に分かれて三組の神鉾を奉祭し、昔は、各組から神事祭の早朝に神饌を奉献していたのである。しかし維持困難となって、昭和三九年頃より三つの鉾組が合併して、北白川伝統文化保存会が結成され、現在ではもとの三つの組が交代で奉仕して、一組の神饌を調進するだけとなっている。各組に所属する氏子男子の年長者一六人を「老分《ろうぶん》」と称し、終身つとめるが、なかでも最年長者三名を一老・二老・三老といい、一老は特別の権威を有し、その鉾組を統制する。老分の下に「中老」一六人・「准老」・「若者組」の組織がある。

この鉾組とは、御所から賜わったと伝えられる「黒鉾」、すなわち「一の鉾」に由来している。一の鉾は鉄製の剣形で、長さは一二六センチある。それは当屋に祀られ、祭礼には神輿と一緒に捧持されたものである。だが、かなり前から真鍮製の替鉾を用いている。これには長刀と兜、三蓋松の飾金具があり、これが一の鉾組の印とされる。これに対して、二の鉾組・三の鉾組が結成され、二の鉾は菊に葵の飾金具、三の鉾は鹿に紅葉の飾金具が付属していたが、近年鉾組が合併されるにおよび、別に新調された。

白川では男子が生まれると、自分の組の一老にその旨を届ける。その記帳の順位によって中老、老分と昇格する仕組みが厳重であるため、名前もつかないうちに、一刻を争って出生を記録してもらう風習があった。氏子とされた男子は、二〇歳から二一歳になると祭礼の当屋をつとめる義務がある。当人の数は、一の鉾組は二名、二の鉾組は三名、三の鉾組は四名と、鉾組の戸数によって異なる。このうち各組とも、人別帳の順位が最も早い若者の家が「やど」をつとめ、祭礼にあたってこの一軒が床の間に神号軸と鉾を祀り、神饌を調理する場所となる。他の当人はこのやどへ行って神饌の調理や神事の補助をつとめる。当人になることは非常にめでたいことなので、親戚も祝ってくれる。そのかわり、祭りの数日前に「餅振舞」といって、当人の家では五、六斗もの餅を搗いてお返しをしていたという。

祭りの準備は、神輿巡幸のあった頃は早くから始められた。九月一五日には若者頭の家で最初の寄り合いがある。長男が嫁をもらうと若者頭となり、若者の統制や神輿渡御の差配にあたるが、上之町や下之町など広いところは三、四人がその役にあたり、小さい町内では二人が若者頭となる。この日は三献の式を

して、手拭の図案など、祭りのいろいろな相談をする。つづいて「内寄《うち》り」といって役つきの人の相談や、「肩割り」といって神輿を舁く人の役割りを決めるなど、数回の打ち合わせがもたれていた。しかし、近年は本膳に関する相談がもたれるぐらいで、簡略になっている。

御本膳の調饌は一〇月六日におこなわれる。早朝から所要の神饌材料を調え、当人や奉仕する人はお祓いをして準備にかかる。近年は一軒の当番宅に、神饌調理に精通した目付役一人の指導で、口伝によって一〇人ほどの奉仕でおこなわれる。特殊な高盛りの調理にかかるのは午後八時からで、翌七日の午前四時か五時頃までかかって神饌物一切を調える。御本膳の内容はつぎのとおりである。

御飯（盛相《もっそう》）　七日朝三時に各鉾とも白米三升を炊き、所定の形

右：盛相の調製
左：二、三の鉾の盛相

にするが、一の鉾が当番であると三重の鏡餅形にする。この三つ重ねを曲物に入れ、下の部分は注連縄を張り、一番上に藁の座を敷いて小さい薩摩芋をのせる。二、三の鉾組は円柱形の盛り御飯とする。直径二五センチの曲物に櫃形のものを置き、中に三升の御飯を少しずつ入れては丸い板で固く押さえつけて一杯にし、上面を杓子で平らにする。そこでタガをはずして櫃の側板を取り除いて、高さ二五センチほどの円柱形の御飯とする。その盛相の周囲に、高さ二〇センチのへギ板を三〇枚ほど紐で連ねた巻板で巻き、中ほどに左縄の注連縄を巻いて止める。この盛相は明治初年には一斗分の大きなものを作っていたが、後に半減して五升になり、現在はさらに減り三升となっている。

御酒桶《ごしゅおけ》　高さ一五センチの曲物桶に白酒三合を入れ神酒とする。その神酒桶の上に蓋を兼ねて折敷をのせ白豆腐八丁を置く。豆腐の上に飛魚の乾物を一尾置く。この魚は夏に漁師から求めたものを乾かして保存しておく。その上に長さ四〇センチ余りの御箸一膳を、金銀の水引をかけた箸紙に入れてのせる。

高盛り　京都では他に類例をみない神饌で、三台あるが、いずれも調饌には手数がかかる。

㈠小芋　皮をむいて茹でた小芋を、口径一八センチの土器《かわらけ》の上に円錐形に積み上げた高盛りである。二日ほど前から、小芋の竜頭《りゅうず》という部分の落ちていないものを買い求め、大小数を揃えて当日朝より水洗いする。また昼の間に赤味噌を鍋に入れて炭火で焼いて、水分を抜いて固くしたベタ団子というものを用意しておく。夕方八時から土器の上に焼味噌を塗って、周囲に大きな小芋一二個を先端を中央に向けて並べる。その隙間に焼味噌を詰めて固める。鉾組によって若干作り方に違いがあるが、二の鉾組ではその上により小さい小芋一二個を俵積みの状態にして、いずれも先端の方を四角に切って組みやすいようにして積みあげる。その中央部には同様に焼味噌を詰める。また各鉾組とも芋の端の部分に青豆を一〇粒ぐらい詰めている。この状態で次第に小粒の小芋を選んでは一六段に積みあげ、その上に鮭の赤い薄身を横にして置き、頂点はさっと茹でた茄子を切り合わせて円錐形とする。ただし、一の鉾は鮭を用いず茄子のみで、積み重ねた芋の周囲に鰹節を太く削ったものを五、六個突き立てている。これが小芋の高盛りと呼ばれる神饌で、高さは約三五センチである。

(二)鯣膾《するめなます》　土器の上に柚と鯣を置き、中央に小芋と同じ高さの青竹を立て、それに酒で味をつけた刻み鯣を巻きつけて、円錐形に盛りあげたもの。使用する鯣の量は各鉾とも約五〇枚である。円錐形周囲には薩摩芋を刻み型をとった飾りを色に染めて配色よく貼りつける。その飾りは各鉾の象徴である飾金具の模様、すなわち一の鉾は長刀と兜に三蓋松、二の鉾は菊に三葉葵、三の鉾は鹿に紅葉を刻んだものを用いる。しかし近年は鉾組が合体したため、これら全部の模様を付けるようになっている。そのほか、薩摩芋を薄く刻んだ短冊を数個散らし、柚を薄く輪切りにしたものや、生姜の三本立ての梅酢漬けを周囲に取りつけてある。

(三)大根膾《なます》　黒大根あるいは美濃早生など、長くてしかも絞っても切れない品種の大根約三〇本を細長く削って、絞りあげて水分をとったものを用意し、酢で味付けをする。土器の上に大根と生姜を置き、中央に先と同じ長さの青竹を立て、大根の膾を巻きつけて円錐形に積み上げていく。その周囲には鯣膾と同様に各鉾の象徴の紋を薩摩芋で作ってつけ、短冊形や生姜の三本立ての梅酢漬けをつける。またシイラを細長く切ったもの四切を周囲に垂らす。

シイラ（焼物）　深い折敷《おしき》に塩物にしたシイラ一尾をのせる。大体二五センチぐらいのもので、これを「シイラの焼きもん」と呼んでいる。

洗米　飯盆《はんぼん》と称する口径約四五センチの桶に白米三升を入れる。

二の鉾の御膳（高盛り）

以上の神饌を一〇月六日の午後八時頃から七日午前五時頃までかかって作りあげる。最初に高盛り三台を作り、その役を「芋積み方」「大根膾積み方」などという。盛相は最後に皆で作り、それを「盛り方衆」といっている。その昔は三軒の当番のところに熟練した人が集まって作り、一の鉾の当番から二の鉾の当番へ子供が青竹二本を持って使者に立ち、「ただ今から盛りかけます」と挨拶する。この青竹の長さが高盛りの高さの基準になる。高盛りについてはその出来具合いをお互いに競争する風があり、ややもすれば他より高く盛り上げる鉾組があったのである。二の当番は三の当番へ行って青竹の一本を渡し、三の当番は一の当番へ行って「ただ今受け取りました」と挨拶をする。高盛りの作り方は鉾によって若干の差異があるが、高さは各鉾とも絶対守るべきとされ、できあがった頃には一の鉾組から二、三の鉾組に検査にやってきた。しかし、近年は一組しか高盛りを作らないので、その風習もなくなってしまった。

これらの神饌ができあがると、もとは卯の刻、現在は午前八時に神前に献供される。盛相を一つの槽《ふね》に

上：二の鉾の当屋
次頁：二の鉾当屋での直会

入れ、高盛り三台を三方にのせ、御酒桶とシイラとを一緒に一つの槽に入れ、洗米を一つの槽に入れる。それを三人の女性が頭上にいただいて槽に両手を添えて社頭へ運ぶ姿は、北白川の情緒を存分に漂わす。盛相は小学五、六年の少女、高盛りは未婚の婦人、洗米は既婚の主婦がその役を勤め、いずれも紋付小袖赤前垂を巻いた揃いの衣装で、昔は一、二、三の鉾組の順に行列を整えて神前へ向かったのである。

しかし、近年鉾組が交代で神饌を作るようになったため、女性四人がこれを運び、四人目が「茶菓子」を運ぶ。茶菓子は柿の実と栗の実と、炊いた大豆の莢《さや》のままの状態のものをいい、これを槽に入れて運ぶのである。この神社では氏子が集まると、これらを白紙に包んで茶菓子として出していたもので、いわば古い時代の御菓子といえる。これらの女性を選ぶのは当屋の差配であり、自分の親戚より頼むが、村人にとっては嫁選びの機会でもあったという。選ばれると神饌を落とすことはもちろん、高盛りを崩すようなことがあっては大変で、数日前より練習をするのが通例である。

神社に着くと、参道石橋の所で神職は神饌ならびに女性を修祓し、神饌は鳥居前の幄舎に運ばれ、いったん仮案に置かれて祭典が始まる。本社はさらに石段を登った山上にある。氏子総代から禰宜《ねぎ》が神饌を受けて高机上に献饌し、宮司の祝詞奏上など形のごとく執行される。このとき、洗米と茶菓子とは献供されず、高机上には向かって右よりシイラ・三方にのせた高盛り三台、御酒桶、盛相の順に置かれる。高盛りは直会のときに若者頭が各町に配る。直会が終わると一同は神社に参拝し、神事祭の供奉をする。近年は神輿の渡御はなく、御羽車や替鉾《かえぼこ》を御旅所まで遷御し、一〇日の還幸祭には午後二時御旅所を出御し、氏子地区を巡幸して夕刻本社に還御する。

この神饌は昔は三つの鉾組で、それぞれ三組ずつ調饌されてきた点も注目される。その三組のうち一番できばえのよいのを献供し、次の一組を当屋の祭壇に飾り、残った一組を同様に女性が頭にのせて、自分の鉾組の一老の家に持参する習わしであった。これについては、一老を生御魂《いきみたま》として神供を供えて供養したともいうが、祭礼に関してはあくまで一老の神饌検分に重要な意義があったと理解せねばならない。これは他に類例もあり、鉾組で作った神饌に関しては、その責任者たる一老が充分点検し、手抜かりがないことを確認した上で献供されてきた。

北白川の天神祭りの神饌は近年相当簡略化されたとはいえ、生饌と熟饌を交えた御本膳の調製には特殊なものがあり、連綿として旧儀を今日に伝承しているのである。戦時中はことにこれを維持するのに老分の苦労は大変で、北白川の全戸から盃に一杯ずつの米を集めてまで続けられた。

三上神社・神事　みかみじんじゃ・じんじ

一〇月一四日　滋賀県野洲市辻町

相撲御神事の御上神社の北約一キロのところに妙光寺の集落がある。このあたり、古く安国造家《やすのくにのみやつこけ》一族の住んだところといわれ、妙光寺古墳群の存在や、銅鐸がまとまって出土した小篠原が近くにあるなど、三上山を中心に古くから人々が集団生活を営んだ地帯である。妙光寺は、背後の妙光寺山の中腹に鎮座する三上《みかみ》神社を祀る氏子二七戸の村落であるが、この社は社名からしても祭礼日が同日である点からも、御上神社と深い関係があることは疑いない。

三上神社の秋祭りは一〇月一四日で「神事《じんじ》」とよばれている。その神饌を作る重要な役が神事当番で、「本当」・「助当《すけとう》」・「又助当《またすけとう》」の三人がその任にあたる。助当は翌年に本当になる人であり、又助当は再来年の本当で、いずれも見習い役である。これらの役は氏子の長男のみ受ける資格があり、生年順に大体一五歳で又助当、一八歳で本当にあがる。この役をつとめることが一人前の男子とみなされる条件で、今日の成人式に相当する重要な役目であった。婿養子に来た場合は年齢に関係なく、翌年に又助当からつとめることが義務づけられている。この神事に関する責任者は「公文《くもん》」とよばれ、一年交替で廻る。ただし六〇歳以上の人が有資格者であり、これをすませると「元老」とよばれる相談役となる。

神事は一〇月一日晩の「当渡し」から始まる。本当の家を「神事家《じんじゃ》」といい、ここに親類三、四人が集まって行事の段取りがなされる。その間に公文役は、毎年作り替える「中送リ書」によって、「本当をあんた所が受けて下さい」と頼みに来る。もちろん又助当をつとめた時点から決まっていることであるから、儀礼的な依頼である。さて挨拶が終わると「盃の儀」となる。親類の人が勧盃役となり「第一献さしあげとうございます」と言って一献目の盃が出る。まず公文に注ぎ、去年の当人、助当、又助当、最後に本年指名された本当の順に盃が廻される。すると公文が「御飯を頂戴しとうございます」と言い、軽く御飯を食べ終わると「沢山いただきました」と言う。この形で三献まで酒と御飯を交互にいただくことになる。ただし三献目は公文が「へのぼりで頂戴させていただきとうございます」と言って受けることになっており、つづいて公文が「サカナを頂戴しとうございます」と言うと、当人の親類などから歌が出る。盃は本当に廻って最後に公文に納めて、三たび御飯が出る。盃の儀が終わってしばらくすると公文が、「充分頂戴しましたのでご無礼させていただきとうございます」と挨拶し、「ヤートコセー」と声を掛けて立ち上がり、提灯を持って退去する。この間、三時間から四時間かかる。

神事当番の家では、一二日の昼から親類が集まり、翌日の馳走作りと奥座敷に祭壇を設ける作業が始まる。馳走作りも昔は男手で準備したが、近年は女の人が作り、それも料理屋から取るようになったために非常に簡単になっている。奥座敷の入口には注連縄を張り、床の間に「三上神社」の神号軸を掛ける。

一三日早朝には神官が訪れて、前日の晩から沸かした湯で「湯立て」がおこなわれ、神事家の浄めがなされる。また朝六時頃から「火もみ」がなされる。古くからのしきたりによって火鑚《ひきり》臼・火鑚杵を用いて神火の鑽出しをするのである。したがって、二人がかりで杵を回転するが、モグサに点火するまで一五分から三〇分もかかる。神事家の庭には別にヘッツイをしつらえて、周囲に斎竹を立てて注連縄が張られており、鑽出された浄火はここへ点火され、昔は一斗、現在は六升のモチ米を蒸しあげる。ただし御供作り

右：浄火の火鑽
左：当屋の床の間に飾られた神饌と相撲人形

にかかるのは夕方からである。これに用いるモチ米も、昔は新しく穫れた籾を臼で搗いて白米にして、初めて御供として供えたもので、それまでは新米を家人が食べなかった。

この日午後二時頃に「客よび」がある。大根の刻み汁と酒一合、焼魚と平《ひら》とツボと献立ては決まっているが、これも最近は仕出し屋に頼むようになった。神事に直接関与する人が座敷で斎《とき》につき、他所の親類や神事を受けていない人は別室で、村の人は広間で食事をする。このときは村で本当をつとめあげた人全部が斎につくことになっているが、昔から一般の人は席につくのを断わるのが通例で、その場合は後ほど三人ずつで送り膳をする。村からは一人米五合の割でお祝いを出すことになっているが、饗応は本当にとって非常な負担であることは確かで、本当の大きな任務であり座人の義務とされてきた。

夕方より「御供盛り」が始まる。六升の蒸

し米を、一個はやや大きく三つに分けて丸高く盛り上げ、真菰を一握りずつ縄状にしたもので、下部から三段に巻いて前面で結わえ、両端を上にはね上げて広げ、扇状に丸く切りそろえる。このような形の御供を三組作り終えると、それぞれ半切桶に入れて、箸を添えて神号軸前に飾る。その手前に小型の折敷《おしき》にゴマメ（田作《たづくり》）三尾・牛蒡三切・数の子の三種の神饌をそれぞれ置き、土器《かわらけ》に灯芯と油を入れて置く。最前部には、御上神社と同様の四つに組んだ力士と行司をセットにした相撲像を据える。当夜は、こうしてできあがった神饌を床の間に供え、土器にご神灯をつけて、親類三、四人が不寝《ねず》の番をして守る。

翌一四日は祭り当日で、午前一〇時頃に公文ならびに本当・助当・又助当や本当の親類がうち揃って、一キロほど離れた三上神社へ向かい、大宮に大きい方の御供を、御上神社境内の若宮に小さい方を供える。同時にゴマメ・牛蒡・数の子の三種の神饌を折敷で供えて神官の祓いを受ける。祭典が終わると大きな御供を村中に分けて配り、小さい方の一個はお渡りに加わった人々が昼食に食べ、残る一個は本当の取り分となり、ばらばらにして御飯を炊くたびに少しずつ入れて食べる。午後から本当は助当の家へ諸道具を持って行き、引き継ぎをすませる。そのあと親類に返礼に廻って、大役を勤め終える。

引き継ぎを受けた翌年の本当は、それ以後は宮の世話をし、種々の義務を負わされることになる。正月にはお鏡餅を一重ねずつ桶に入れて大宮と若宮に供え、二月「祈年祭」のお供えの準備や宿、春祭りの準備、旧五月五日の「茅巻《ちまき》御供」の調製、旧六月一〇日の「竜王祭（雨乞い祭り）」に、御上神社宮司が三上山の頂上に参拝するときには、水と花と串に刺した三角コンニャクと煮た枝豆を持って登って供えるなどの義務があり、最後に秋祭りである神事の本当をつとめるのである。

八幡神社・ミソウ祭り　はちまんじんじゃ・みそうまつり

一一月三日　滋賀県東近江市政所町

永源寺の町中より愛知《えち》川の上流に登ること約一〇キロ、愛知川ダムを過ぎた峡谷に政所《まんどころ》がある。現在は六〇戸ほどの集落である。かつては小椋《おぐら》村に属し、このあたりは近江の木地屋の根元として有名な地帯である。また、政所茶は良質をもって聞こえ、「宇治は茶所、茶は園所《えんどころ》、お茶のよいのは政所」と茶摘み唄にうたわれるほど政所産の茶は自慢の品であり、狭い谷間の傾斜地はほとんどが茶畑である。集落の西端に八幡神社が鎮座し、本殿の向かって左には惟喬《これたか》親王を祀る小宮があり、境内を入った左の小高い丘には南北朝頃の宝篋印塔《ほうきょういんとう》が建ち、惟喬親王の塔と称されている。山林業で生計をたてているこの地帯には、木地屋の祖神とされる惟喬親王伝説が濃厚に伝承されている。

八幡神社の祭礼は毎年五月三日が本祭りで、一一月三日が霜月祭りである。霜月祭りは「ミソウ祭り」ともよばれ、若衆入りの式でもある。その祭祀組織は年齢階梯制によって営まれており、子供役・非常方《ひじょうかた》・神主《かんぬし》・氏子・世話方の区別がある。子供役は一七歳で加入、二年間使い走りの役をつとめる。この期間が過ぎると一九歳で若衆の仲間に入る。若衆は一般に「非常方」といわれ、宮の座付きをする資格があり、昔は二〇人であったというが、昭和四七年からは定員一〇人に縮小されている。したがって年齢の上限はなく、毎年子供役から非常方へ入ってくる人数分だけが抜けることになる。若衆は一九歳という同じ年の者が入ってくるため、父親の年の順に上から席を占めることになっている。

非常方を抜けた人を「諸頭衆《もろとし》」といい、終身宮組織に関与するが、この間に神主役をつとめる義務がある。これは専門の神職と区別して「字神主《あざかんぬし》」あるいは「社守《しゃもり》」とよばれ、いわゆる一年神主である。昔は三〇歳から五〇歳までが候補者で、神前で籤によって選んでいたので、戸数も多く相当な年輩でも回ってこないこともあったが、戸数も減った近年では非常方を抜けた翌年ぐらいに勤仕するのが普通となっている。諸頭衆のうちまだつとめていない人が上席より三人ずつ勤め、一年を一二月二〇日・四月二〇日・八月二〇日と三期に分けて、三人が四カ月ごとに役を交替する。このような制度は近在の集落にも認められず、後世の変化であろうと思われる。神主役中は清浄な生活が義務づけられ、毎日未明に起きて水を浴び、村に生死があった場合は、その家に行かず、妻帯者は妻と部屋を別にし、もし神主役中に子供が生まれると、寒中でも素足で村じゅうに断わって歩いたそうである。もっとも最近はある程度緩和の傾向があるが、赤不浄や黒不浄に対する厳しい禁忌は今も要請されている。

神主役を終えると「世話方」となり、神事には直接関与しないが種々の面で相談に与かる。この中から選挙で三人が氏子とよばれる役につき、二年間ずつ宮の守をする。以上が政所の祭祀組織で、昔は一家の惣領のみが関与するところであったが、しだいにゆるめられ、現在では次男三男や婿養子の場合でも資格が認められている。その場合は「途中入り」と称して、二〇歳になって若衆に入る資格がうまれる。したがって長男の一九歳より一年遅れることになり、しかも長男が子供組からあがってくるため宮の給仕ができるが、非常方から入る人は祭りなどでも給仕をする資格がなく、非常方を抜ける最後の一年だけに限ってそれを認められる。婿養子の場合も年齢に関係なく非常方をつとめる義務がある。

一一月三日のミソウ祭りには、神主役の御供と非常方の御供とが供えられる。神主の御供は、「ヘソダンゴ」と白豆をゆがいたものと洗米とである。前日までに白豆・米の粉三キログラムなどを用意し、当日の朝一〇時ごろから村の主婦五、六人が神主の家に集まって、白豆をゆがき、重箱に一杯入れて上に榊の葉を一枚のせておく。この榊の葉が箸がわりである。また、別に庭に竈をしつらえて団子作りにかかる。団子は米の粉を水で練り、直径三センチ弱の円形にこねて、中央に指先でクボミをつくり、それを蒸籠《せいろ》にかけて蒸す。その形からヘソダンゴ、また団子が蒸しあがると砂糖と味噌とで和《あ》えるため「味噌団子」ともよばれている。これも重箱に一杯分を神供に用いる。今日では米の粉を購入しているが、元来は石臼ですって用意したものであった。

スシの調製

同様の形をしたものに神戸市の生田神社の「臍団子」があり、粢《しとぎ》団子を神饌として供える例は各地に認められるところである。粉食は晴れの日の食べ物であり、人間は嗜好が変わって日常食として用いなくなっても、先祖の霊祀りや神祀りには、従前通りのものを作って供えてきたもので、祭りの際には食物においても古代が再現されるのである。

これらができあがると、午後一

時に神主が烏帽子浄衣を着し、家族がヘソダンゴ・白豆・洗米を持って神社へ到着する。このとき神主に忌みがかかっているとこれをつとめることができず、そのときは、その前に神主をつとめた人が代わりに神事を司ることになる。

午後一時までに神社に非常方と子供役や世話方が参集し、社務所で非常方の神饌作りが始まる。非常方と世話方は、着物に羽織袴を着け白足袋に下駄を履くが、子供役は羽織を着てはいけない決まりである。非常方一〇人は必ず出席する義務があり、やむをえず欠席する場合は、一同に断わって父親や目上の人を代理人とする。

非常方の神饌は「スシ」と魚と野菜の三種類である。スシは、あらかじめ御飯を一升炊いて櫃に入れて持参し、所定の形に作りあげるのだが、これには酢の入っていない普通の御飯を用いる。まず、非常方二人が口に榊の葉をくわえて円座に坐り、二〇センチ四方の板の上に一五センチほどのL型の枠を二枚のせて四角にして紐で縛り、櫃より御飯を移して押さえては枠内に固く詰め込む。それで枠を外すと四角い一〇センチほどの高さの御飯ができ、その上へ椀に御飯を一杯詰めたものを裏返しにしてのせ、全体の上下をひっくり返して高坏の膳に盛る。すると椀形の円形を下にして上部に大きな枡形がのった形になり、上部の四角になった方を新藁で一カ所鉢巻状に縛る。これがスシとよばれる神饌で、本社へ一台と惟喬親王をまつる小宮へ一台と都合二膳分用意する。

これと似た神饌を用いる例は和泉の牛神祭に供えられるマスメシである。泉南市男里《おのさと》南では三合の飯を枡で形をつけ、その上にお椀で丸く形をつけた飯を置いたものを牛神祭に供える。ただしこの場合は、上下をひっくり返して供えるようなことはないが、形や作り方はほぼ一緒である。

魚は鯉あるいはハマチなどを用い、野菜は大根や山のもの海のものを混ぜ合わせたもので、いずれも二

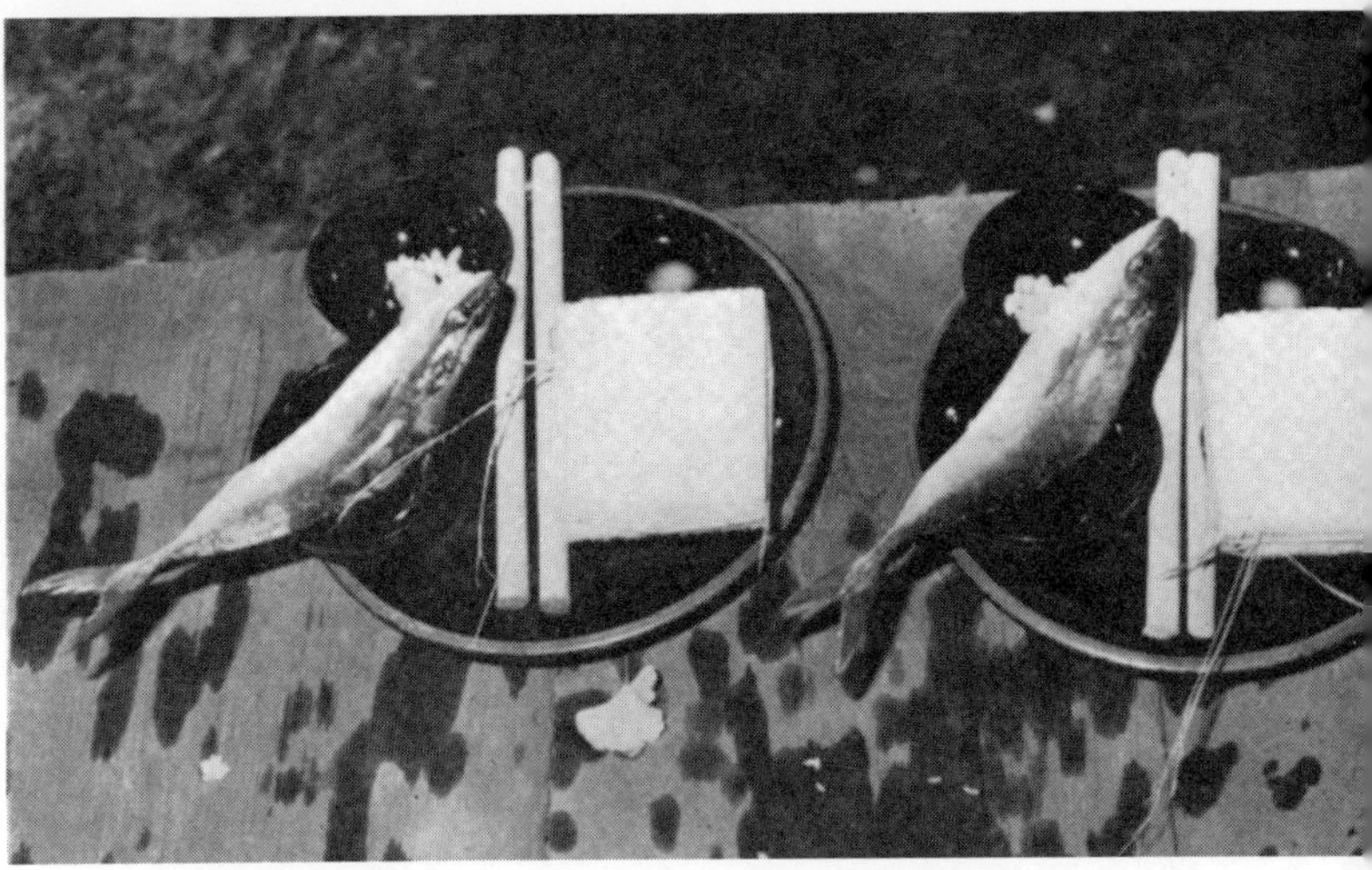

スシと魚と野菜の神饌

膳分用意して先のスシと一緒に膳に盛る。

　神饌が調うと、午後二時ごろから式典が始まる。神主をはじめ非常方はいったん拝殿に上座順に坐り、神主が本殿へあがって開扉する。それを待って非常方一同が両手で床を叩くようにして立ちあがって拝殿を降り、手を浄めて献饌にうつる。神主が本殿前に立ち、非常方は拝殿から本殿まで一列に並んで手《て》長《なが》（つぎつぎに受け継ぐ）に神酒・片口・御膳・ヘソダンゴなどを供え、つづいて小宮へ非常方の神饌を供える。終わると神主は本殿前に坐り、非常方は袂から紙に包み込んだ散銭《ちりせん》を取り出し、順次本殿の縁に投げ込んでは拝跪《はいき》し、つづいて小宮に同様にして拝する。つぎに再び非常方は拝殿に着席し、一同がそろったところで床を両手で叩くようにして立ちあがり、手を浄めて撤饌に移って式典を終わる。この間、神主は一年神主であるため修祓や祝詞の奏上などはおこなわず、世話役や子供役は拝殿の外側で傍観している。このあと社務所で簡単な直会《なおらい》があって、撤饌したものを非常方がいただく。

本殿に神饌を献供する一年神主

当日の夕方七時過ぎより社務所で「若衆入り」の儀式がある。新しく加わる人が、夕方に父親の一番年かさの人の家に集まっていると、若衆が呼びに来て、「ヤートコセー」と伊勢音頭を歌いながら神社に着く。社務所では今までの非常方一〇人が上席順に坐り、若衆入りの者は自分の一番近い親戚の男の人を付き添いとして連れて末座に坐る。このときに初めて羽織を着る権利が認められて、宮の座付きをさせてもらえるのである。いったん着席した人々は、若衆入りの人数だけ非常方の上席より抜けることになる。まず非常方の一番上席の人が「自分の名代として誰々が入るから頼む」と挨拶し、入る人は父親の年齢順に「誰々の名代として入るからよろしく頼む」という意味の挨拶をし、順々に席を送ってもらって末席に着く。これが若衆入りの人数によって順次繰り返され、新しく一〇人の非常方がそろったところで、新若衆が持参した酒と肴で酒宴が始まる。このときに一号から十号までの高張提灯が席の前に置かれており、非常方は一年間この提灯をあずかることになる。この提灯が若衆の印《しるし》であり、地区や若衆の規則に反した行為をすると、他の者が相談の結果、子供役が行って提灯をとり返してしまう。提灯を取りあげられるということは村八分にされることである。

ところで、この一一月三日の祭りは、惟喬親王の密葬をした日であると伝えられており、密葬を味噌にかけて、この祭りにミソウダンゴを供えるのだといわれている。長野県・岐阜県・岩手県の一部で「ジンダ餅」といい、茹でた枝豆を潰して餅につけて食べる例があるように、塩分と滋養に富んだ味噌を団子につけて食べるという、常民の食生活が偲ばれる。これに対して五月三日は本葬を記念した祭りであるとされ、鯛を供えるという。

ミソウ祭りは、昔から非常に厳格に守られてきた。政所の「ソウヤマ（共有林）」が八百町歩あるといわれ、その入会権は若衆に入らないと認められなかったのである。木地挽きの職人として一人前の年齢に達したことを、同じ仲間の面前で認めてもらう成年式は、重要な儀礼であり、非常な名誉であるため、若衆入りの日は親戚一同を招いて酒宴をはるが、その客やご馳走は、昔は嫁取りよりも豪勢なものであったという。

石上神宮・鎮魂祭　いそのかみじんぐう・ちんこんさい

一一月二二日　奈良県天理市布留

山の辺の道から波多野の里への道すじ、ちょうど天理教本部の南東に黒々とした森がある。布留《ふる》の森である。そこに鎮座するのが石上神宮。布都御魂《ふつのみたま》神社・布留御魂《ふるのみたま》神社とも称される。布都御魂神は、武甕雷《たけみかづち》神が出雲国譲りの業をなしとげたとき佩《は》いていた霊剣「平国《ひらむけ》の剣」であり、布留御魂神は、物部氏の遠祖宇《う》摩志麻治《ましまじ》命が父饒速日《にぎはやひ》命に賜わった「十種神宝《とくさのかんだから》」だという。はじめ物部氏の祖によって祀られたところから、代々物部の氏の上が司祭した。物部氏は、呪言を唱えながら領巾《ひれ》を振って天皇に魂をつける「鎮魂《みたましずめ》法《のほう》」をおこなう家柄で、布留御魂はそのときの鎮魂の神器であった。

　この鎮魂の神事が、一一月二二日夕闇せまるころから営まれる。それにさきだって、昼すぎから神饌の調製がおこなわれる。神饌は本社分九台、摂社天神社・七座社分九台で、前者は黒塗方形高坏に、後者は白木三方に盛りつけられる。常設の神饌殿で、白衣に身をかため口覆をした神官数人によっておこなわれる。本社神饌は、

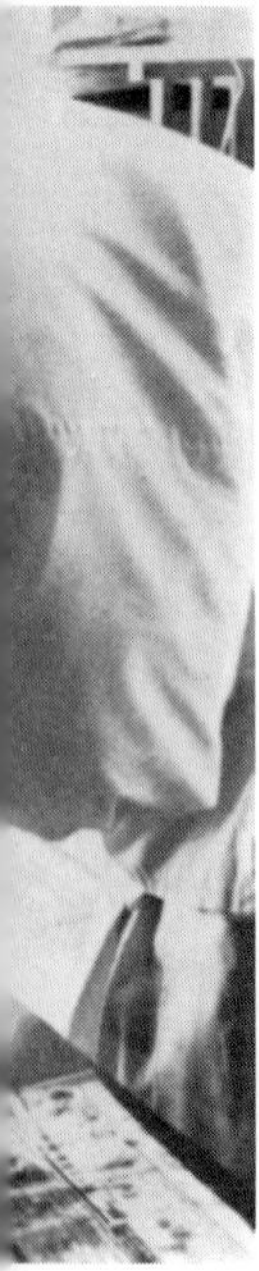

右：神饌所での神饌調製
左：神饌所から末社に神饌を運ぶ

洗米五合　清酒三合（二膳）
塩鯛一匹
塩鮭一匹　鮑三個（二膳）
鰹節二本　スルメ五枚（三膳）　荒布
　一袋
大豆三合（三膳）　小豆三合（二膳）
長芋二本　大根六本（三膳）
柿一〇個（五膳）
栗五合
　蜜柑一〇個（五膳）　塩水

の九台で、摂社の神饌も同じである。鯛は麻苧でくくって尾がはねあがるように形をととのえ、鮭も苧でしばって整形する。盛りつけが終わると、摂社分は櫃に納めて摂社前まで運び、あらかじめ案に並べて献饌の用意をしておく。本社分は高坏一台ずつ拝殿脇に運び、献饌の準備をしておく。

神事はまず摂社天神宮、七座社ですべての灯明を滅しておこなわれる。境内にしつ

雨乞祭礼行列図絵馬（貞享４年）

らえられた祓殿から、宮司を先頭にしずしずと摂社・七座社に赴き、さきにあらかじめ用意され飾られた神饌を各社に献じ、古式どおりの祭儀が営まれる。つづいて本宮正面に古来からの調製法による特殊神饌が献上され、その左側には大榊と五色の絹糸と切麻、洗米を納めた柳筥が供えられる。宮司の祝詞奏上がすむとすべての灯明は消され、正面の御簾《みす》はおろされ、その奥で神事《かみわざ》がおこなわれる。浄闇の中での秘祭、参詣者にはただ絹ずれの音と鈴の音、ときに呪文が聞えてくるばかり。

　だが、深奥では呪文とともに五色の絹糸が結ばれてゆく。これが一〇回繰り返される。玉の緒を結んで魂が離れぬようにする呪術である。やがて十種神宝をつけた大榊が左右に振られつつ、「ふるべゆらゆらと布留部」と唱えられる。これが「魂振りの作法」である。まことに神秘的な祭儀で、古代の祭祀の姿を想像させるに十分である。そのあと拝殿で奉納される「人長舞《じんちょう》」はまた、古式豊かで荘厳の雰囲気を漂わす。

　この社は、布留山を信仰の中心とし、大神《おおみわ》神社と同じく元来神殿もなかった。またこの地は、はやく人々の定着したところであり、縄文土器をはじめとする遺物も出土し、壮大な西山古墳をはじめ前方後円墳が並び、古代豪族が居を定め、中世には東大寺・

興福寺の荘園となり、室町ごろからは郷村が形成され、布留郷とよばれ、その中心である石上社は布留社ともいわれて、この地方の信仰の中心であった。

永保元（一〇八一）年、この社に勅使が遣わされ、走馬一〇列を奉られたことからはじまったという「渡御まつり」は、一名「布留まつり」ともいわれ、一〇月一五日に秋祭りとしておこなわれる。午前一一時ごろから田村（天理市田町）のお旅所から奉幣の稚児が本社に渡御し、「荷前《のざき》」とよばれる神饌を供え、古式にのっとって「奉幣の儀」がおこなわれる。幣は神霊の依代であり、幣を奉ることは宗教儀礼としてもっとも基本となる式である。馬の轡《くつわ》をそろえての渡御はまことに荘重であり、昔は雨乞いの満願のときにも臨時にこの渡御がおこなわれた。いまも社に伝わる永享四（一四三二）年の「雨乞祭礼行列図」絵馬二面、同じく貞享四（一六八七）年の「雨乞祭礼行列図」絵馬二面は、昔の渡御のありさまをよく描いている。そのときは石上社を中心とする布留郷中四六カ村が川原城の鳥居（いまは神社参道近くに移転）からお渡りを組み、「なもで踊り」という雨乞願満踊りを一〇カ所でおこなったのである。

明治になってから午後にも渡御がおこなわれるようになり、それには神輿も加わり、俗に「布留のお渡り」といわれ近郷でもっとも盛大なお渡りとなった。この神輿は孝明天皇が石清水八幡宮に行幸せられたときの輦《れん》と同じ形式のもので、屋根の上に鳳凰をつけた鳳輦で、この鳳輦を中心に数百メートルにおよぶ大渡御行列が組まれる。

行列は社を出て布留大橋を渡り、布留街道から川原城鳥居跡へ出て、奈良・初瀬《はせ》街道を通って田村の御旅所にいたり、そこで祭典・神楽の奉納がある。そこから再び同じ道を還幸するのであるが、各町内の太鼓台が行列のあとになりさきになり太鼓の音をとどろかせる。この日は布留郷各町・村の氏神の秋祭りと重なるところが多く、郷中一体となって賑わうのである。

恩智神社・御供所神事

おんちじんじゃ・ごくしょしんじ

一一月二四日　大阪府八尾市恩智

八尾市恩智は、大阪の東端、生駒山麓の扇状地に発達した集落である。南北に東高野街道が通り、信貴《しぎ》山《さん》道が集落の中央を東西に貫いている。緩やかな傾斜をなしたほぼ中央に天王の森と呼ばれるところがある。いまは恩智神社の御旅所となっているが、もとはここに神社が鎮座していた。恩智左近が築城に際して東方の高所、すなわち現在の地に奉遷したと伝えられる。この天王の森は弥生式時代の遺跡であり、この後山からは銅鐸が二個出土しており、この地で豪族が生長していたことを窺わせる。

東高野街道に面して建つ鳥居を抜けて、村の中を五〇〇メートルほど進み恩智山の中腹に至ると、産土神恩智神社が祀られている。式内社で、「恩智神社二座並名神大月次相嘗新嘗」とみえる社であるが、これが正史に初見するのは『文徳実録』嘉祥三（八五〇）年一〇月七日条の「河内国恩智大御食津彦命神。恩智大御食津姫命神等並正三位」で、以後『三代実録』貞観元（八五九）年正月二七日条で従二位に叙せられている。その創建当初は天児屋根命《あめのこやねのみこと》を祀ったと伝えられ、神功皇后三韓遠征のさいには、この神が住吉大神と共に海上に現われ、先鋒となりあるいは後衛となって皇后の軍を助けたとの伝承があり、大阪市住吉区の住吉大社との関係が説かれている。また明治初年までは神宮寺があり、感応院と号したが、現在は別に真言宗高野派普門院末に属している。恩智神社は明治六年に郷社、大正元年には府社に昇格し、同年暮に神饌幣帛料供進社に指定されている。

この恩智神社の例祭は八月一日で、かつては旧暦六月二七日におこなわれてきた「大祓の祭り」であり、明治以前は住吉大社まで神輿が渡御したと伝えられる。その渡御の途中、大阪市平野区加美春日町にあった御旅所に着御して一泊、翌日住吉大社まで行って還御していたが、明治以後は恩智の氏地内の三カ所に太鼓台と神輿が渡御するだけになった。本社の石段は百数十段あるが、渡御列がこの石段を登る光景は見事で、近在によく知られるところである。

例祭のほかにも一月一五日の「粥占神事」、四月三日に豊作を祈る春祭があり、旧五月五日に恩智の氏子に代わって神社で親指大の茅巻《ちまき》(粽)を作って神前に供え、祭事が終わると氏子に配るという「茅巻神事」、一一月二五、六日の冬祭りなどの行事も伝わっている。冬祭りは、延喜年間(九〇一~九二三)の相嘗祭に相当するとされ、戦前は一一月下の卯と辰の日におこなわれてきたため「卯辰祭」と呼ばれていた。第二次大戦中に一時中断したが戦後すぐに復活し、日も一一月二四日と一定して現在に伝わっている。その御供の調製は、戦前とは若干異なってはいるが、特殊神饌を厳重に調進し、「御供所神事」と称されている。

御供所神事に奉仕し、御供を調製する家は古来定まっていて、村の旧家からなる一三軒である。この役は代々世襲され、その数に変化はない。この一三軒は「御供所の社家」の名前で呼ばれているが、普通には「御供所の奉仕に行く者」と言われており、社家の名称は一般的ではない。元来、卯辰祭の御供を調製するのは、この一三軒の男子のみに限っていたのである。しかし近来は、勤務などの都合で参加できない人が多く、必ず労力を提供する義務もないため、現在奉仕しているのは五、六軒のみである。御供を調製するのに必要な人員は一〇人ほどであるが、社家のみでは人手が足りないため、不足分は恩智区長の承諾を得て数人の氏子総代に加入してもらって人員をそろえている。この氏子総代は社家とは別に二一人選ばれているが、社家と重複する場合も稀にある。

この冬祭りは恩智の村落の祭礼とされてきたため、御供を調製する当日は区長が立ち合い、区長の来れない場合は代理の者が参加するが、特に定まった役割はない。責任をもって準備から後始末までおこなうのは御供所の社家であり、なかで「御供所支配人」と呼ばれる役が一人選ばれている。これは社家の代表として世話をするが、世襲などで家に定まったものではない。また当日は御供所支配人としての特に定まった任務もない。御供所神事に奉仕する人は黒不浄を忌み、近親に死者のあった場合、四五日とか四九日の間は参加してはならない。しかしこれは御供所に限らず一般的な禁忌事項であるため、従来はさらに厳しい禁忌があったものと思われる。

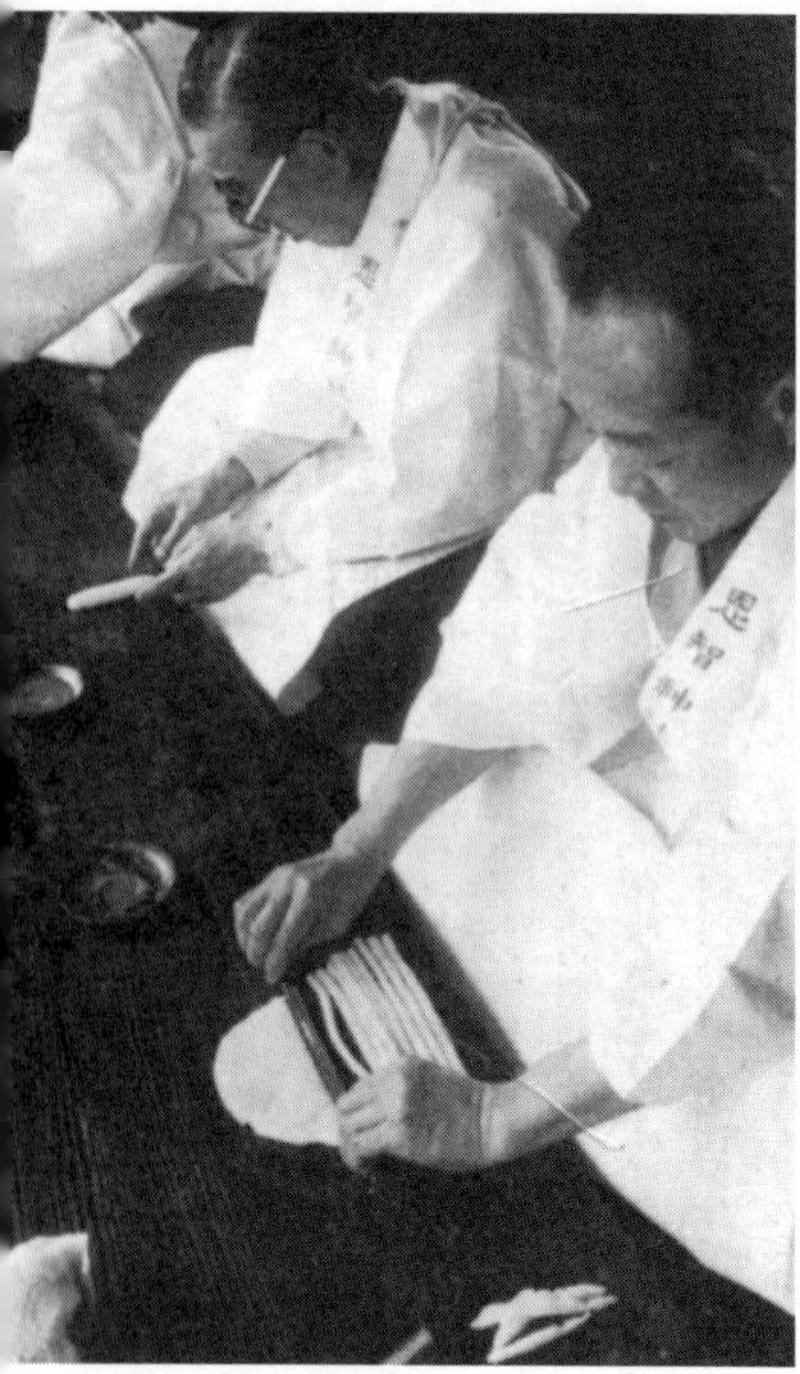

上：バイシの調製
次頁上二葉：オオブトの調製
下：油で揚げる前のオオブト

御供所神事に前もって準備するものとして、竈に用いる薪と米がある。薪は毎年二月頃に一日を定めて山で櫟《くぬぎ》を切り、割って薪にして当日まで干しておくが、御供の調製に使う以外にも、翌年の小正月の粥占神事にも用いるため相当量になり、この作業には一四、五人の人手を必要とする。やはり元来はすべて社

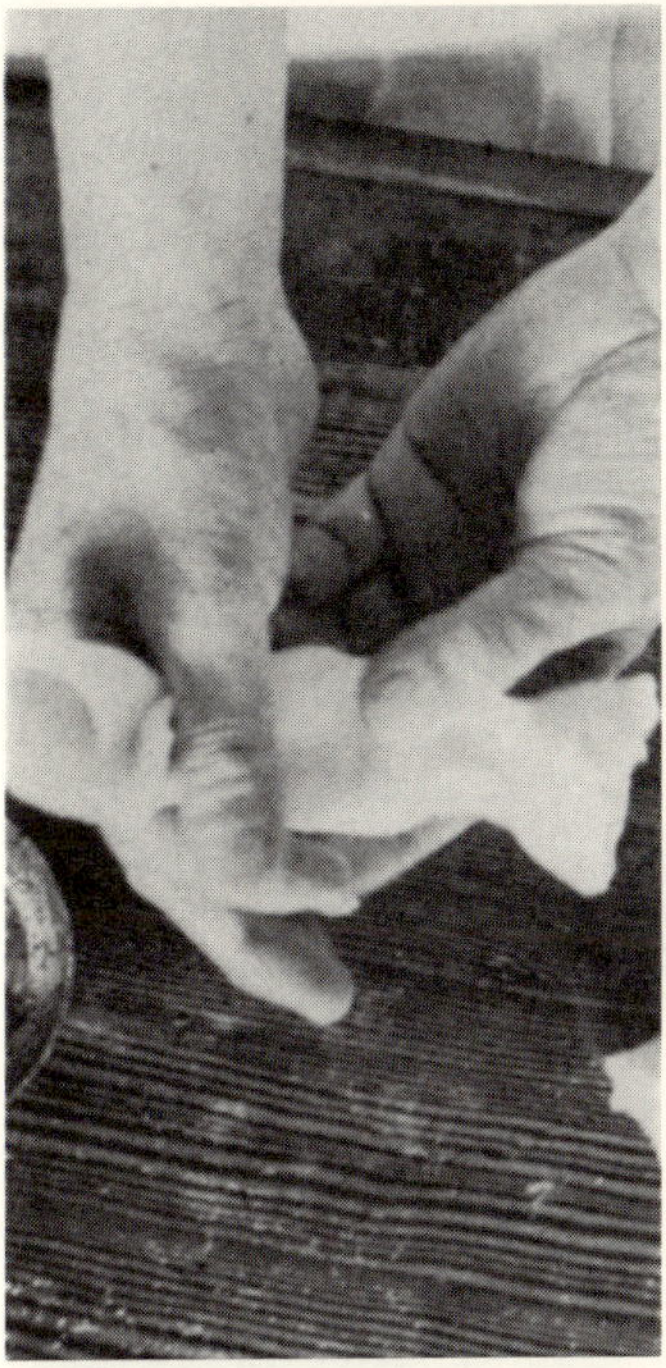

家が奉仕したものであるが、現今では氏子総代に人手を頼っている。櫟を伐採するのは、神社の背後の神社所有山地や、恩智神社奥の院近辺が主であるが、個人所有の山林から伐採することもある。その場合も所有者に断わりなしで伐ることが認められており、神事に用いられるものに対しては、個人の所有権が認められる以前の習俗を残している。

つぎに御供の原料である米の調達は、第二次大戦前の様式と一時中断ののち戦後復活したものとは、かなり様相が異なっている。昭和一四、五年頃までは粳《うるち》米を四斗とモチ米を五升用意したといわれ、その頃は神社に御供田があってそこでできた米を用いていた。御供所神事のある前々日に、玄米を臼に入れて周囲から六人が順番に搗いて白米にするが、これも社家の任務であった。そのさいに独特の労働歌があり、これは他で歌うことはなかったそうである。この作業自体が戦後おこなわれていないために、歌詞もすでに不詳となっているが、「ほいほいやれつけ……」「中みて底つけほいほい……」などと歌われていたという。搗きあがると別の人がトウシ(篩)にかけて糠《ぬか》と分ける作業などをし、これらが社家の一日仕事であった。翌日、村の老婦人が神社に集まって、白米を礦臼《あらびきうす》で挽いて粉にしたというが、この作業も一日かかった。

一方、戦後復活されてからは、祭礼後に御供を全氏子に配らないため、粳米は二斗、モチ米は五升用意している。御供田も農地の解放でなくなったためいっさいを購入しており、この行事に必要な費用は御供所費として村の経費から支出されている。また前もって米を粉にすることもなく、社家の一人が準備しておいて当日朝に持参するようになった。

一一月二四日朝八時頃に、奉仕者が一〇人ほど神社に集まり、餅搗きの諸道具を調える。御供を作る場所は社務所の横にある御供所と呼ばれる建物で、土間の部分が間口一間半、奥行二間、その左手の板敷の部分が二間四方あり、両側に物置など付属の部屋がある。土間の出入口両側に斎竹《いみたけ》を、上に注連縄を張り、土間の右手奥の隅には大小二基の竈がしつらえてある。別に建物の外に鉄製の竈を据えて釜をかけて湯を沸かせる状態にする。

用具が整うと、現在は奉仕者が自身で外の竈と大きい方の竈に点火し、モチ米五升をセイロで蒸し、同時に大豆五合を煮る。以上の準備を終えると蒸しあがるまでに奉仕者は塩で清めた風呂に入る。元来は関係する人が皆、神社の上にある総池と呼ばれる池へ飛び込んで潔斎をした。祭日が不定の昔は、一二月におこなわれたこともあり、池に氷が張ることもしばしばあったというが、厳重に水垢離《みずごり》を続けてきた。

オオブトを油で揚げる

潔斎が終わると、一〇時過ぎから御供所の土間で臼と横杵を用いて餅搗きが始まる。一般にみられる餅搗きと同様であるが、搗きあがったものは一握りずつちぎって「餅」と「餅バイシ」とに調製される。餅は、直径五センチほどの丸い小餅で、一五〇個ほど作る。餅バイシは、一握りの餅を細長く一五センチほどに延ばして、両端に人差指でへこみを付けたものをいい、この御供は七、八〇〇個作る。餅と餅バイシを作り終えると一〇時半過ぎになり、神社で用意された食事をとる。御飯と突き大根を塩揉みした漬物と献立ては決まっている。

食事がすむと拝殿で祭典がある。宮司と奉仕者である社家とが拝殿に着座すると、太鼓の連打を合図に修祓があり、祝詞が奏上され、玉串の奉奠で拝殿での祭事を終わる。

宮司と奉仕者は拝殿より御供所へ移るが、宮司は祭典に用いた一メートルほどの御幣を持参して、土間の小さい方の竈の後に置き、火打石を用いて付木に点火して、さらに豆殻を用いて小さい方の竈に火をつける。中の薪は二月から用意されていたものを用いる。上には鉄鍋がかけてあり、別に大きい竈と外の竈では、餅を搗いてからなお薪が焚かれており、釜には湯が沸いている。これで宮司の任務が終わり退出して、社家の御供調製となる。社家はすべて白の半纏に前掛姿で襷をかけており、半纏の背には、神紋である五七の桐の文様が染めてある。

土間の隅で社家の一人が紙製の口覆いをし、二斗分の米の粉の一部を木鉢で掬っては直径七、八〇センチの半切桶に入れ、御供所の外で釜に沸かしている湯を柄杓で入れては、二本の竹棒（箸という）を用いて捏ねる。充分に捏ねあがると、適当に二〇センチぐらいの円盤状に丸め、それを三個ずつ柄のついた直径四〇センチほどの笊に入れ、笊のまま大きい方の竈に沸いている湯につけて茹でる。つぎにできた三個は同様にして、外に据えた湯釜へと交互に用いる。

別に二間四方の板の間では、一メートルに二メートル半、厚さ五センチほどの大きな一枚板（俎板という）の両側に奉仕者が五、六人座り、小皿に入れた油を手につけて、板面にも油をつけるなどの準備をする。板の上には朝方に煮た大豆五合と、空の折敷が数枚置かれている。湯釜で茹であがった大きな団子三枚を、笊に入れたまま土間に据えられた木臼に入れ、三人が一五〇センチほどの「千搗棒《せんつき》」と呼ぶ竪杵で交互に搗いていく。搗き終わると一握りずつちぎって板の間で待つ奉仕者へ渡す。受け取った方は、それを油を敷いた板の上にのせて、所定の御供の形に作りあげるのである。その粢《しとぎ》団子は形によって「オオブト」「マガリ」「バイシ」と呼ばれる。

オオブトは、粢団子を手の平で薄く叩き延ばして広げ、その中に煮た大豆を一つまみ入れ、両端より包み込んで円筒状にして、二カ所を軽く握りしめて細くする。長さ二〇センチくらいで、約八〇個作る。宮司が火を鑽《き》って点火した小さい方の竈の鉄鍋に、テンプラ油を充分入れて沸かし、折敷に盛りあげられたオオブトを取手のついた竹籠に七、八個ずつ入れて、竹籠のまま鉄鍋に入れて揚げる。竈の横には菅《すげ》で編んだ菰《こも》を敷き、その上でいったん油を切り、板の間に広げられた菰の上で冷ます。以上の作業を繰り返して全部油で揚げる。

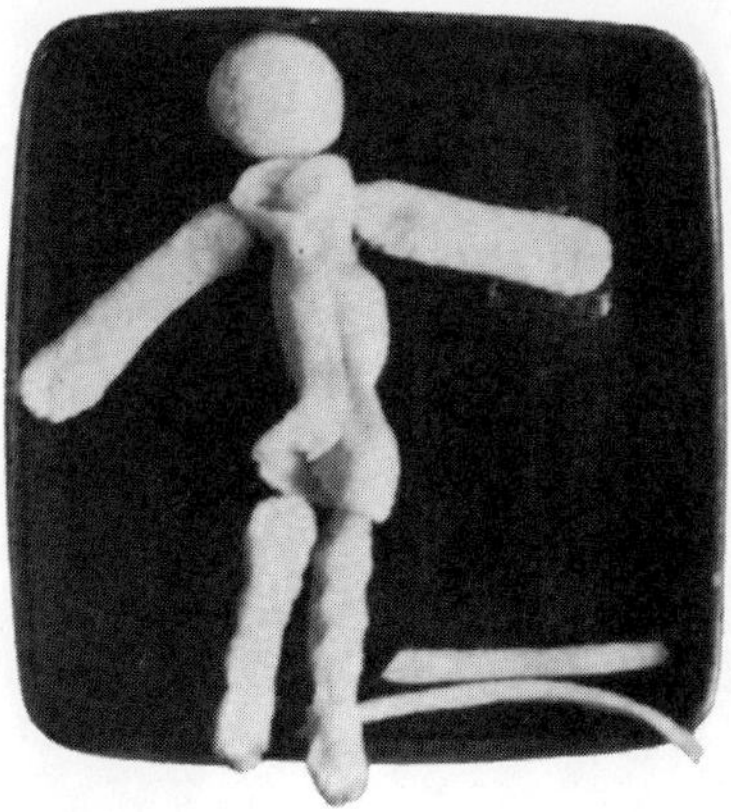

人形御供

マガリは、餅マガリと同じように丸く細長い形に作り、側面は両手の中指と人差指とを交互にさし出して五個のくぼみを作り、上の面は人差指で五個のくぼみを作ったものである。長さは一七センチほどで一五〇〇個ほど作る。マガリも油で揚げるが、籠に入れて揚げる方法などはオオブトと同様である。

バイシは、米の粉を茹でて搗いた団子状のものを薄くのばして竹のへらを用いて長さ約一五センチ、幅一センチ前後に切ってゆき、これでできた細長い棒状のもので、これも八〇本ほど作る。やはり竹籠に入れて油で揚げることはオオブト、マガリと同様である。これらの揚げ油は四升必要だという。

三種類の御供ができあがるとオオブトとマガリは五個ずつ

新藁で両端をくくり、オオブトは一五束とするが、マガリは相当数になる。バイシは一二、三本ずつを縛って七束とする。当日はこれらの御供を半切桶に適当に詰め合わせて神社で保管する。御供がすべて調うと諸道具の後始末をして、御供所の社家は社務所で飲食の接待を受けて解散する。

これら餅二種類と、団子三種類の御供を組み合わすと「ヒトガタ」になり、古代の人身御供の代わりとして捧げられると伝えられている。すなわち、丸い小餅は頭に、マガリは両手に相当し、中に大豆を入れてふくれあがったオオブトは胴体に、餅マガリは両足になり、細長いバイシはそれに添えた箸に相当するという。しかし、神饌をヒトガタに組み合わせることはなく、数個を縛ったまま皿に山盛りにして、それを三方に乗せたものを七、八台ととのえ、宮司が宵宮の一一月二五日に、他の野菜や生魚などに添えて神前に供え、二六日に本祭りを迎える。

本祭りは、祭典と神楽の奉納があるだけで、二七日朝方に氏子総代が五人ほど来て御供の分配がある。戦前は全氏子にマガリを一本ずつ配っていたが、現在配るのは、社家のうち御供の調製を手伝った家と氏子総代、総代の下で宮の用事をする宮周旋だけである。

ところでこの冬祭りは、執行される日時から卯辰祭と呼ばれてきたものであるが、元来は相嘗祭である。『神祇令』に「仲冬上卯相嘗祭下卯大嘗祭」とみえるもので、延喜年間に奉幣する神社七一座を改めて制定しているが、そのうちの二座が恩智社である。一般に相嘗祭は早くから衰微したため、その本来の姿は不詳になっているが、新嘗祭にさきだっておこなわれる各地の収穫祭であったと推定されている。恩智神社がその古態を今に伝えているとまでは考えないが、日は下の卯の新嘗祭当日を冬祭りとして現在に伝えていることは確かである。そのさいに特別の奉仕者が新穀でもって御供を調製し、それを神の恩恵として感謝し、かつてはその御供の一部を全氏子に配って「神人共食」をおこなったのである。ただし今日の御

本殿に供えられた神饌

供所神事には、祭礼後の直会《なおらい》の共同飲食に相当する行事は伝わっていない。
この収穫祭を今日に伝えてきたものに、恩智の神の性格が考えられる。恩智の祭神については、『文徳天皇実録』嘉祥三（八五〇）年一〇月二七日条に、大御食津彦命・大御食津姫命とあり、現在に至りこの二神を祭っているが、この神は御食のことを司る神であるとされる。しかし『三代実録』貞観元（八五九）年九月八日条に、河内国では枚岡神と共に恩智神に対して、「遣使奉幣為風雨祈焉」とあり、古くから水に対する信仰が一面にはあったのだろう。またこの神は『恩智大明神縁起』によれば、神功皇后三韓遠征のとき住吉大神と共に海上に現われて皇軍を助けたとされ、航海の守神とされる住吉大社と関係づけられている。恩智神社の境内に赤井戸と称される清明水があり、弘法大師が参詣の折に岩底を錫杖で突くと霊泉が湧出したとの伝承をもっており、難治の病もこの水を飲むとなおると信じられてきた。これらのことは、恩智の神が、近在の農民にとって最大の関心事である農耕に不可欠な水を、供給してくれる水分神《みくまり》として尊崇されてきた事実を物語るものである。上の水分社を南河内郡千早赤阪村の建水分神社として、中の水分社を富田林市の美具久留御魂《みぐくるみたま》神社とするのに対し、下の水分社に恩智神社を当てるのも、水に対する信仰が強かったことを証している。

御供所神事に奉仕する御供所の社家は、恩智の内でも乾小路と呼ばれる小字にほぼかたまっている。ここでいう社家は一般にいう社家とは異なって、御供所神事に奉仕する者という意味で、神職とはまったく別のもので一切祭事を管掌することはない。それらは古来農業を営んできた家であり、しかも旧来の地主らが多く、明治以降絶家や転出による増減はいっさいない。しかも世襲されてはきたが、今日ではその由来等をはっきりつかみ取ることは困難になっている。それは、社家が仲間として一つの社会階層を形成することもなく、社家内部でも強制力もなかったからであり、そのため近来しだいにその体制が弛み、御供所の社家の役もしだいに氏子総代などの役職の手に移り変わろうとしている。しかも、社家は家あるいは人によっての定まった役もなく、まして内部での上下関係も認められない。御供所の社家は、他の行事においても役を担うことがある。神社の正月の準備と、一月一五日の粥占神事への奉仕とである。

また、恩智神社には別に宮座の制度がある。敬神講と呼ばれる宮座は一六軒からなっていたが、現在では転出などで恩智に残っているのは一二、三軒になっている。戦前は神社境内に宮座講の座小屋があり、一月一四日・四月三日・一二月二五日の年三回厳重に運営されてきたが、戦後一時中断し、近年一月一四日だけを復活してようやく面目を保っている。この宮座が営まれた日時が恩智神社の祭礼と合致するのは四月三日の春祭りのみで、そのさいは神供を調えて祭典をし、終わると直会がおこなわれてきたが、夏祭りにおいては渡御列に加わるのみで神饌を作る任務も負わされていなかった。このことは、恩智神社では春よりも夏祭りに重きをなしてきたため、神輿渡御などに多くの人手を要する夏祭りには、座としての姿が現われてこないのであろう。それにしても冬祭りには宮座はなく、その神饌は古来一切御供所の社家に任されてきたのである。神饌を調えて献ずることは祭礼の重要な要素の一つといえるが、冬祭りの神饌は宮座によらず神官によらず、社家によって調えられてきたところに特質がある。残念ながら社家の記録はないので、御供所の社家の組織は宮座の組織と同様に、祭事に特権をもってたずさわってきたものであろうと推定されるのみである。ところが、明治年間に恩智神社に宮司が定着したことは御供所の社家の権限を狭め、献饌と祭祀権を宮司に移したがため、本来の社家の性格がより不明確なものとなって伝わっているものではなかろうか。しかし、社家がいつ頃から冬祭りに関与してきたかは不明である。

冬祭りの神饌に「オオブト」「マガリ」「バイシ」という名称が伝わっていることも注目される。これらブトやマガリ・バイシはいずれも特異な形をしている。春日大社のブトはギョウザの形をしているが、中に物を包みこむことはないのに対し、恩智神社のオオブトは形も違い中に煮た大豆を包み込むなどの相違点がある。

八坂神社・御饗神事　やさかじんじゃ・おきょうしんじ

一二月一五日　大阪市福島区海老江

阪神国道の起点、淀川大橋の南詰にあたる福島区海老江の地は、近世以来大阪三郷に隣接して都市化したところであるが、そこに鎮座する八坂神社には今なお宮座が存続している。大阪府下でももとは宮座が相当数あったが、その多くが現在では廃絶に帰し、あるいは氏子組織がそれに代わっている状態である。海老江八坂神社の宮座は、大阪市内にあって今なお存続されているまれな例で、昭和四七年に「海老江八坂神社の頭屋行事」として大阪府の無形の民俗資料に指定されている。古くはこの行事が宮座衆以外に漏れることを恐れて口伝を守り、公にされることはなかった。

八坂神社は、海老江のほぼ中央に鎮座し、永徳三（一三八三）年に天王寺の僧浄円を招いて社殿を再建したとも、寛正三（一四六二）年に屋根を葺き替えたとも伝えられているが、その創建の年は不明である。この神社には宮座が三組あり、春座・秋座・冬座と呼ばれ、それぞれ構成員が異なっている。

春座は、一月一六日の夜半に「小正月のキョウ」という神事をおこない、これを「小正月宮座」とも呼んで、その翌日には小正月祭を催す。秋座は、一〇月一七日の夜に神饌を作る「秋のキョウ」という神事をし、その翌日に秋祭りがある。冬座は「霜月の宮座」ともいい、一二月一五日の夜半に「御火焚きのキョウ」という神事をし、翌日に鎮火祭がある。この三座とも頭屋を中心に神饌を調理することが、行事の主要部分を占めている。キョウは、この神事の性格からして「饗」をあてるのが妥当であろう。現在では春座・秋座とも衰退し、一軒ずつが辛うじて行事を伝えている状態で、冬座にもっとも古い形態を知ることができる。

冬座については、天明元（一七八一）年以降の宮座帳が八坂神社に伝わっており、そのときの座衆は三八軒で、文化七（一八一〇）年には五一軒にまで増加したが、その後しだいに減少して、現在は一六軒になっている。この座の神事は旧暦一一月一五、一六日におこなわれてきたが、明治三九（一九〇六）年以降は新暦一二月一五、一六日に改められた。

宮座の神饌調理は一二月一五日であるが、早くから準備が始まる。すでに前年の神事終了後、頭屋が一軒決められ、諸道具の引き継ぎもすまされており、それ以降当屋の主は清浄な生活が強いられる。

まず一二月上旬の一日を決め、夜七時頃座員一同は頭屋の家に集まり打ち合わせをする。この席で神事に必要な材料を買いに行く日時と人員、一五日当夜の行列に必要な一二名以上の奉仕者の段取りなどが決められる。一〇日前後には座に必要な道具の運搬がある。この道具は、平常は八坂神社内の倉庫に保管されており、頭屋は神社宮司と打ち合わせのうえ頭屋宅へ運ぶ。また頭屋は一二日頃に頭屋自身の道具（幕・御神灯など）を解梱して、自宅祭壇の準備を始める。

一二月一三日が「事始め」の日。午後二時頃に座衆と神官が頭屋に集合し、床の間に「八坂神社」の神号軸を掛けて祀ったあと、「買物の儀」がある。宮司と宮座衆はそろって市場に向かい、会計役が準備した買物品名記載の一覧表をもとに買いそろえる。神事は女人禁制であるため、買物もすべて男子のみでおこない、品物を渡してくれる店員もつとめて男を選ぶように留意する。買う品物は、米一升・モチ米三升・ウルメ干物二〇枚・生豆腐二丁・大根八本・エビ芋一三本・芹九束・細芋二本・イナ（鯔）五尾・餅（五合）一重ね・青海苔一袋・ワカメ二袋・酒四本・黒酒五合・模造紙・榊一四本・薪一五束・炭一俵・元結二〇本・蠟燭・味噌二〇〇グラム、およそ「十二月御供」に用いる品々、折詰を宮座衆の人数と神官用二人分などである。

買物がすむと、「道具改め」がある。行事進行に支障をきたさないため、頭屋へ運び込まれた道具の員数点検をしておくのである。あらかじめ頭屋は道具の荷をといて改めやすいようにしておき、宮司が道具目録を読み上げるにしたがって、頭屋の主人と神事の進行を司る奉行役がその所在を確認する。道具一切が確認されると、頭屋は出席座衆にたいして、茶と菓子の接待をして終わる。

翌一四日は頭屋で「米とぎの儀」がある。宮司が頭屋に来て床の間に祭壇を設け、宮座衆は庭に竈を設け、周囲に斎竹を四本立て注連飾りをするなどの準備をする。米とぎは頭屋みずからが昨日買った米を洗い、翌日まで水に浸しておく。昭和初年までは五、六人が浄衣を着て近くの淀川に出かけ、川舟で流れの真中まで漕ぎ出て洗米したが、淀川の汚濁とともにこの行事はとりやめになり、現在は頭屋宅で洗米されるようになった。

一二月一五日が、「オキョウ」当日である。頭屋は「出立の膳」に必要な料理を整えておき、日没後は家から婦女を去らせて神饌の調製にかかる。調饌中は一切女性を家に入れない。まず、頭屋は紋付羽織袴の正装で、七時頃から集まる宮司ならびに宮座衆を迎え入れる。一同は座敷にいったん休憩し、宮座衆は八時頃に白衣に着替えて「白蒸し」・「菊花の御饗」・「イナ（鯔）ナマス」・「イナズシ」・「狛犬さん」・「弥栄の御供」の六種の神饌調理にかかる。いよいよ調理にかかる段になると、座敷に二カ所莚を敷き、一つは白蒸しに、一つはイナの調理に使用する。また、宮司や長老経験者の指導をうけ、御幣を切り、口覆いを作り、藁を左縄に綯《な》って白蒸し用の巻き藁作りなどをする。口覆いは「覆面」と呼ばれるが、生漉半紙

当屋庭での火入れの儀

を折って両端に元結をつけたもので、調理にたずさわる人全員がこれをつけて、白衣には元結で襷をかける。また注連縄を綯って、唐櫃と一二個の行器《ほかい》に張り、紙垂《しで》を取りつける。

一方、頭屋は、宮司の指導で灯明に点火する。床の間には「八坂神社」の神号が掛けられ、その手前には案を置いて菰を敷き、その上に黒酒と白酒が注がれた瓶子一対を三方にのせて据え、その手前には神饌をのせる土器《かわらけ》と火打箱が置かれる。頭屋は火打石で神前両側に立てられた灯明に点火するのである。灯明は三本の棒を結び合わせて足を開き、上の開いた所に油皿を置いて灯芯をともす結灯台《ゆいとうだい》である。つぎに手燭に火を移し、庭にしつらえた白蒸し用の竈に火をつける。これで白蒸しは約一時間かけて蒸されるが、薪を燃やす役は頭屋が頼んだ男手による。なお、調饌中、頭屋は正装で控えるが、直接調理にたずさわることはない。

㈠弥栄の御膳　座敷の一方に高足の八脚案を二台並べて菰を敷き、その上に三方を一二台並べ、三方には土器をのせる。宮座衆の長老と神官が、これに弥栄の御供を盛り合わすが、これは「十二月御供」とも呼ばれ、一二カ月の季節物の御供である。すなわち、一二カ月それぞれの月の代表的な食物を数種類選んで盛り、その上に季節の花を添える。したがって、御供の内容は年によって多少の違いがあるが、一月に鏡餅と松の添花を用いることは毎年変わらない。いまその一例を示すと、

睦月　鏡餅一重ね・串柿・橙・昆布、添花―松枝
如月　土生姜・ほうれん草・カンピョウ、添花―水仙
弥生　生鯛・赤貝、添花―桜
卯月　蛤・蜆・カキ貝、添花―花菜種
皐月　フキ・サヤエンドウ、添花―白菊
水無月　薩摩芋・人参・山の芋・牛蒡、添花―白菊
文月　胡瓜・南瓜・三葉、添花―ささ
葉月　ナス・赤リンゴ・梨、添花―アカシヤ
長月　柿・鶏卵・ウズラ卵・青トウ、添花―黄菊
神無月　カブ・榎茸・高野豆腐・生椎茸、添花―さざんか
霜月　昆布・みかん・柚子・干椎茸・ギンナン、添花―猫柳
師走　蓮根・菊菜・百合根、添花―南天

の各種である。なお、この御供は後世につけ加えられたもので、本来伝わってきたものではないといわれている。したがって、近年まで他の御供とは別に午前中に作り終えることになっていた。

(二)イナナマス　材料にはイナ二尾・大根三本・芹三把と榊の小枝二本を用いる。一二月御供が作ら

八脚案に並べられた弥栄のキョウ

れている一方で、菰上に俎二枚を据えて、イナ二尾のウロコを取り、頭部を切り落とす。つぎに背を開いて骨を除き、肉を八ツ裂きにして、尻尾の部分はつながったままにする。別の俎では大根を一〇センチぐらいに切って表皮を剝き、大きな土器の中央に立てる。つぎに芹を刻んで大根の周囲に入れ、芯になった大根の高さまで盛りあげる。つぎに大根を、皮剝きで三〇センチほどに長く剝きとったものをたくさん作って、芹の上に四方八方からかぶせ、下の芹が見えない状態になるまで覆う。土器から外へはみ出した部分は、包丁で切り落として、きれいに仕上げる。つぎにイナの八ツ裂きにしたものを、尾部を上向けに中央の大根にのせ、肉部を八方に形よく広げるようにしておく。これができると、イナの尾部の正面に当たる部分に小さくあけた穴に、葉の五、六枚ついた榊の枝を突き立てる。これがイナナマスと呼ばれる神饌で、二、三人の係が一対作りあげる。

㈢白蒸し　頭屋の神灯の別火で蒸された三升のモチ米は、途中三度水打ちをし、イナナマスができあがる頃に蒸しあがる。それまでに白蒸しの係三名は　準備を整えておく。藁一把を槌で打って和らげ、これを七本六組・五本六組・三本六組に分け、別に用意した半紙一枚を八ツ切にした細長の白紙で、この藁を一組ずつ巻いていく。そのさい、根元と穂先は一〇センチほど残す。つぎに「白蒸しの座」というものを作っておく。これは二〇本ぐらいの藁三組で三ツ編みし、根方と穂先を結んで輪にしたものである。モチ米が蒸しあがると桶に移し、座敷に広げた菰の上で白蒸しの調製が始まる。この係二名は、まず御飯を杓子ですくって折敷の上に移し、上に高く盛り上げた状態にまるめて、さきに準備した紙巻き藁を下部から七本、五本、三本の順に三段、都合九回白蒸しの周囲に巻き、藁むき出しの両端を結び合わせ、両端は切らずに横に広げた状態にする。なお、最初は七本の半分で結び合わせ、残る半分と五本の半分とを結び、五本の残り半分は三本の半分と、三本の半分はその上の七本の半分と結ぶという方法を繰り返して、上下の藁を連結しつつ上へ盛りあげるのである。一番上に三ツ編みにした藁の座をのせ、白蒸しを少々足し加えて上から別の折敷を伏せてかぶせ、二人で押さえつけて形を整え、全体を裏返して上になった折敷をはずし、白蒸しが折敷の中央にあるかを確認する。この状態になった神饌が白蒸しで、俗に「竜頭籠《りゅうずかご》」ともいい、これも一対作る。

白蒸しについては次のような伝承がある。その昔、海老江の地に悪い竜が出没して、田畑を荒らし人畜を傷つけたので、里人一同協議の上、三日三晩八坂神社に籠って祈願した。すると四日目の払暁、神社南の古池の方角に叢雲が湧き起こって池水が逆巻き、稲妻は天地を裂くごとく、白竜が地中より姿を現わし雲に乗って天高く舞い上がった。里人はおののきつつも当社の祭神素戔嗚命の威霊に感謝し、早速奉謝のしるしに藁を編んで竜頭に模した籠を作り、これをお供えの器に代えて、白蒸しを盛って社前に奉った。これが白蒸し御供のはじまりであるというのである。

(四)菊花のキョウ

材料には豆腐二丁・大根二本・里芋八個・榊の枝二本を用いる。まず土器を二枚用意し、中央に一〇センチ四方、厚さ四センチくらいの豆腐を据える。つぎに大根を六センチほどに切ったもの八つを用意し、下方が四センチ、上方二センチぐらいの四角錐台状に切る。これを豆腐の四面に、細い方を中に向けて一面一個ずつ配する。つぎに里芋も大根と同じように調理する。大根と同じ大きさにするのが理想的とされるが、皮の部分は全部切り落とすため、大根より小ぶりの四角錐台となる。これも四個ずつ豆腐の四隅に接して、細い方を中に向けて置く。つまり、豆腐を中心に大根と里芋を交互に串形に配置するのである。これを一対作り、中央に榊の葉の五、六枚ついた小枝を伏せたものが菊花のキョウである。この神饌はその形から「車形」と

イナナマスのキョウの調製

も呼ばれている。

㈤イナズシ　材料にはイナ二尾と白蒸し若干を用いる。イナのウロコを取ったものを俎上にのせ、腹を開いて臓物を取り去って洗う。つぎに蒸し御飯を一握り、両手で細長く丸めてイナの腹部の切り口に詰める。このイナズシを一対作って、土器に柏の葉を敷いた上にのせる。柏の葉が手に入らない近年は葉蘭の葉などを用いている。これはスシと名がつくが、白蒸しに用いたと同じ御飯で、酢などはいっさい用いていない。

㈥狛犬さん　折敷の中へ、小判形に蒸し御飯を押さえつけて、盛りあげた神饌。これを眷属さんとも呼んでいる。長径が二〇センチ、高さ八センチほどで、折敷に柏の葉を敷いた上にのせ、これも一対作る。

以上の品々が、鎮火祭の神饌である。現在は公開しているが、本来は座敷に屏風を立てた中で調饌された。座衆といえども特別に秘伝を受けつぐ人でないと見ることさえできなかったという。

夜一〇時ごろ、これらの神饌は調え終わる。つづいて、頭屋の家で「床飾り」と「出立の儀」とがおこなわれる。床飾りは、頭屋の神前にできたての神饌をいったん飾ることである。神号軸の前の案上に三方を置き、瓶子に入れた黒酒《くろき》・白酒《しろき》一対と洗米と盛塩とをのせる。この三方の左右には、折敷に入れた白蒸しを、藁の結び目を前にして置き、その手前に菊花の御供一対を置き、その左右にイナナマス一対を、榊枝の葉を奥にして据える。その手前の一段低くなった部分に榊を立て、その西側に狛犬さんを、さらに外側にイナズシ一対を置く。イナズシは頭部を中央に寄せ、腹の部分が手前にくるように配置する。床の両脇に灯明をともし、神号軸には御幣が立てられる。また、弥栄のキョウは神前とは別に、座敷横に設けた八脚案に並べたままにしておく。

神饌を飾り終えると、宮座衆は別室で裃の正装に着替える。頭屋は烏帽子《えぼし》・直垂《ひたたれ》を着し、御幣持ちは烏帽子・白丁姿になる。この間に頭屋の男手は座敷に出立の膳を配り、皆が膳につくのは夜の一一時頃である。神職が神前近くに、頭屋と御幣持ちが最上席に坐り、他の参座の人々は長老順に着坐する。このときの膳は酢牛蒡・蒲鉾・のっぺい汁といった簡単なもので、頭屋は夕方までに作っておく。着坐後一献の酒盛が始まる。酒宴の間に頭屋から神社に使者をたて、準備の完了を知らせ、一方、神社から派遣される祓所役の到来を督促するが、この間七度半の使者が立つ。

祓所役が到着すると、祓詞を奏して神饌ならびに頭屋・宮座衆を修祓して、行列の準備にかかる。一二月御供を朱塗の行器《ほかい》に一個ずつ納め、床に飾ってあるオキョウを唐櫃一台に納めて担い棒を通し、その棒には元結で榊枝を結びつける。そして、出立の勢ぞろいがある。

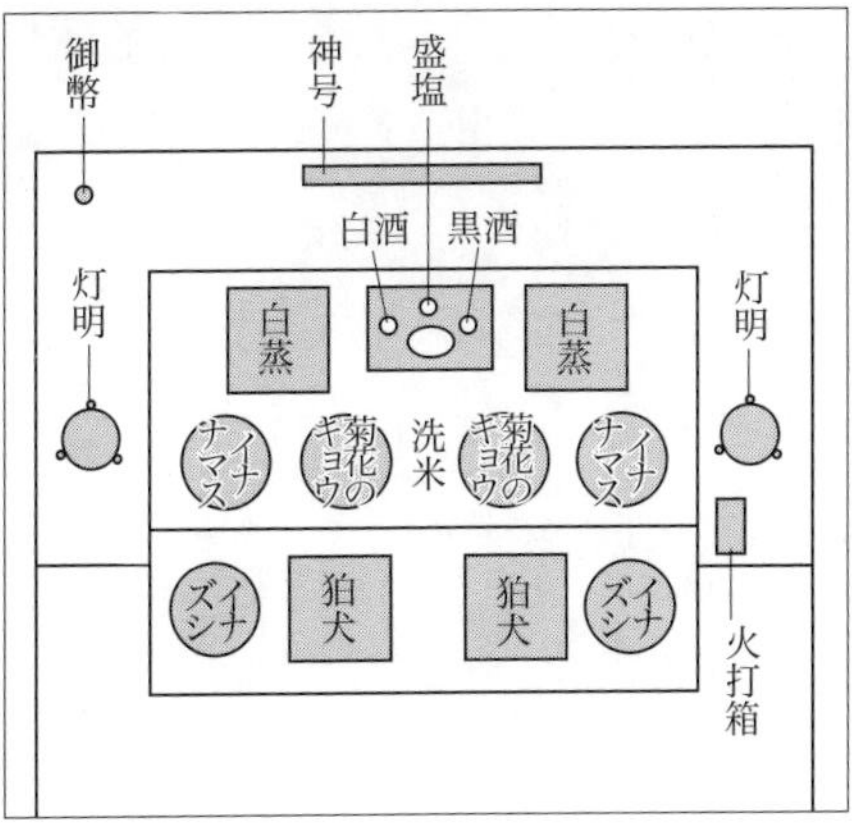

当屋の床飾り

頭屋の門には幕が張られ、両側に御神灯がつけられて、その下には篝火が用意され、一二時過ぎに点火される。篝火より、二メートルほどの松明二本に火が移されると、一同は頭屋宅の前に行列を整え、拍子木の音三回を合図に神社へ向かう。その順序は、

松明二人　白丁
先導二人　侍烏帽子に浅黄の直垂でチリン棒という金棒を持つ
祓所役　狩衣

御幣持ち　狩衣
頭屋　侍烏帽子に白の直垂
警護役
唐櫃　白丁二人が前後を担ぐ
警護役
行器《ほかい》　白丁姿の六人が担い棒で二個ずつ担ぐ
白酒・黒酒　折敷にのせ奉行の一人が持つ
その他の座衆

の順で、宮座衆はすべて裃姿。「奉行」と書いた提灯を持って適宜行列の脇につく。頭屋の家が神社にきわめて近い場合は回り道をすることがある。昔はこの行列途中で女子にあうことは非常に忌わしいこととされたが、近年は女性の見学者も少なくない。

行列が八坂神社に到着すると、あらかじめ境内に篝火を燃して行列を迎える。一同は祓いを受け、頭屋ならびに奉行は拝殿に上り唐櫃と行器を開ける。唐櫃は拝殿に置いて中の神饌は唐櫃の上にいったん飾り、十二月御供は幣殿に順に並べ、一同は所定の座に着く。ここで宮司は頭屋に対して神饌供進の挨拶をし、修祓、本殿開扉、献饌となる。八脚案や菰を所役が設け、白酒と黒酒・イナズシ・狛犬さん・イナナマス・菊花のオキョウ・白蒸しの順で、覆面をつけた奉行一同と神職が伝供しておこない、これらは本殿御簾の内側に供えられる。同様に十二月御供を一月より順に伝供し手前に供える。つぎに宮司の祝詞奏上、奉幣、玉串奉奠の式があり、これが終わると神職と奉行は撤饌するが、このときは覆面をしない。宮司は閉扉し、午前二時頃に無言のうちに神事を終わる。

一二月一六日は「御火焚の神事」と、直会《なおらい》ならびに来年の頭屋を決める「籤取の儀」がある。鎮火祭は近年午後二時から神社でとりおこなわれる。神具には天津金木《あまつかなぎ》・柄杓《ひさご》と川菜《かわな》と埴土《はにつち》（これを三種の神宝という）・炮烙《ほうらく》・その下に置く土器・火打石・八脚案・菰などである。祭儀の次第は清祓・上殿着座・献饌・火焚神事・祝詞奏上・献湯行事・玉串奉奠・撤饌・退下のあと「火之用心」の神札授与がある。

火焚神事は、神前に菰を敷き、八脚案を設けた上に土器を置き、その上に焙烙を置いて、天津金木と呼

上：出立の儀／中：キョウを櫃に納める／下：当屋を出るキョウの行列

ぶ小木を井桁に組んで点火する。宮司は大祓詞を唱えながら天津金木をくべ、火勢が盛んになった頃に願文を唱える。古くは天御統玉《あめのみすべるたま》を爪繰《つまぐ》りながら鎮魂作法をした。これが終わると火の上に川菜を被せ、つぎに埴土、さらに柄杓より天津水を火に注いで火を鎮める。

「献湯行事」は、境内に湯釜を据えて湯を沸かし、巫女が釜の前で一礼して幣を持って四方祓いをする。つぎに三方に洗米・神酒・塩をのせたものをとって釜中に注ぎ、さきの幣をとって釜中の湯をかきまぜ、初湯を汲んで神前に献じ、巫女が笹を持って舞いながら湯を四方に散らし、これが終わると殿上で舞い納める。

この日の夕刻四時頃から、鎮火祭に引き続いて「御下り頂戴の儀」、すなわち直会《なおらい》が頭屋宅で催される。神饌に用いられた大根・里芋・イナ・芹などを細かく切って、ごった煮風にした「ごんたく汁」と呼ぶ味噌だき汁が出されるのが特色である。その他イナの切身を入れた大根ナマス・白蒸しの蒸し直し・ウルメ・神酒は直会に必ず用いられる。それに加えて頭屋の裁量で数点の料理が出される。ただしイナは神饌のものを用いると古くなっているので、近年は新しくブリを買い足す場合が多く、ナマスも白イカを用いる場合があり、その判断は頭屋に任されている。そしてこの席で新頭屋の籤取りがあって、翌一年間の頭屋が決定するのである。

頭屋の決定については、神社所蔵の頭屋記録によると、天明八（一七八八）年以来一度頭屋をつとめると、座衆全部がつとめ終わるまで頭屋にあたらないという方法が採られている。したがって、このときから天保三（一八三二）年までに四五戸の座衆が一巡しているのである。それ以来明治三（一八七〇）年まで、同三七（一九〇四）年まで、昭和五（一九三〇）年までと、座衆の増減はあるが一巡した時点で改めて全座衆が加わって籤を引いている。この方法は現在も守られており、まだ頭屋をつとめていない座人だけが籤を引くのである。その次第は頭屋主人が正座に坐り、宮司が床の間近くに坐し、他の座衆は年長者順に着席する。まず前年の頭屋が、神号軸前の神酒をもって本年の頭屋に一献進める。つぎに本年の頭屋が前年

上：本殿にキョウを献供／下：本殿に供えられたキョウ

の頭屋に一献進め、そのあと順次参座の人々に杯を勧める「神酒の儀」があり、終わって酒盛りとなる。宴たけなわになる頃、頭屋が神号前に置かれた折敷に盛った紙縒《こより》の籤を取り、まだ頭屋をつとめていない座衆に引かす。したがって、頭屋をつとめていない人は直会の席に出る義務があるが、やむをえぬ場合は、他の座衆のうちより籤の代理人を選定することになる。また参座の人々は、籤取りがすむまで中座できぬ慣行になっている。頭屋が決定すると、来年の頭屋に祝杯が連続され、長老が祝言の謡いや仕舞などを引出物として、九時頃に直会を終わって解散する。このとき不参の座衆へは送り膳をする。

なお、この後「後座」と称して、氏地以外の頭屋の親戚縁者や出入人・手伝人にも馳走が振る舞われる。次期頭屋が決定すると、本来は一七日に「頭屋引き継ぎの儀」がおこなわれてきたが、最近は直会の席で次期頭屋と本年頭屋が相談の上、普通一八日か一九日にするようになっている。次期頭屋は、幕を張って床の間を浄め、正装して待ち、本年頭屋が神号軸と頭屋標識を持ち、宮司と長老が同行して向かう。次期頭屋は戸口で迎え、座敷の正面の上座に招いて、両頭屋は挨拶を交わして神号軸の受け渡しがある。来年の頭屋は、神号軸を床上の案に置いて、約一〇分ぐらいでこの儀式は終了する。以後一年間にわたって新頭屋は清浄な生活を送らなければならない。

このあと頭屋は使用した道具を掃除して洗い、包装して格納の準備をするが、実際に神社へ格納するのは年末のこととなる。

海老江の地区に伝わった宮座は、大阪市内にあって、人家の立て込んだ周辺の住民とほとんど没交渉的に、いにしえの祭りの様相を今日に踏襲している。社会情勢の大きな変化のなかにも、その形式や内容は若干の変移があったにせよ、一年たりとも欠かさずに続行されてきた裏には、宮座衆のなみならぬ努力があった。

この地は、淀川下流の氾濫地に発達した村で、近世初期にはかなり大きな村落を形成していた。一帯は水田地帯であったが、十二月御供には蛤《はまぐり》・蜆《しじみ》・カキ貝・海老・鯛という海の幸が用いられ、イナナマスやイナズシにはイナ（鯔）という魚が用いられているのも注目される。イナは、ボラの幼魚の名称で、海水魚であるが多数沿岸に現われ、川をさかのぼって淡水にも棲むといわれる魚で、淀川下流のデルタに位置する海老江の性格を表わすものとして興味深い。

また、江戸時代にこの地区の名物とされながら滅んだものに、「雀鮨」と「編笠茶屋」がある。雀鮨とは、淀川で捕れた「江鮒」を背開きして腹に飯を詰めたもので、その形が雀に似ていることに由来する名称である。江鮒というのは、鮒ではなく、イナの方言で、現在では廃語となってしまったものである。『摂陽奇観』などにも採り上げられ、文化・文政頃には大坂名物となっていた雀鮨は、海老江の神饌に用いられる鯔鮨とほぼ同様のものと考えられる。

最後に海老江の春座と秋座の神饌をみると、一月一六日の夜に調理される春座の神饌は、

㈠御洗米一合・小鏡餅六組・分銅餅二升分
㈡御神酒一升
㈢鯛（八寸以下）二匹・ごまめ三合
㈣昆布
㈤大根三本・くわい一〇個・ほうれん草・ワケギ・人参二本・わさび大一本
㈥串柿一本・みかん一〇個・りんご二個
㈦数の子・うるめ七枚
㈧塩・水

などである。
また、一〇月一七日の夜に調製される秋座の神饌は、
㈠白木三方に土器に盛った洗米と錫製の瓶子に神酒を入れたものを盛る
㈡本膳一対
㈢眷属さん（白蒸し）一対
㈣狛犬さん（白蒸し）一対
である。
その本膳は、
(イ)イナズシ　イナの背を少し裂いて洗米を入れる。
(ロ)イナ　丸のまま用いる。
(ハ)ナマス　大根をきざみ、生生姜・柚子・ハモを散らしたもの。
㈡里芋・赤味噌・豆腐の混ぜ煮　平年は一二個、閏年は一三個の土器に盛る。
(ホ)ムッソ　冬座の白蒸しと同じもの五品を折敷に盛ったもの
である。

これらの神饌を見てもわかるように、冬座のものとほぼ同じ内容で、それをいくらか簡略化したものといえる。

春日大社・春日若宮おん祭り

かすがたいしゃ・かすがわかみやおんまつり

一二月一七日　奈良市春日野町

「まつりしまいはおんまつり」といわれ、大和の祭りの最後をかざる豪華絢爛たるもので、奈良を代表する祭りである。この祭りは春日大社若宮の例祭である。祭神は本社鎮座の天児屋根命《あめのこやねのみこと》の御子天押雲根命《あめのおしくもねのみこと》で、本社同様藤原氏の氏神としてあがめられた。保延元（一一三五）年とその翌年は全国的な大飢饉にみまわれ、疫病が流行し人々は大いに苦しんだ。そこで、時の関白藤原忠通が藤原氏の氏神である春日社に災厄退散・五穀豊穣を祈願するため、勅許を得て保延二（一一三六）年九月一七日、春日野に御旅所を造営して若宮を勧請して祭りを営んだのが、この祭りのはじまりだという。春日祭りが勅祭であったのに対して、藤原氏一門の私祭としておこなわれたのであるが、のちには興福寺の衆徒や、筒井氏などの大和武士が願主となっておこなわれ、今日では春日講の人々の奉仕により全市民的な祭りとして盛大に営まれている。その日は一一月二七日、九月二七日などと移動があったが、明治以後一二月一七日と固定し、春三月の春日祭りに対して冬祭りのような印象を与えている。

祭りは、一〇月一日のお旅所の「縄棟の儀」からはじまる。お旅所の縄張りをして、敷地を浄めるのである。一二月に入った一一日にお旅所御殿の「釿《ちょうな》始め」があり松の黒木と青松葉で素朴な春日づくりの御殿がつくられる。一二月一五日には、奈良の繁華街餅飯殿《もちいどの》通りにある大宿所《おおじゅくしょ》で「大宿所祭り」がある。ここから本格的な祭礼になる。大宿所の広間には流鏑馬《やぶさめ》の武具や一七日本祭の祭具が飾られ、前庭には杉葉で仮屋をつくり、雉子や兎や塩鮭などの奉献物が竿にかけて並べられる。これを「懸鳥《かけどり》の儀」とよび、昔は祭典の願主となった大和武士すなわち大和在国の豪族たちからたくさん奉献されて、ずいぶん盛大であったらしい。またこの日、大宿所で大和武士たちが流鏑馬をおこなうのが例となっていた。また「大宿所」の名のとおり、ここに籠って沐浴したのであった。今も春日講の奉仕者はこの日から参籠している。

「宵宮祭り」は一六日。午後三時からお旅所の浄め祓があり、四時から宮司以下神官・願主役・御師・馬場役・射手児《いてのちご》・揚児《あげのちご》らが若宮に参り奉幣し、これと前後して田楽座の座中が社務所で「装束下げ渡しの儀」をおこない、若宮と本社に参拝する。まず本社で「中門口」「刀玉」「高足《たかあし》」を奉納し、つづいて若宮で「中門口」「刀玉」「高足」「もどき」「開口」「立合舞」などを奉納するのである。夜の一〇時半になるといよいよ「御遷幸の儀」がはじまる。まず「初度の使い」と称して神官が拝所の前で神殿に向かい、「初度の案内申しあぐ」というと、いあわせたものは「受け給う」と答える。このとき伶人は楠木のもとで笛と太鼓をもって乱声《らんじょう》を奏する。一一時になると初度の使いと同様に二度の使いがあり、一一時半には三度目の使いがある。このとき宮司以下神職は二ノ鳥居から若宮へ参向してくる。そして伶人は第三度の乱声をはじめる。こうしていよいよ浄闇の中に神秘な祭事がはじまる。すべての灯明は消されまったく闇につつまれた中を、零時を期して御神体が御旅所に遷幸されるのである。二つの大松明を先導として、榊の小枝を持った神職が、宮司の奉拝する御神体を警護しながら「オー、オー」の警蹕《けいひつ》を唱えながら静々と進む。この間伶人は道楽を奏し、御神体のお旅所着御とともにまたここで乱声が奏せられ、御神体がお旅所のお仮殿に入御せられる。そこで神前の瓜灯《かとう》や斎庭の庭燎《にわかがり》が点火され、午前一時から「暁祭」がおこなわれる。まことに神々しい祭儀である。

一七日はいよいよ祭礼当日、午前一〇時から本社と若宮の本殿で本殿祭が営まれる。田楽座でも同じ頃鍋屋町の初宮神社に参り、「中門口」「刀玉」「高足」「もどき」「開口」「立合舞」などの諸芸を奉納する。午後一時半から、豪華絢爛たる渡御がはじまる。まず奈良県庁前の広場に勢揃いし、登大路を下り油阪からJR奈良駅前にいたり、そこから三条通りを東進して春日一ノ鳥居から参道に入り、お旅所に到着する。行列が一ノ鳥居に着くのは二時少し前、鳥居のあたりから行列はととのえられ、やがて「影向《ようごう》の松」にさしかかる。

渡御行列のはじめは番外で、子供たちの鹿踊《ししおどり》を先頭に、紅白の旗・春日講の役員がつづき、奉納の荷前《のざき》・神馬、奉賛会長・各団体役員・旗などが先駆する。

第一番は渡御の主役たる「日の使い」が中心で、梅の白杖《すはえ》を持った戸上《とかみ》と柏手《かしわで》、五本の御幣に桜花をかざして騎馬で行く十列児《とうつらのちご》、藤花をかざした冠に黒袍衣姿で馬にのり風流傘をさしかけられた日の使い、供の陪徒《べいじゅう》が馬にのってそれにつづくという、王朝の昔を偲ばせる優雅な行列である。

第二番は御蓋《みかさ》と御巫《みかんこ》が馬で風流傘をさして渡る。

第三番は細男《せいのお》座の一行が馬にのり、相撲の行司と十番力士がつづく。

第四番は猿楽座の一行が豪華な能衣裳で渡る。

第五番が田楽座の一行で、五色の御幣をおし立てて、花笠を持ち田楽衣裳で渡る。

第六番は馬長児《ばちょうのちご》で、金襴の狩衣に藺笠《いがさ》をかむり、牡丹の造花を背にさした綺麗な装いの可愛い稚児が馬で進む。

第七番は競馬騎士がいかめしい馬上姿で渡る。

第八番は流鏑馬《やぶさめ》で、狩衣をつけた射手児《いてのちご》・揚児《あげのちご》が馬にのり、弓矢持・的持・随兵をしたがえて進む。

第九番は将馬《いさせうま》といい、崇敬者からの奉納馬。

第十番は野太刀・中太刀・小太刀・薙刀・数槍など、さまざまな武具。

第十一番は願主役・御師役・馬場役・大和士《やまとざむらい》代の一行が騎馬で渡る。

第十二番が大名行列で、金棒・遠見・先箱・毛槍・大鳥毛・弓・薙刀・駕・台傘・長柄傘・槍・合羽笊《かっぱざる》とつづき、渡御行列の最後を飾る。

この行列は数百名にのぼり、たくさんの馬をととのえ一キロにおよぶ大行列で、各時代の豪華な装いは

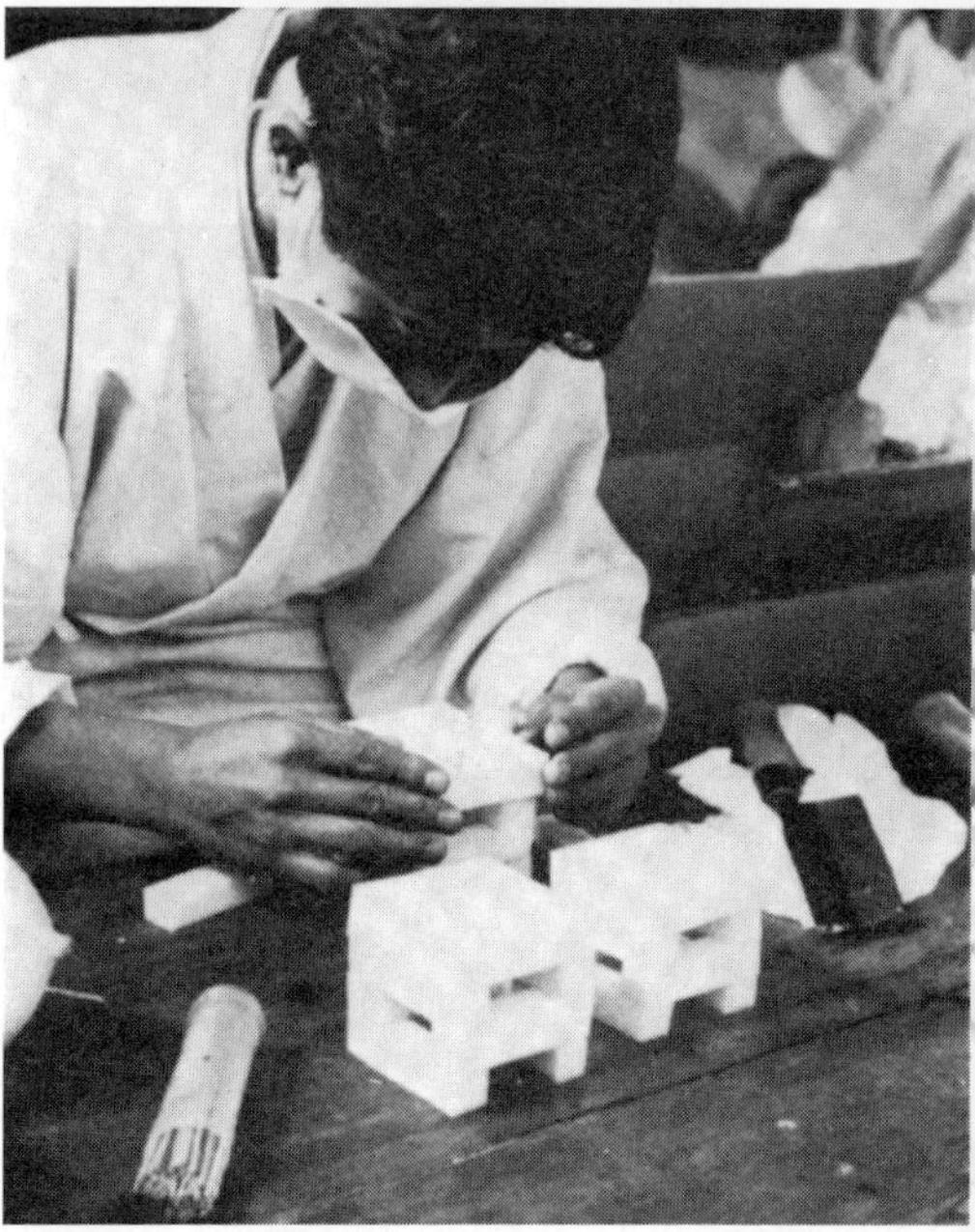

前頁上右：居御菜の里芋の盛りつけ／　上左：同，牛蒡の盛りつけ／　下：同，蕪の盛りつけ
上：追物の芋と牛蒡の盛りつけ／　下：同，大根の盛りつけ

さながら絵巻物を見るかのようである。十二番の大名行列は江戸時代からはじまったもので、奈良奉行や郡山・高取藩が警備のため供奉したのにはじまるが、今では行列の一部となり、毛槍・大鳥毛をほうり上げて進むさまはたいへん人気がある。

　お渡りの行列が一ノ鳥居を入ると、すぐ右手に柵をめぐらした老松がある。この松を影向《ようごう》の松といい、そのもとで諸芸が奉納される。鎌倉時代、天台座主であった教円が、ここで毎日唯識論を暗誦していると、ある日春日大明神が翁の姿で現われて舞われたという伝承にのっとっておこなわれるもので、まず陪従が馬をとめて馬上で笛・篳篥《ひちりき》で楽を奏し、つづいて細男《さいのお》の舞、猿楽・田楽などがある。これを「松の下の式」といい、これが終わると大名行列が威勢よくお旅所へとくり込むのである。

　行列がお旅所に着くのはかれこれ三時近くになり、お旅所仮御殿前の斎庭で「行宮《あんぐう》斎庭の儀」がある。所定の座につくと、米粒を赤・黄・青に染めた「御染御供」という特別の御供や神酒・神饌が供えられ、

前頁：神饌一式
上：大宿所の盛菓子

宮司の奉幣・祝詞奏上があり、日の使いが古式にのっとり幣を捧げ、行列のものどもがつぎつぎと拝礼をする。そのあと斎庭で東遊《あづまあそび》・神楽・田楽・細男・猿楽・舞楽・倭舞《やまとまい》など古い由緒をもつ芸能が奉納される。最後に「走りの舞楽」となる。昔はその前に流鏑馬があり、その勝負によって演ずる順位が決められたが、現在は相撲も流鏑馬《やぶさめ》もないので、蘭陵王《らんりょうおう》・納曾利《なそり》・散手《さんじゅ》・貴《き》徳《とく》・抜頭《ばとう》・落蹲《らくそん》などが演じられている。春日野に響く大太鼓の音や管絃の調べは風雅な情緒をただよわせる。全部の演技がすみ祭典が終わるのは夜の一一時近くになる。

このように、春日若宮おん参りはまことに豪華絢爛の祭礼であるが、やはりその中心となるのは神饌の献供である。その神饌には「古式神饌」、「御染御供」がある。古式神饌は、桔梗立《ききょうたて》・小御飯《しょうのごはん》・大御飯《だいのごはん》・居御菜《いのおんな》・染分《そめわ》け・追物《おいもの》・盛物・菓子・四色・瓶《みか》の一〇種よりなり、それぞれ白塗の絵折敷《えおしき》に盛りつけ、折敷一〇台にして献供される。このうち染分け・四色がいわゆる「御染御供」であるが、古式神饌一〇種を総称して「御染御供」と呼ばれることもある。

「桔梗立」は、桔梗色の色紙を桔梗の花形に裁断して組み合わせ、中央に紙縒《こより》で花芯を立て、土器坏にとりつけたものを四台つくり、それを折敷にのせ、中央に土器坏をおき、神酒を入れる。もともと季節の花を供えたもので、かつて九月に祭りのおこなわれていたとき、その季節の花である桔梗を供えていたが、のち一二月に祭りが固定したので、造花をもってかえるようになったのだともいわれる。

「小御飯」、「大御飯」はともに五斗盛りの御飯で、小は三合、大は五合で円柱形に盛りつけされる。

「居御菜」は、蕪・大根・牛蒡・里芋・蕅《はす》(蓮根)・「とねぎり」などのいわゆる野菜類で、蕪を半月形に切って積み重ねたもの二盛り、大根を二センチ角、一〇センチの長方形に切り、これを井桁に組み合わせたもの一盛、牛蒡を大根と同じように組み合わせたもの一盛、里芋一〇個を三個ずつ三段に盛り、その上に一個のせたもの二盛、蕅を矢羽根の形に切り、二段に重ねたもの一盛、とねぎりといって、柏梅枝《かしわばいし》一二個を三個ずつ四重にして、その上に焼餅三枚を重ねたもの一盛、これは唐菓子である。こうした六種が一つの檜折敷《ひのきおしき》に盛られるのである。

「染分け」こそが御染御供で、和紙で径五センチ、高さ一五センチの筒状の芯をつくり、青・黄・赤の三色に染めた洗い米と、白色のままの米との四色を、縦に四分して芯に寒梅粉でつけたもの、すなわち四色の円筒状の米御供四つをつくり、それぞれ土器坏にのせて折敷に盛りつける。

「追物」は、大根・牛蒡各二盛、蕪・里芋・蕅・とねぎりを各一盛、居御菜と同じように調製して一つの折敷に盛りつける。

「盛切」は、黒豆・小豆・大豆・栢の実を、芽の部分を前面にして、染分けと同じ仕様で同じ形状につくりあげ、それぞれ土器坏にのせて、折敷に盛りつける。

「菓子」は、餢飳《ぶと》五個、栗一〇個、梨五個、柿五個、三梅枝五個、餅五個、菊餢飳一〇個、蜜柑一〇個

をそれぞれ積み重ねて折敷に盛りつける。ここで「餢飳」というのは菜種油で揚げた団子で、平たい円い団子を二つ折りにし、綴じ口に縄目の模様を指先でつけた、ちょうど餃子に似た形のものである。「菊餢飳」というのは、厚さ二五センチ、直径五センチぐらいの円形の団子で、表面に赤貝や帆立貝のように放射状の筋をつけたものである。梨というのも、実は「高環《たかまかり》」である。高環も餢飳と同じ種類の神饌である。これは高さ四センチ、直径七センチの内柱状で、側面中央がくびれた形にしたものである。「三梅枝」も餢飳と同様の神饌であるが、二つ脚のテトラポットのような独得の形をしたものである。

「四色」も御染御供として染分けと同じ意味をもつものであるが、染分けは一盛りを青・黄・赤・白に染分けるが、四色はそれぞれ一色一盛りで四台調製する。もちろん作り方は染分けと同じである。

「瓶」はいうまでもなく神酒瓶で、五色の紙で蓋の部分を巻き覆ってきれいに装い、低い脚付の折敷にのせる。

こうした多彩な神饌は、実に手のこんだ調製であり、一二月一〇日から一四日にかけておこなわれる。桔梗立・染分け・四色・盛物のいわゆる御染御供とそれに準ずる神饌は、一〇日から一三日までに調製され、一三日には神饌田から収穫した米を用いてつくる餅や餢飳の調製をおこない、一四日に小御飯・大御飯・居御菜・追物など生物《なまもの》の調製がおこなわれるのである。

神饌の調製は重要文化財指定の「竈殿《へついでん》」という建物でおこなわれ、それにたずさわる神職はみな精進潔斎をし、和紙でつくった口覆いをかけ、慎重に細心の気配りをする。とくに餢飳の特殊な形をつくりあげるのは春日の神職の特技で、これが上手にできねば一人前の神職ではないとさえいわれる。

あとがき

顧みると四半世紀前、昭和五十六（一九八一）年に『神饌――神と人との饗宴』（同朋舎出版）を世に問うた。しかし早くに絶版となった。ところが近年、研究者のあいだから本書を目にしたいという声が聞かれるようになったので、このたび法政大学出版局から、「ものと人間の文化史」シリーズの一冊として、装い新たに出版していただくことになった。著者としてはまことに光栄であり、深く感謝する次第である。

ところで、二十数年以前に本書を草した意図の一つは、「祭り」研究にたいする一つの提言であった。祭りは神事と祭礼によって成り立っているものであるが、当時は多く祭礼部分の研究は活発に進められていたが、神事こそが祭りの根本であり、その核となるのが神に神饌を捧げて、神を饗し慰めて神人共食する儀礼であるとの認識からであった。

神饌はそれぞれの地域において、食生活にもっとも良好な食材をもって、味わいよく食することのできる調製・調理に知恵を働かせたものであり、それを神に捧げて神の恩恵に感謝するものであった。そしてまた、神事・祭礼はできるだけ古俗を維持継承しようとする性格をもっていることから、今日では知ることのできない、かつての食生活・食文化を知ることができるであろうと考えたのであった。

なお、取り上げた神饌は畿内に限られている。それは神事・祭礼を厳格に営む宮座という祭祀組織が濃厚に存在するからであった。宮座の多くは中世後期の郷村制成立期に形成され、経済的発展が著しく、自治的村落が早く生まれた近畿地方に濃厚に存在するのである。この宮座が今日にまで厳然と機能しているところに、神饌もまた伝承されているからである。

こうした観点から、昭和五〇（一九七五）年から数年にわたって、当時大阪市立博物館学芸員であった日和祐樹氏と、各地の神事・祭礼の調査に赴き、写真家の山崎義洋氏に同行願い、神饌の調製・献饌の重要な場面を数多く撮影していただいた。本書の記述内容はその時点での実状であり、岩井・日和・山崎の三者の協業によるものである。

それはさておき、近年祭りの日が著しく変化し、本来の日ではなく祝日や日曜日に行なわれるようになり、毎年日が異なることがある。したがって平成十九年現在の日を従来の日の下に括弧して添記して目安とした。また近年市町村合併が進み地名の変化が多く見られるが、それについては合併後の新地名表示にしたことを申し添えておく。

本書の成るについては法政大学出版局の厚意と、編集の任に当たっていただいた松永辰郎氏に深く感謝する次第である。

二〇〇七年七月七日

岩　井　宏　實

ものと人間の文化史　140・神饌《しんせん》　神と人との饗宴

2007年9月10日　　初版第1刷発行

著　者　© 岩井宏實／日和祐樹
発行所　財団法人 法政大学出版局
〒102-0073 東京都千代田区九段北3-2-7
電話 03(5214)5540　振替 00160-6-95814
整版・緑営舎／印刷・平文社／製本・鈴木製本所

Printed in Japan

ISBN978-4-588-21401-1

岩井宏實（いわい・ひろみ）

1932 年奈良県生まれ．立命館大学大学院日本史学専攻修士課程修了．文学博士（筑波大学）．大阪市立博物館主任学芸員，国立歴史民俗博物館教授，帝塚山大学学長，大分県歴史博物館館長などを経て，国立歴史民俗博物館名誉教授，帝塚山大学名誉教授，大分県歴史博物館顧問．主要著書：『地域社会の民俗学的研究』『絵馬』『曲物』『看板』（以上，法政大学出版局），『民具の博物誌』『民具の歳時記』『旅の民俗誌』（以上，河出書房新社），『環境の文化誌』（慶友社），『小絵馬』（三彩社）．

日和祐樹（にわ・ゆうじゅ）

1943 年富山県生まれ．大谷大学大学院文学研究科史学専攻修士課程修了．大阪市立博物館学芸員を経て，光永寺住職．民俗研究に従事．論文：「立山信仰と勧進」（『大阪市立博物館紀要』1），「河内地方の神事」（『大阪市立博物館紀要』10），「立山信仰と勧進」（『山岳宗教史研究叢書』10）．

山崎義洋（やまさき・よしひろ）

1944 年大分県別府市生まれ．大分工業高校化学科卒業，日本写真専門学校卒業．フリーカメラマン．主に民俗写真，美術写真を手がける．著書：『絵馬』（共著，保育社），『絵馬を訪ねて』（共著，神戸新聞出版センター）．

ものと人間の文化史

★第9回梓会出版文化賞受賞

人間が〈もの〉とのかかわりを通じて営々と築いてきた暮らしの足跡を具体的に辿りつつ文化・文明の基礎を問いなおす。手づくりの〈もの〉の記憶が失われ、〈もの〉離れが進行する危機の時代におくる豊穣な百科叢書。

1 **船** 須藤利一編

海国日本では古来、漁業・水運・交易はもとより、大陸文化も船によって運ばれた。本書は造船技術、航海の模様の推移を中心に、漂流、船霊信仰、伝説の数々を語る。 四六判368頁 '68

2 **狩猟** 直良信夫

人類の歴史は狩猟から始まった。本書は、わが国の遺跡に出土する獣骨、猟具の実証的考察をおこないながら、狩猟をつうじて発展した人間の知恵と生活の軌跡を辿る。 四六判272頁 '68

3 **からくり** 立川昭二

〈からくり〉は自動機械であり、驚嘆すべき庶民の技術的創意がこめられている。本書は、日本と西洋のからくりを発掘・復元・遍歴し、埋もれた技術の水脈をさぐる。 四六判410頁 '69

4 **化粧** 久下司

美を求める人間の心が生みだした化粧—その手法と道具に語らせた人間の欲望と本性、そして社会関係。歴史を遡り、全国を踏査して書かれた比類ない美と醜の文化史。 四六判368頁 '70

5 **番匠** 大河直躬

番匠はわが国中世の建築工匠。地方・在地を舞台に開花した彼らの造型・装飾・工法等の諸技術、さらに信仰と生活等、職人以前の独自で多彩な工匠的世界を描き出す。 四六判288頁 '71

6 **結び** 額田巌

〈結び〉の発達は人間の叡知の結晶である。本書はその諸形態および技法を作業・装飾・象徴の三つの系譜に辿り、〈結び〉のすべてを民俗学的・人類学的に考察する。 四六判264頁 '72

7 **塩** 平島裕正

人類史に貴重な役割を果たしてきた塩をめぐって、発見から伝承・製造技術の発展過程にいたる総体を歴史的に描き出すとともに、その多彩な効用と味覚の秘密を解く。 四六判272頁 '73

8 **はきもの** 潮田鉄雄

田下駄・かんじき・わらじなど、日本人の生活の礎となってきた伝統的はきものの成り立ちと変遷を、二〇年余の実地調査と細密な観察・描写によって辿る庶民生活史 四六判280頁 '73

9 **城** 井上宗和

古代城塞・城柵から近世代名の居城として集大成されるまでの日本の城の変遷を辿り、文化の各領野で果たしてきたその役割を再検討。あわせて世界城郭史に位置づける。 四六判310頁 '73

10 **竹** 室井綽

食生活、建築、民芸、造園、信仰等々にわたって、竹と人間との交流史は驚くほど深く永い。その多岐にわたる発展の過程を個々に辿り、竹の特異な性格を浮彫にする。 四六判324頁 '73

11 **海藻** 宮下章

古来日本人にとって生活必需品とされてきた海藻をめぐって、その採取・加工法の変遷、商品としての流通史および神事・祭事での役割に至るまでを歴史的に考証する。 四六判330頁 '74

12 絵馬 岩井宏實
古くは祭礼における神への献馬にはじまり、民間信仰と絵画のみごとな結晶として民衆の手で描かれ祀り伝えられてきた各地の絵馬を豊富な写真と史料によってたどる。四六判302頁 '74

13 機械 吉田光邦
畜力・水力・風力などの自然のエネルギーを利用し、幾多の改良を経て形成された初期の機械の歩みを検証し、日本文化の形成における科学・技術の役割を再検討する。四六判242頁 '74

14 狩猟伝承 千葉徳爾
狩猟には古来、感謝と慰霊の祭祀がともない、人獣交渉の豊かで意味深い歴史があった。狩猟用具、巻物、儀式具、またけものたちの生態を通して語る狩猟文化の世界。四六判346頁 '75

15 石垣 田淵実夫
採石から運搬、加工、石積みに至るまで、石垣の造成をめぐって積み重ねられてきた石工たちの苦闘の足跡を掘り起こし、その独自な技術の形成過程と伝承を集成する。四六判224頁 '75

16 松 高嶋雄三郎
日本人の精神史に深く根をおろした松の伝承に光を当て、食用、薬用等の実用の松、祭祀・観賞用の松、さらに文学・芸能・美術に表現された松のシンボリズムを説く。四六判342頁 '75

17 釣針 直良信夫
人と魚との出会いから現在に至るまで、釣針がたどった一万有余年の変遷を、世界各地の遺跡出土物を通して実証しつつ、漁撈によって生きた人々の生活と文化を探る。四六判278頁 '76

18 鋸 吉川金次
鋸鍛冶の家に生まれ、鋸の研究を生涯の課題とする著者が、出土遺品や文献・絵画により各時代の鋸を復元・実験し、庶民の手仕事にみられる驚くべき合理性を実証する。四六判360頁 '76

19 農具 飯沼二郎／堀尾尚志
鍬と犂の交代・進化の歩みとして発達したわが国農耕文化の発展経過を世界史的視野において再検討しつつ、無名の農民たちによる驚くべき創意のかずかずを記録する。四六判220頁 '76

20 包み 額田巌
結びとともに文化の起源にかかわる〈包み〉の系譜を人類史的視野において捉え、衣・食・住をはじめ社会・経済史、信仰、祭事などにおけるその実際と役割とを描く。四六判354頁 '77

21 蓮 阪本祐二
仏教における蓮の象徴的位置の成立と深化、美術・文芸等に見る人間とのかかわりを歴史的に考察。また大賀蓮はじめ多様な品種とその来歴を紹介しつつその美を語る。四六判306頁 '77

22 ものさし 小泉袈裟勝
ものをつくる人間にとって最も基本的な道具であり、数千年にわたって社会生活を律してきたその変遷を実証的に追求し、歴史の中で果たしてきた役割を浮彫りにする。四六判314頁 '77

23-I 将棋I 増川宏一
その起源を古代インドに、我国への伝播の道すじを海のシルクロードに探り、また伝来後一千年におよぶ日本将棋の変化と発展を盤、駒、ルール等にわたって跡づける。四六判280頁 '77

23-Ⅱ 将棋Ⅱ 増川宏一

わが国伝来後の普及と変遷を貴族や武家・豪商の日記等に博捜し、遊戯者の歴史をあとづけると共に、中国伝来説の誤りを正し、将棋宗家の位置と役割を明らかにする。四六判346頁 '85

24 湿原祭祀 第2版 金井典美

古代日本の自然環境に着目し、各地の湿原聖地を稲作社会との関連において捉え直して古代国家成立の背景を浮彫にしつつ、水と植物にまつわる日本人の宇宙観を探る。四六判410頁 '77

25 臼 三輪茂雄

臼が人類の生活文化の中で果たしてきた役割を、各地に遺る貴重な民俗資料・伝承と実地調査にもとづいて解明。失われゆく道具のなかに、未来の生活文化の姿を探る。四六判412頁 '78

26 河原巻物 盛田嘉徳

中世末期以来の被差別部落民が生きる権利を守るために偽作し護り伝えてきた河原巻物を全国にわたって踏査し、そこに秘められた最底辺の人びとの叫びに耳を傾ける。四六判226頁 '78

27 香料 日本のにおい 山田憲太郎

焼香供養の香から趣味としての薫物へ、さらに沈香木を焚く香道へと変遷した日本の「匂い」の歴史を豊富な史料に基づいて辿り、我国風俗史の知られざる側面を描く。四六判370頁 '78

28 神像 神々の心と形 景山春樹

神仏習合によって変貌しつつも、常にその原型＝自然を保持してきた日本の神々の造型を図像学的方法によって捉え直し、その多彩な形象に日本人の精神構造をさぐる。四六判342頁 '78

29 盤上遊戯 増川宏一

祭具・占具としての発生を『死者の書』をはじめとする古代の文献にさぐり、形状・遊戯法を分類しつつその〈進化〉の過程を考察。〈遊戯者たちの歴史〉をも跡づける。四六判326頁 '78

30 筆 田淵実夫

筆の里・熊野に筆づくりの現場を訪ねて、筆匠たちの境涯と製筆の由来を克明に記録しつつ、筆の発生と変遷、種類、製筆法、さらには筆塚、筆供養にまで説きおよぶ。四六判204頁 '78

31 ろくろ 橋本鉄男

日本の山野を漂移しつづけ、高度の技術文化と幾多の伝説とをもたらした特異な旅職集団＝木地屋の生態を、その呼称、地名、伝承、文書等をもとに生き生きと描く。四六判460頁 '79

32 蛇 吉野裕子

日本古代信仰の根幹をなす蛇巫をめぐって、祭事におけるさまざまな蛇の「もどき」や各種の蛇の造型・伝承に鋭い考証を加え、忘れられたその呪性を大胆に暴き出す。四六判250頁 '79

33 鋏（はさみ） 岡本誠之

梃子の原理の発見から鋏の誕生に至る過程を推理し、日本鋏の特異な歴史的位置を明らかにするとともに、刀鍛冶等から転進した鋏職人たちの創意と苦闘の跡をたどる。四六判396頁 '79

34 猿 廣瀬鎮

嫌悪と愛玩、軽蔑と畏敬の交錯する日本人とサルとの関わりあいの歴史を、狩猟伝承や祭祀・風習、美術・工芸や芸能のなかに探り、日本人の動物観を浮彫りにする。四六判292頁 '79

35 **鮫** 矢野憲一

神話の時代から今日まで、津々浦々につたわるサメの伝承とサメをめぐる海の民俗を集成し、神饌、食用、薬用等に活用されてきたサメと人間のかかわりの変遷を描く。 四六判２９２頁 '79

36 **枡** 小泉袈裟勝

米の経済の枢要をなす器として千年余にわたり日本人の生活の中に生きてきた枡の変遷をたどり、記録・伝承をもとにこの独特な計量器が果たした役割を再検討する。 四六判３２２頁 '80

37 **経木** 田中信清

食品の包装材料として近年まで身近に存在した経木の起源を、こけら経や塔婆、木簡、屋根板等に遡って明らかにし、その製造・流通に携った人々の労苦の足跡を辿る。 四六判２８８頁 '80

38 **色** 染と色彩 前田雨城

わが国古代の染色技術の復元と文献解読をもとに日本色彩史を体系づけ、赤・白・青・黒等におけるわが国独自の色彩感覚を探りつつ日本文化における色の構造を解明。 四六判３２０頁 '80

39 **狐** 陰陽五行と稲荷信仰 吉野裕子

その伝承と文献を渉猟しつつ、中国古代哲学＝陰陽五行の原理の応用という独自の視点から、謎とされてきた稲荷信仰と狐との密接な結びつきを明快に解き明かす。 四六判２３２頁 '80

40-Ⅰ **賭博Ⅰ** 増川宏一

時代、地域、階層を超えて連綿と行なわれてきた賭博。――その起源を古代の神判、スポーツ、遊戯等の中に探り、抑圧と許容の歴史を物語る。全Ⅲ分冊の〈総説篇〉。 四六判２９８頁 '80

40-Ⅱ **賭博Ⅱ** 増川宏一

古代インド文学の世界からラスベガスまで、賭博の形態・用具・方法の時代的特質を明らかにし、夥しい禁令に賭博の不滅のエネルギーを見る。全Ⅲ分冊の〈外国篇〉。 四六判４５６頁 '82

40-Ⅲ **賭博Ⅲ** 増川宏一

聞香、闘茶、笠附等、わが国独特の賭博を中心にその具体例を網羅し、方法の変遷に賭博の時代性を探りつつ禁令の改廃に時代の賭博観を追う。全Ⅲ分冊の〈日本篇〉。 四六判３８８頁 '83

41-Ⅰ **地方仏Ⅰ** むしゃこうじ・みのる

古代から中世にかけて全国各地で作られた無銘の仏像を訪ね、素朴で多様なノミの跡に民衆の祈りと地域の願望を探る。宗教の伝播、文化の創造を考える異色の紀行。 四六判２５６頁 '80

41-Ⅱ **地方仏Ⅱ** むしゃこうじ・みのる

紀州や飛騨を中心に草の根の仏たちを訪ねて、その相好と像容の魅力を探り、技法を比較考証して仏像彫刻史に位置づけつつ、中世地域社会の形成と信仰の実態に迫る。 四六判２６０頁 '97

42 **南部絵暦** 岡田芳朗

田山・盛岡地方で「盲暦」として古くから親しまれてきた独得の絵解き暦を詳しく紹介しつつその全体像を復元する。その無類の生活暦は、南部農民の哀歓をつたえる。 四六判２８８頁 '80

43 **野菜** 在来品種の系譜 青葉高

蕪、大根、茄子等の日本在来野菜をめぐって、その渡来・伝播経路、品種分布と栽培のいきさつを各地の伝承や古記録をもとに辿り、畑作文化の源流とその風土を描く。 四六判３６８頁 '81

44 **つぶて** 中沢厚

弥生投弾、古代・中世の石戦と印地の様相、投石具の発達を展望しつつ、願かけの小石、正月つぶて、石こづみ等の習俗を辿り、石塊に託した民衆の願いや怒りを探る。四六判338頁 '81

45 **壁** 山田幸一

弥生時代から明治期に至るわが国の壁の変遷を壁塗＝左官工事の側面から辿り直し、その技術的復元・考証を通じて建築史・文化史における壁の役割を浮き彫りにする。四六判296頁 '81

46 **簞笥**（たんす） 小泉和子

近世における簞笥の出現＝箱から抽斗への転換に着目し、以降近現代に至るその変遷を社会・経済・技術の側面からあとづける。著者自身による簞笥製作の記録を付す。四六判378頁 '82

47 **木の実** 松山利夫

山村の重要な食糧資源であった木の実をめぐる各地の記録・伝承を集成し、その採集・加工における幾多の試みを実地に検証しつつ、稲作農耕以前の食生活文化を復元。四六判384頁 '82

48 **秤**（はかり） 小泉袈裟勝

秤の起源を東西に探るとともに、わが国律令制下における中国制度の導入、近世商品経済の発展に伴う秤座の出現、明治期近代化政策による洋式秤受容等の経緯を描く。四六判326頁 '82

49 **鶏**（にわとり） 山口健児

神話・伝説をはじめ遠い歴史の中の鶏を古今東西の伝承・文献に探り、特に我国の信仰・絵画・文学等に遺された鶏の足跡を追って、鶏をめぐる民俗の記憶を蘇らせる。四六判346頁 '83

50 **燈用植物** 深津正

人類が燈火を得るために用いてきた多種多様な植物との出会いと個個の植物の来歴、特性及びはたらきを詳しく検証しつつ「あかり」の原点を問いなおす異色の植物誌。四六判442頁 '83

51 **斧・鑿・鉋**（おの・のみ・かんな） 吉川金次

古墳出土品や文献・絵画をもとに、古代から現代までの斧・鑿・鉋を復元・実験し、労働体験によって生まれた民衆の知恵と道具の変遷を蘇らせる異色の日本木工具史。四六判304頁 '84

52 **垣根** 額田巌

大和・山辺の道に神々と垣との関わりを探り、各地に垣の伝承を訪ねて、寺院の垣、民家の垣、露地の垣など、風土と生活に培われた生垣の独特のはたらきと美を描く。四六判234頁 '84

53-I **森林I** 四手井綱英

森林生態学の立場から、森林のなりたちとその生活史を辿りつつ、産業の発展と消費社会の拡大により刻々と変貌する森林の現状を語り、未来への再生のみちをさぐる。四六判306頁 '85

53-II **森林II** 四手井綱英

森林と人間との多様なかかわりを包括的に語り、人と自然が共生するための森や里山をいかにして創出するか、森林再生への具体的な方策を提示する21世紀への提言。四六判308頁 '98

53-III **森林III** 四手井綱英

地球規模で進行しつつある森林破壊の現状を実地に踏査し、森と人が共存する日本人の伝統的自然観を未来へ伝えるために、いま何が必要なのかを具体的に提言する。四六判304頁 '00

54 海老（えび） 酒向昇

人類との出会いからエビの科学、漁法、さらには調理法を語り、めでたい姿態と色彩にまつわる多彩なエビの民俗を、地名や人名、詩歌・文学、絵画や芸能の中に探る。四六判４２８頁 '85

55-I 藁（わら）I 宮崎清

稲作農耕とともに二千年余の歴史をもち、日本人の全生活領域に生きてきた藁の文化を日本文化の原型として捉え、風土に根ざしたそのゆたかな遺産を詳細に検討する。四六判４００頁 '85

55-II 藁（わら）II 宮崎清

床・畳から壁・屋根にいたる住居における藁の製作・使用のメカニズムを明らかにし、日本人の生活空間における藁の役割を見なおすとともに、藁の文化の復権を説く。四六判４００頁 '85

56 鮎 松井魁

清楚な姿態と独特な味覚によって、日本人の目と舌を魅了しつづけてきたアユ——その形態と分布、生態、漁法等を詳述し、古今のアユ料理や文芸にみるアユにおよぶ。四六判２９６頁 '86

57 ひも 額田巖

物と物、人と物とを結びつける不思議な力を秘めた「ひも」の謎を追って、民俗学的視点から多角的なアプローチを試みる。『結び』、『包み』につづく三部作の完結篇。四六判２５０頁 '86

58 石垣普請 北垣聰一郎

近世石垣の技術者集団「穴太」の足跡を辿り、各地城郭の石垣遺構の実地調査と資料・文献をもとに石垣普請の歴史的系譜を復元しつつ石工たちの技術伝承を集成する。四六判４３８頁 '87

59 碁 増川宏一

その起源を古代の盤上遊戯に探ると共に、定着以来二千年の歴史を時代の状況や遊び手の社会環境との関わりにおいて跡づける。逸話や伝説を排して綴る初の囲碁全史。四六判３６６頁 '87

60 日和山（ひよりやま） 南波松太郎

千石船の時代、航海の安全のために観天望気した日和山——多くは忘れられ、あるいは失われた船舶・航海史の貴重な遺跡を追って、全国津々浦々におよんだ調査紀行。四六判３８２頁 '88

61 篩（ふるい） 三輪茂雄

臼とともに人類の生産活動に不可欠な道具であった篩、箕（み）、笊（ざる）の多彩な変遷を豊富な図解入りでたどり、現代技術の先端に再生するまでの歩みをえがく。四六判３３４頁 '89

62 鮑（あわび） 矢野憲一

縄文時代以来、貝肉の美味と貝殻の美しさによって日本人を魅了し続けてきたアワビ——その生態と養殖、神饌としての歴史、漁法、螺鈿の技法からアワビ料理に及ぶ。四六判３４４頁 '89

63 絵師 むしゃこうじ・みのる

日本古代の渡来画工から江戸前期の菱川師宣まで、時代の代表的絵師の列伝で辿る絵画制作の文化史。前近代社会における絵画の意味や芸術創造の社会的条件を考える。四六判２３０頁 '90

64 蛙（かえる） 碓井益雄

動物学の立場からその特異な生態を描き出すとともに、和漢洋の文献資料を駆使して故事・習俗・神事・民話・文芸・美術工芸にわたる蛙の多彩な活躍ぶりを活写する。四六判３８２頁 '89

65-Ⅰ 藍（あい）Ⅰ 風土が生んだ色 竹内淳子

全国各地の〈藍の里〉を訪ねて、藍栽培から染色・加工のすべてにわたり、藍とともに生きた人々の伝承を克明に描き、風土と人間が生んだ〈日本の色〉の秘密を探る。四六判416頁 '91

65-Ⅱ 藍（あい）Ⅱ 暮らしが育てた色 竹内淳子

日本の風土に生まれ、伝統に育てられた藍が、今なお暮らしの中で生き生きと活躍しているさまを、手わざに生きる人々との出会いを通じて描く。藍の里紀行の続篇。四六判406頁 '99

66 橋 小山田了三

丸木橋・舟橋・吊橋から板橋・アーチ型石橋まで、人々に親しまれてきた各地の橋を訪ねて、その来歴と築橋の技術伝承を辿り、土木文化の伝播・交流の足跡をえがく。四六判312頁 '91

67 箱 宮内悊

日本の伝統的な箱（櫃）と西欧のチェストを比較文化史の視点から考察し、居住・収納・運搬・装飾の各分野における箱の重要な役割とその多彩な文化を浮彫りにする。四六判390頁 '91

68-Ⅰ 絹Ⅰ 伊藤智夫

養蚕の起源を神話や説話に探り、伝来の時期とルートを跡づけ、記紀・万葉の時代から近世に至るまで、それぞれの時代・社会・階層が生み出した絹の文化を描き出す。四六判304頁 '92

68-Ⅱ 絹Ⅱ 伊藤智夫

生糸と絹織物の生産と輸出が、わが国の近代化にはたした役割を描くと共に、養蚕の道具、信仰や庶民生活にわたる養蚕と絹の民俗、さらには蚕の種類と生態におよぶ。四六判294頁 '92

69 鯛（たい） 鈴木克美

古来「魚の王」とされてきた鯛をめぐって、その生態・味覚から漁法、祭り、工芸、文芸にわたる多彩な伝承文化を語りつつ、鯛と日本人とのかかわりの原点をさぐる。四六判418頁 '92

70 さいころ 増川宏一

古代神話の世界から近現代の博徒の動向まで、さいころの役割を各時代・社会に位置づけ、木の実や貝殻のさいころから投げ棒型や立方体のさいころへの変遷をたどる。四六判374頁 '92

71 木炭 樋口清之

炭の起源から炭焼、流通、経済、文化にわたる木炭の歩みを歴史・考古・民俗の知見を総合して描き出し、独自で多彩な文化を育んできた木炭の尽きせぬ魅力を語る。四六判296頁 '93

72 鍋・釜（なべ・かま） 朝岡康二

日本をはじめ韓国、中国、インドネシアなど東アジアの各地を歩きながら鍋・釜の製作と使用の現場に立ち会い、調理をめぐる庶民生活の変遷とその交流の足跡を探る。四六判326頁 '93

73 海女（あま） 田辺悟

その漁の実際と社会組織、風習、信仰、民具などを克明に描くとともに海女の起源・分布・交流を探り、わが国漁撈文化の古層としての海女の生活と文化をあとづける。四六判294頁 '93

74 蛸（たこ） 刀禰勇太郎

蛸をめぐる信仰や多彩な民間伝承を紹介するとともに、その生態・分布・捕獲法・繁殖と保護・調理法などを集成し、日本人と蛸との知られざるかかわりの歴史を探る。四六判370頁 '94

75 曲物（まげもの） 岩井宏實
桶・樽出現以前から伝承され、古来最も簡便・重宝な木製容器として愛用された曲物の加工技術と機能・利用形態の変遷をさぐり、手づくりの「木の文化」を見なおす。 四六判３１８頁 '94

76-Ⅰ 和船Ⅰ 石井謙治
江戸時代の海運を担った千石船（弁才船）について、その構造と技術、帆走性能を綿密に調査し、通説の誤りを正すとともに、海難と信仰、船絵馬等の考察にもおよぶ。 四六判４３６頁 '95

76-Ⅱ 和船Ⅱ 石井謙治
造船史から見た著名な船を紹介し、遣唐使船や遣欧使節船、幕末の洋式船における外国技術の導入について論じつつ、船の名称と船型を海船・川船にわたって解説する。 四六判３１６頁 '95

77-Ⅰ 反射炉Ⅰ 金子功
日本初の佐賀鍋島藩の反射炉と精錬方＝理化学研究所、島津藩の反射炉と集成館＝近代工場群を軸に、日本の産業革命の時代における人と技術を現地に訪ねて発掘する。 四六判２４４頁 '95

77-Ⅱ 反射炉Ⅱ 金子功
伊豆韮山の反射炉をはじめ、全国各地の反射炉建設にかかわった有名無名の人々の足跡をたどり、開国か攘夷かに揺れる幕末の政治と社会の悲喜劇をも生き生きと描く。 四六判２２６頁 '95

78-Ⅰ 草木布（そうもくふ）Ⅰ 竹内淳子
風土に育まれた布を求めて全国各地を歩き、木綿普及以前に山野の草木を利用して豊かな衣生活文化を築き上げてきた庶民の知られざる知恵のかずかずを実地にさぐる。 四六判２８２頁 '95

78-Ⅱ 草木布（そうもくふ）Ⅱ 竹内淳子
アサ、クズ、シナ、コウゾ、カラムシ、フジなどの草木の繊維から、どのようにして糸を採り、布を織っていたのか――聞書きをもとに忘れられた技術と文化を発掘する。 四六判２８２頁 '95

79-Ⅰ すごろくⅠ 増川宏一
古代エジプトのセネト、ヨーロッパのバクギャモン、中近東のナルド、中国の双陸などの系譜に日本の盤雙六を位置づけ、遊戯・賭博としてのその数奇なる運命を辿る。 四六判３１２頁 '95

79-Ⅱ すごろくⅡ 増川宏一
ヨーロッパの鵞鳥のゲームから日本中世の浄土双六、近世の華麗な絵双六、さらには近現代の少年誌の附録まで、絵双六の変遷を追って時代の社会・文化を読みとる。 四六判３９０頁 '95

80 パン 安達巖
古代オリエントに起ったパン食文化が中国・朝鮮を経て弥生時代の日本に伝えられたことを史料と伝承をもとに解明し、わが国パン食文化二〇〇〇年の足跡を描き出す。 四六判２６０頁 '96

81 枕（まくら） 矢野憲一
神さまの枕・大嘗祭の枕から枕絵の世界まで、人生の三分の一を共に過す枕をめぐって、その材質の変遷を辿り、伝説と怪談、俗信と民俗、エピソードを興味深く語る。 四六判２５２頁 '96

82-Ⅰ 桶・樽（おけ・たる）Ⅰ 石村真一
日本、中国、朝鮮、ヨーロッパにわたる厖大な資料を集成してその豊かな文化の系譜を探り、東西の木工技術史を比較しつつ世界史的視野から桶・樽の文化を描き出す。 四六判３８８頁 '97

82-Ⅱ 桶・樽（おけ・たる）Ⅱ 石村真一

多数の調査資料と絵画・民俗資料をもとにその製作技術を復元し、東西の木工技術を比較考証しつつ、技術文化史の視点から桶・樽製作の実態とその変遷を跡づける。 四六判３７２頁 '97

82-Ⅲ 桶・樽（おけ・たる）Ⅲ 石村真一

樹木と人間とのかかわり、製作者と消費者とのかかわりを通じて桶樽と生活文化の変遷を考察し、木材資源の有効利用という視点から桶樽の文化史的役割を浮彫にする。 四六判３５２頁 '97

83-Ⅰ 貝Ⅰ 白井祥平

世界各地の現地調査と文献資料を駆使して、古来至高の財宝とされてきた宝貝のルーツとその変遷を探り、貝と人間とのかかわりの歴史を「貝貨」の文化史として描く。 四六判３８６頁 '97

83-Ⅱ 貝Ⅱ 白井祥平

サザエ、アワビ、イモガイなど古来人類とかかわりの深い貝をめぐって、その生態・分布・地方名、装身具や貝貨としての利用法などを豊富なエピソードを交えて語る。 四六判３２８頁 '97

83-Ⅲ 貝Ⅲ 白井祥平

シンジュガイ、ハマグリ、アカガイ、シャコガイなどをめぐって世界各地の民族誌を渉猟し、それらが人類文化に残した足跡を辿る。参考文献一覧／総索引を付す。 四六判３９２頁 '97

84 松茸（まつたけ） 有岡利幸

秋の味覚として古来珍重されてきた松茸の由来を求めて、稲作文化と里山（松林）の生態系から説きおこし、日本人の伝統的生活文化の中に松茸流行の秘密をさぐる。 四六判２９６頁 '97

85 野鍛冶（のかじ） 朝岡康二

鉄製農具の製作・修理・再生を担ってきた農鍛冶の歴史的役割を探り、近代化の大波の中で変貌する職人技術の実態をアジア各地のフィールドワークを通して描き出す。 四六判２８０頁 '98

86 稲 品種改良の系譜 菅 洋

作物としての稲の誕生、稲の渡来と伝播の経緯から説きおこし、明治以降主として庄内地方の民間育種家の手によって飛躍的発展をとげたわが国品種改良の歩みを描く。 四六判３３２頁 '98

87 橘（たちばな） 吉武利文

永遠のかぐわしい果実として日本の神話・伝説に特別の位置を占めて語り継がれてきた橘をめぐって、その育まれた風土とかずかずの伝承の中に日本文化の特質を探る。 四六判２８６頁 '98

88 杖（つえ） 矢野憲一

神の依代としての杖や仏教の錫杖に杖と信仰とのかかわりを探り、人類が突きつつ歩んだその歴史と民俗を興味ぶかく語る。多彩な材質と用途を網羅した杖の博物誌。 四六判３１４頁 '98

89 もち（糯・餅） 渡部忠世／深澤小百合

モチイネの栽培・育種から食品加工、民俗、儀礼にわたってそのルーツと伝承の足跡をたどり、アジア稲作文化という広範な視野からこの特異な食文化の謎を解明する。 四六判３３０頁 '98

90 さつまいも 坂井健吉

その栽培の起源と伝播経路を跡づけるとともに、わが国伝来後四百年の経緯を詳細にたどり、世界に冠たる育種と栽培・利用法を築いた人々の知られざる足跡をえがく。 四六判３２８頁 '99

91 **珊瑚**（さんご）　鈴木克美
海岸の自然保護に重要な役割を果たす岩石サンゴから宝飾品として知られる宝石サンゴまで、人間生活と深くかかわってきたサンゴの多彩な姿を人類文化史として描く。四六判３７０頁 '99

92-Ⅰ **梅Ⅰ**　有岡利幸
万葉集、源氏物語、五山文学などの古典や天神信仰に表れた梅の足跡を克明に辿りつつ日本人の精神史に刻印された梅を浮彫にし、梅と日本人の二〇〇〇年史を描く。四六判２７４頁 '99

92-Ⅱ **梅Ⅱ**　有岡利幸
その植生と栽培、伝承、梅の名所や鑑賞法の変遷から戦前の国定教科書に表れた梅まで、梅と日本人との多彩なかかわりを探り、桜との対比において梅の文化史を描く。四六判３３８頁 '99

93 **木綿口伝**（もめんくでん）第２版　福井貞子
老女たちからの聞書を経糸とし、厖大な遺品・資料を緯糸として、母から娘へと幾代にも伝えられた手づくりの木綿文化を掘り起し、近代の木綿の盛衰を描く。増補版　四六判３３６頁 '00

94 **合せもの**　増川宏一
「合せる」には古来、一致させるの他に、競う、闘う、比べる等の意味があった。貝合せや絵合せ等の遊戯・賭博を中心に、広範な人間の営みを「合せる」行為に辿る。四六判３００頁 '00

95 **野良着**（のらぎ）　福井貞子
明治初期から昭和四〇年までの野良着を収集・分類・整理し、それらの用途と年代、形態、材質、重量、呼称などを精査して、働く庶民の創意にみちた生活史を描く。四六判２９２頁 '00

96 **食具**（しょくぐ）　山内昶
東西の食文化に関する資料を渉猟し、食法の違いを人間の自然に対するかかわり方の違いとして捉えつつ、食具を人間と自然をつなぐ基本的な媒介物として位置づける。四六判２９０頁 '00

97 **鰹節**（かつおぶし）　宮下章
黒潮からの贈り物・カツオの漁法から鰹節の製法や食法、商品としての流通までを歴史的に展望するとともに、沖縄やモルジブ諸島の調査をもとにそのルーツを探る。四六判３８２頁 '00

98 **丸木舟**（まるきぶね）　出口晶子
先史時代から現代の高度文明社会まで、もっとも長期にわたり使われてきた刳り舟に焦点を当て、その技術伝承を辿りつつ、森や水辺の文化の広がりと動態をえがく。四六判３２４頁 '01

99 **梅干**（うめぼし）　有岡利幸
日本人の食生活に不可欠の自然食品・梅干をつくりだした先人たちの知恵に学ぶとともに、健康増進に驚くべき薬効を発揮する、その知られざるパワーの秘密を探る。四六判３００頁 '01

100 **瓦**（かわら）　森郁夫
仏教文化と共に中国・朝鮮から伝来し、一四〇〇年にわたり日本の建築を飾ってきた瓦をめぐって、発掘資料をもとにその製造技術、形態、文様などの変遷をたどる。四六判３２０頁 '01

101 **植物民俗**　長澤武
衣食住から子供の遊びまで、幾世代にも伝承された植物をめぐる暮らしの知恵を克明に記録し、高度経済成長期以前の農山村の豊かな生活文化を愛惜をこめて描き出す。四六判３４８頁 '01

102 箸（はし） 向井由紀子／橋本慶子
そのルーツを中国、朝鮮半島に探るとともに、日本人の食生活に不可欠の食具となり、日本文化のシンボルとされるまでに洗練された箸の文化の変遷を総合的に描く。 四六判334頁 '01

103 採集 ブナ林の恵み 赤羽正春
縄文時代から今日に至る採集・狩猟民の暮らしを復元し、動物の生態系と採集生活の関連を明らかにしつつ、民俗学と考古学の両面から山に生かされた人々の姿を描く。 四六判298頁 '01

104 下駄 神のはきもの 秋田裕毅
古墳や井戸等から出土する下駄に着目し、下駄が地上と地下の他界を結ぶ聖なるはきものであったという大胆な仮説を提出、日本の神々の忘れられた側面を浮彫にする。 四六判304頁 '02

105 絣（かすり） 福井貞子
膨大な絣遺品を収集・分類し、絣産地を実地に調査して絣の技法と文様の変遷を地域別・時代別に跡づけ、明治・大正・昭和の手づくりの染織文化の盛衰を描き出す。 四六判310頁 '02

106 網（あみ） 田辺悟
漁網を中心に、網に関する基本資料を網羅して網の変遷と網をめぐる民俗を体系的に描き出し、網の文化を集成する。「網に関する小事典」「網のある博物館」を付す。 四六判316頁 '02

107 蜘蛛（くも） 斎藤慎一郎
「土蜘蛛」の呼称で畏怖される一方「クモ合戦」など子供の遊びとしても親しまれてきたクモと人間との長い交渉の歴史をその深層に遡って追究した異色のクモ文化論。 四六判320頁 '02

108 襖（ふすま） むしゃこうじ・みのる
襖の起源と変遷を建築史・絵画史の中に探りつつその用と美を浮彫にし、衝立・障子・屏風等と共に日本建築の空間構成に不可欠の建具となるまでの経緯を描き出す。 四六判270頁 '02

109 漁撈伝承（ぎょろうでんしょう） 川島秀一
漁師たちからの聞き書きをもとに、寄り物、船霊、大漁旗など、漁撈にまつわる〈もの〉の伝承を集成し、海の道によって運ばれた習俗や信仰の民俗地図を描き出す。 四六判334頁 '03

110 チェス 増川宏一
世界中に数億人の愛好者を持つチェスの起源と文化を、欧米における膨大な研究の蓄積を渉猟しつつ探り、日本への伝来の経緯から美術工芸品としてのチェスにおよぶ。 四六判298頁 '03

111 海苔（のり） 宮下章
海苔の歴史は厳しい自然とのたたかいの歴史だった――採取から養殖、加工、流通、消費に至る先人たちの苦難の歩みを史料と実地調査によって浮彫にする食物文化史。 四六判172頁 '03

112 屋根 檜皮葺と柿葺 原田多加司
屋根葺師一〇代の著者が、自らの体験と職人の本懐を語り、連綿として受け継がれてきた伝統の手わざを体系的にたどりつつ伝統技術の保存と継承の必要性を訴える。 四六判340頁 '03

113 水族館 鈴木克美
初期水族館の歩みを創始者たちの足跡を通して辿りなおし、水族館をめぐる社会の発展と風俗の変遷を描き出すとともにその未来像をさぐる初の〈日本水族館史〉の試み。 四六判290頁 '03

114 **古着**（ふるぎ） 朝岡康二
仕立てと着方、管理と保存、再生と再利用等にわたり衣生活の変容を近代の日常生活の変化として捉え直し、衣服をめぐるリサイクル文化が形成される経緯を描き出す。四六判２９２頁 '03

115 **柿渋**（かきしぶ） 今井敬潤
染料・塗料をはじめ生活百般の必需品であった柿渋の伝承を記録し、文献資料をもとにその製造技術と利用の実態を明らかにして、忘れられた豊かな生活技術を見直す。四六判２９４頁 '03

116-Ⅰ **道Ⅰ** 武部健一
道の歴史を先史時代から説き起こし、古代律令制国家の要請によって駅路が設けられ、しだいに幹線道路として整えられてゆく経緯を技術史・社会史の両面からえがく。四六判２４８頁 '03

116-Ⅱ **道Ⅱ** 武部健一
中世の鎌倉街道、近世の五街道、近代の開拓道路から現代の高速道路網までを通観し、道路を拓いた人々の手によって今日の交通ネットワークが形成された歴史を語る。四六判２８０頁 '03

117 **かまど** 狩野敏次
日常の煮炊きの道具であるとともに祭りと信仰に重要な位置を占めてきたカマドをめぐる忘れられた伝承を掘り起こし、民俗空間の壮大なコスモロジーを浮彫りにする。四六判２９２頁 '04

118-Ⅰ **里山Ⅰ** 有岡利幸
縄文時代から近世までの里山の変遷を人々の暮らしと植生の変化の両面から跡づけ、その源流を記紀万葉に描かれた里山の景観や大和・三輪山の古記録・伝承等に探る。四六判２７６頁 '04

118-Ⅱ **里山Ⅱ** 有岡利幸
明治の地租改正による山林の混乱、相次ぐ戦争による山野の荒廃、エネルギー革命、高度成長による大規模開発など、近代化の荒波に翻弄される里山の見直しを説く。四六判２７４頁 '04

119 **有用植物** 菅 洋
人間生活に不可欠のものとして利用されてきた身近な植物たちの来歴と栽培・育種・品種改良・伝播の経緯を平易に語り、植物と共に歩んだ文明の足跡を浮彫にする。四六判３２４頁 '04

120-Ⅰ **捕鯨Ⅰ** 山下渉登
世界の海で展開された鯨と人間との格闘の歴史を振り返り、「大航海時代」の副産物として開始された捕鯨業の誕生以来四〇〇年にわたる盛衰の社会的背景をさぐる。四六判３１４頁 '04

120-Ⅱ **捕鯨Ⅱ** 山下渉登
近代捕鯨の登場により鯨資源の激減を招き、捕鯨の規制・管理のための国際条約締結に至る経緯をたどり、グローバルな課題としての自然環境問題を浮き彫りにする。四六判３１２頁 '04

121 **紅花**（べにばな） 竹内淳子
栽培、加工、流通、利用の実際を現地に探訪して紅花とかかわってきた人々からの聞き書きを集成し、忘れられた〈紅花文化〉を復元しつつその豊かな味わいを見直す。四六判３４６頁 '04

122-Ⅰ **もののけⅠ** 山内昶
日本の妖怪変化、未開社会の〈マナ〉、西欧の悪魔やデーモンを比較考察し、名づけ得ぬ未知の対象を指す万能のゼロ記号〈もの〉をめぐる人類文化史を跡づける博物誌。四六判３２０頁 '04

122-Ⅱ もののけⅡ　山内昶

日本の鬼、古代ギリシアのダイモン、中世の異端狩り・魔女狩り等々をめぐり、自然＝カオスと文化＝コスモスの対立の中で〈野生の思考〉が果たしてきた役割をさぐる。四六判280頁 '04

123 染織（そめおり）　福井貞子

自らの体験と厖大な残存資料をもとに、糸づくりから織り、染めにわたる手づくりの豊かな生活文化を見直す。創意にみちた手わざのかずかずを復元する庶民生活誌。四六判294頁 '05

124-Ⅰ 動物民俗Ⅰ　長澤武

神として崇められたクマやシカをはじめ、人間にとって不可欠の鳥獣や魚、さらには人間を脅かす動物など、多種多様な動物たちと交流してきた人々の暮らしの民俗誌。四六判264頁 '05

124-Ⅱ 動物民俗Ⅱ　長澤武

動物の捕獲法をめぐる各地の伝承を紹介するとともに、全国で語り継がれてきた多彩な動物民話・昔話を渉猟し、暮らしの中で培われた動物フォークロアの世界を描く。四六判266頁 '05

125 粉（こな）　三輪茂雄

粉体の研究をライフワークとする著者が、粉食の発見からナノテクノロジーまで、人類文明の歩みを〈粉〉の視点から捉え直した壮大なスケールの〈文明の粉体史観〉四六判302頁 '05

126 亀（かめ）　矢野憲一

浦島伝説や「兎と亀」の昔話によって親しまれてきた亀のイメージの起源を探り、古代の亀卜の方法から、亀にまつわる信仰と迷信、鼈甲細工やスッポン料理におよぶ。四六判330頁 '05

127 カツオ漁　川島秀一

一本釣り、カツオ漁場、船上の生活、船霊信仰、祭りと禁忌など、カツオ漁にまつわる漁師たちの伝承を集成し、黒潮に沿って伝えられた漁民たちの文化を掘り起こす。四六判370頁 '05

128 裂織（さきおり）　佐藤利夫

木綿の風合いと強靭さを生かした裂織の技と美をすぐれたリサイクル文化として見なおす。東西文化の中継地・佐渡の古老たちからの聞書をもとに歴史と民俗をえがく。四六判308頁 '05

129 イチョウ　今野敏雄

「生きた化石」として珍重されてきたイチョウの生い立ちと人々の生活文化とのかかわりの歴史をたどり、この最古の樹木に秘められたパワーを最新の中国文献にさぐる。四六判312頁〔品切〕 '05

130 広告　八巻俊雄

のれん、看板、引札からインターネット広告までを通観し、いつの時代にも広告が人々の暮らしと密接にかかわって独自の文化を形成してきた経緯を描く広告の文化史。四六判276頁 '06

131-Ⅰ 漆（うるし）Ⅰ　四柳嘉章

全国各地で発掘された考古資料を対象に科学的解析を行ない、縄文時代から現代に至る漆の技術と文化を跡づける試み。漆が日本人の生活と精神に与えた影響を探る。四六判274頁 '06

131-Ⅱ 漆（うるし）Ⅱ　四柳嘉章

遺跡や寺院等に遺る漆器を分析し体系づけるとともに、絵巻物や文学作品の考証を通じて、職人や産地の形成、漆工芸の地場産業としての発展の経緯などを考察する。四六判216頁 '06

132 **まな板** 石村眞一
日本、アジア、ヨーロッパ各地のフィールド調査と考古・文献・絵画・写真資料をもとにまな板の素材・構造・使用法を分類し、多様な食文化とのかかわりをさぐる。 四六判372頁 '06

133-Ⅰ **鮭・鱒**（さけ・ます）Ⅰ 赤羽正春
鮭・鱒をめぐる民俗研究の前史から現在までを概観するとともに、原初的な漁法から商業的漁法にわたる多彩な漁法と用具、漁場と社会組織の関係などを明らかにする。 四六判292頁 '06

133-Ⅱ **鮭・鱒**（さけ・ます）Ⅱ 赤羽正春
鮭漁をめぐる行事、鮭捕り衆の生活等を聞き取りによって再現し、人工孵化事業の発展とそれを担った先人たちの業績を明らかにするとともに、鮭・鱒の料理におよぶ。 四六判352頁 '06

134 **遊戯** その歴史と研究の歩み 増川宏一
古代から現代まで、日本と世界の遊戯の歴史を概説し、内外の研究者との交流の中で得られた最新の知見をもとに、研究の出発点と目的を論じ、現状と未来を展望する。 四六判296頁 '06

135 **石干見**（いしひみ） 田和正孝編
沿岸部に石垣を築き、潮汐作用を利用して漁獲する原初的漁法を日・韓・台に残る遺構と伝承の調査・分析をもとに復元し、東アジアの伝統的漁撈文化を浮彫りにする。 四六判332頁 '07

136 **看板** 岩井宏實
江戸時代から明治・大正・昭和初期までの看板の歴史を生活文化史の視点から考察し、多種多様な生業の起源と変遷を多数の図版をもとに紹介する〈図説商売往来〉。 四六判266頁 '07

137-Ⅰ **桜Ⅰ** 有岡利幸
そのルーツと生態から説きおこし、和歌や物語に描かれた古代社会の桜観から「花は桜木、人は武士」の江戸の花見の流行まで、日本人と桜のかかわりの歴史をさぐる。 四六判382頁 '07

137-Ⅱ **桜Ⅱ** 有岡利幸
明治以後、軍国主義と愛国心のシンボルとして政治的に利用されてきた桜の近代史を辿るとともに、日本人の生活と共に歩んだ「咲く花、散る花」の栄枯盛衰を描く。 四六判400頁 '07

138 **麴**（こうじ） 一島英治
日本の気候風土の中で稲作と共に育まれた麴菌のすぐれたはたらきの秘密を探り、醸造化学に携わった人々の足跡をたどりつつ醱酵食品と日本人の食生活文化を考える。 四六判244頁 '07

139 **河岸**（かし） 川名登
近世初頭、河川水運の隆盛と共に物流のターミナルとして賑わい、船旅や遊廓などをもたらした河岸（川の港）の盛衰を河岸に生きる人々の暮らしの変遷としてえがく。 四六判300頁 '07

140 **神饌**（しんせん） 岩井宏實／日和祐樹
土地に古くから伝わる食物を神に捧げる神饌儀礼に祭りの本義を探り、近畿地方主要神社の伝統的儀礼をつぶさに調査して、豊富な写真と共にその実際を明らかにする。 四六判374頁 '07